ENZYKLOPÄDIE
DEUTSCHER
GESCHICHTE
BAND 56

HERAUSGEGEBEN VON
LOTHAR GALL

IN VERBINDUNG MIT
PETER BLICKLE
ELISABETH FEHRENBACH
JOHANNES FRIED
KLAUS HILDEBRAND
KARL HEINRICH KAUFHOLD
HORST MÖLLER
OTTO GERHARD OEXLE
KLAUS TENFELDE

KIRCHE, POLITIK UND GESELLSCHAFT IM 20. JAHRHUNDERT

VON
GERHARD BESIER

R. OLDENBOURG VERLAG
MÜNCHEN 2000

Die Deutsche Bibliothek – CIP-Einheitsaufnahme

Enzyklopädie deutscher Geschichte / hrsg. von Lothar Gall in Verbindung mit Peter Blickle ... – München : Oldenbourg

Besier, Gerhard:
Kirche, Politik und Gesellschaft im 20. Jahrhundert / von Gerhard Besier. – München : Oldenbourg, 2000
 (Enzyklopädie deutscher Geschichte ; Bd. 56)
 ISBN 3-486-56437-4
 ISBN 3-486-56438-2

© 2000 Oldenbourg Wissenschaftsverlag GmbH, München
Rosenheimer Straße 145, D-81671 München
Internet: http://www.oldenbourg-verlag.de

Das Werk einschließlich aller Abbildungen ist urheberrechtlich geschützt. Jede Verwertung außerhalb der Grenzen des Urheberrechtsgesetzes ist ohne Zustimmung des Verlages unzulässig und strafbar. Das gilt insbesondere für Vervielfältigungen, Übersetzungen, Mikroverfilmungen und die Einspeicherung und Bearbeitung in elektronischen Systemen.

Umschlaggestaltung: Dieter Vollendorf
Gedruckt auf säurefreiem, alterungsbeständigem Papier (chlorfrei gebleicht).
Gesamtherstellung: R. Oldenbourg Graphische Betriebe Druckerei GmbH, München

ISBN 3-486-56437-4 (brosch.)
ISBN 3-486-56438-2 (geb.)

Vorwort

Die „Enzyklopädie deutscher Geschichte" soll für die Benutzer – Fachhistoriker, Studenten, Geschichtslehrer, Vertreter benachbarter Disziplinen und interessierte Laien – ein Arbeitsinstrument sein, mit dessen Hilfe sie sich rasch und zuverlässig über den gegenwärtigen Stand unserer Kenntnisse und der Forschung in den verschiedenen Bereichen der deutschen Geschichte informieren können.
Geschichte wird dabei in einem umfassenden Sinne verstanden: Der Geschichte in der Gesellschaft, der Wirtschaft, des Staates in seinen inneren und äußeren Verhältnissen wird ebenso ein großes Gewicht beigemessen wie der Geschichte der Religion und der Kirche, der Kultur, der Lebenswelten und der Mentalitäten.
Dieses umfassende Verständnis von Geschichte muß immer wieder Prozesse und Tendenzen einbeziehen, die säkularer Natur sind, nationale und einzelstaatliche Grenzen übergreifen. Ihm entspricht eine eher pragmatische Bestimmung des Begriffs „deutsche Geschichte". Sie orientiert sich sehr bewußt an der jeweiligen zeitgenössischen Auffassung und Definition des Begriffs und sucht ihn von daher zugleich von programmatischen Rückprojektionen zu entlasten, die seine Verwendung in den letzten anderthalb Jahrhunderten immer wieder begleiteten. Was damit an Unschärfen und Problemen, vor allem hinsichtlich des diachronen Vergleichs, verbunden ist, steht in keinem Verhältnis zu den Schwierigkeiten, die sich bei dem Versuch einer zeitübergreifenden Festlegung ergäben, die stets nur mehr oder weniger willkürlicher Art sein könnte. Das heißt freilich nicht, daß der Begriff „deutsche Geschichte" unreflektiert gebraucht werden kann. Eine der Aufgaben der einzelnen Bände ist es vielmehr, den Bereich der Darstellung auch geographisch jeweils genau zu bestimmen.
Das Gesamtwerk wird am Ende rund hundert Bände umfassen. Sie folgen alle einem gleichen Gliederungsschema und sind mit Blick auf die Konzeption der Reihe und die Bedürfnisse des Benutzers in ihrem Umfang jeweils streng begrenzt. Das zwingt vor allem im darstellenden Teil, der den heutigen Stand unserer Kenntnisse auf knappstem Raum zusammenfaßt – ihm schließen sich die Darlegung und Erörterung der Forschungssituation und eine entsprechend gegliederte Auswahlbiblio-

graphie an –, zu starker Konzentration und zur Beschränkung auf die zentralen Vorgänge und Entwicklungen. Besonderes Gewicht ist daneben, unter Betonung des systematischen Zusammenhangs, auf die Abstimmung der einzelnen Bände untereinander, in sachlicher Hinsicht, aber auch im Hinblick auf die übergreifenden Fragestellungen, gelegt worden. Aus dem Gesamtwerk lassen sich so auch immer einzelne, den jeweiligen Benutzer besonders interessierende Serien zusammenstellen. Ungeachtet dessen aber bildet jeder Band eine in sich abgeschlossene Einheit – unter der persönlichen Verantwortung des Autors und in völliger Eigenständigkeit gegenüber den benachbarten und verwandten Bänden, auch was den Zeitpunkt des Erscheinens angeht.

Lothar Gall

Inhalt

Vorwort des Verfassers............................... XI

Abkürzungen der verschiedenen kirchlichen bzw. politisch-
gesellschaftlichen Einrichtungen XIII

I. *Enzyklopädischer Überblick* 1

   1. Der Weimarer Staat und die Volkskirchen
      (1919–1933).................................. 1

      1.1 Die Revolution von 1918/19 und der Weg von der
          Staats- zur Volkskirche...................... 1
      1.2 Protestantische Lebenswelten im Weimarer Staat ... 4
      1.3 Deutscher Evangelischer Kirchenbund, Kirchen-
          verträge und Konkordate..................... 6
      1.4 Der gesellschaftliche Aufbruch des Katholizismus
          zu Beginn der Weimarer Zeit und seine Verkirch-
          lichung.................................. 7
      1.5 Evangelisch-theologische Auseinandersetzungen
          in den 20er Jahren......................... 14
      1.6 Die Theologie der evangelischen Ökumene zwischen
          1918 und 1933............................ 21

   2. Die Kirchen und der NS-Staat 22

      2.1 Die Kirchen im Jahr der NS-„Machtergreifung" 22
      2.2 Auseinandersetzungen um die Gleichschaltungs-
          politik 25
      2.3 Die staatliche Kirchenpolitik 1935–1939 26
      2.4 Während des Zweiten Weltkriegs................ 29

   3. Die Kirchen in der Bundesrepublik 32

      3.1 Die evangelische Kirche seit Frühjahr 1945........ 32
      3.2 Einpassung in die zweite Demokratie............. 37
      3.3 Diskussionen über eine strukturelle und inhaltliche
          Kirchenreform nach 1968.................... 41

4. Die Kirchen in der Sowjetischen Besatzungszone und in
   der Deutschen Demokratischen Republik 46
   4.1 Die Kirchenpolitik der Sowjetischen Besatzungs-
       macht....................................... 46
   4.2 „Kirchenkampf" und Annäherungen 47
   4.3 Von der Respektierung des Sozialismus 1958 bis zur
       Gründung des Kirchenbundes 1969 48
   4.4 Der Protestantismus in der Ära Honecker.......... 53
   4.5 Der Katholizismus in der SBZ/DDR 57

II. Grundprobleme und Tendenzen der Forschung............. 59

1. Historiographischer Überblick..................... 59
   1.1 Kirchen- und Theologiegeschichte der Weimarer
       Republik 59
   1.2 Kirchen- und Theologiegeschichte des „Dritten
       Reiches" 62
   1.3 Kirchen- und Theologiegeschichte der Bundes-
       republik Deutschland 70
   1.4 Kirchen- und Theologiegeschichte der DDR 72

2. Probleme, Arbeitsschwerpunkte und Desiderate 80
   2.1 Kontroversen in der (kirchlichen) Zeitgeschichte.... 80
   2.2 Biographien, Autobiographien und Oral History 92
   2.3 „Barmen" 100
   2.4 Geschichte der Diakonie...................... 100
   2.5 Kirche und Judentum 102
   2.6 Freikirchen und ökumenische Bewegungen........ 103
   2.7 Quantitative Kirchengeschichtsforschung 106
   2.8 Religion in den Medien....................... 107
   2.9 Politische Religionen, Zivilreligionen und neue
       religiöse Bewegungen (1918–1998).............. 108

III. Quellen und Literatur............................... 127

A. Quellen.................................... 128
   1. Übergreifende Sammlungen und Quellentexte 128
   2. Weimar.................................... 129
   3. Nationalsozialismus.......................... 130
   4. Gesamtdeutschland 132
   5. Westzonen und Bundesrepublik 133
   6. Sowjetische Besatzungszone und DDR............. 134

B. Literatur 135
1. Bibliographien, Archivführer 135
2. Übergreifende Literatur (einschließlich einzelner Titel zum Deutschen Kaiserreich) 135
3. Weimar 143
4. Nationalsozialismus 145
5. Gesamtdeutschland nach 1945 152
6. Westzonen und Bundesrepublik 153
7. Sowjetische Besatzungszone und DDR 155
8. Methodenfragen der Geschichtsschreibung 158

Register 161

Themen und Autoren 181

Vorwort des Verfassers

Trotz des nur „kurzen" 20. Jahrhunderts – in diesem Band lasse ich es 1918/19 beginnen und ende im wesentlichen 1989/90 – schließt der Komplex „Kirche, Politik und Gesellschaft" mehrere epochale Umbrüche und Zäsuren ein. Für den Protestantismus endeten 1918/19 die Staatskirche und das landesherrliche Kirchenregiment. Trotz des nach wie vor scharfen konfessionellen Gegensatzes zwischen der römisch-katholischen Kirche und den evangelischen Landeskirchen kämpften beide Großkirchen mit Erfolg für den Erhalt ihres privilegierten Status als einer Körperschaft des öffentlichen Rechts. Namentlich die katholische Kirche verhinderte mit Hilfe des Zentrums eine strikte Trennung von Staat und Kirche und sicherte dem traditionellen Christentum seinen angestammten Platz in der Schule wie in anderen Bereichen der Gesellschaft. Gegen den Widerstand der beiden Kirchen konnte der Sozialismus nicht zur Leitkultur werden. Dennoch gab es Einbrüche. Der Vereinsprotestantismus entwickelte sich gegenüber dem Landeskirchentum zu einer mit diesem nicht selten konkurrierenden, mächtigen Größe. Die Zahl der Kirchenaustritte stieg an, neue religiöse Gruppierungen schossen aus dem Boden, und die Säkularisierung der Bevölkerung schritt rasch voran. Neben den tiefgreifenden kulturellen Veränderungen sorgten die ökonomische und politische Labilität des Weimarer Staates für das Empfinden weiter Bevölkerungskreise, in einem Provisorium, gewissermaßen „Zwischen den Zeiten" zu leben, wie der Titel einer berühmten theologischen Zeitschrift dieser Jahre lautete. In dieser Atmosphäre allseitiger Verunsicherung fiel gerade im Protestantismus die nationalsozialistische Ideologie mit ihrer Betonung konservativer Werte auf fruchtbaren Boden. Mit Begeisterung suchte die Bewegung der „Deutschen Christen" eine Synthese zwischen Christentum und Nationalsozialismus zu verwirklichen. Gegen sie kämpften die Anhänger der „Wort-Gottes-Theologie" für die Unabhängigkeit ihrer Kirche von der NS-Diktatur mit ihrem totalen Herrschaftsanspruch. Obwohl diese „Bekennende Kirche" wie auch der römische Katholizismus – von wenigen Ausnahmen abgesehen – kaum politischen Widerstand im Vollsinn geleistet hatten, spielten sie nach 1945 in den westlichen Besatzungszonen beim Wiederaufbau eine tragende kulturelle Rolle.

Vor allem für die Angloamerikaner gehörten Christentum und Demokratie eng zusammen. Während die Kirchen auch in der 1949 gegründeten Bundesrepublik eine lebhafte Förderung und weitgehende Mitgestaltungsmöglichkeiten erhielten, bahnte sich in der DDR ein zweiter „Kirchenkampf" an. Trotz mancher Akte der Einpassung seitens der Kirche in die „realsozialistische" Gesellschaft ließ sich ein spannungsfreies Verhältnis nie erreichen. Mit der erzwungenen gesellschaftlichen Auseinanderentwicklung der beiden deutschen Staaten und ihrer Einbindung in die gegnerischen Machtblöcke veränderten sich über die Jahre auch die Verhaltensweisen, Einstellungen und Kognitionen der Christen in Ost und West. Nach dem Zusammenbruch der SED-Diktatur 1989/90 wurden die gewachsenen mentalen Differenzen auch in der Kirche unübersehbar. Auf dem Territorium der religionsfeindlichen DDR war aus der Volkskirche eine Minderheitenkirche geworden. Aber auch die Kirchen im Westen – der Protestantismus sehr viel deutlicher als der römische Katholizismus – mußten seit Ende der 60er Jahre eine schleichende Auszehrung und wachsende Indifferenz der Bevölkerung verkraften. Am Ende des Jahrhunderts scheint es so, als stünden „Kirche, Politik und Gesellschaft" in ihrer Beziehung zueinander vor grundstürzenden Veränderungen. Die „Kirche" hat – im Zusammenspiel mit den beiden anderen Größen – unübersehbar an Bedeutung verloren. Sie hinterläßt ein Vakuum, das für allerlei Esoterisches offen steht.

Will man dem Selbstverständnis der christlichen Kirchen gerecht werden, darf man nicht nur nach ihrer *Funktion* im jeweiligen staatlichen und gesellschaftlichen *Kontext* fragen. Vielmehr muß sich kirchliches Handeln an der *intratextuell* gegebenen, christlichen Wahrheit selbst messen lassen. Darum konnte in diesem Überblick auf eine Skizzierung verschiedener theologischer Entwürfe nicht verzichtet werden. Sie legen – gerade auch im konzeptionellen Streit – Rechenschaft über die historisch-theologische Urteilsbildung in der jeweiligen Zeit ab.

An erster Stelle schulde ich Elisabeth Fehrenbach, der Betreuerin dieses Bandes im Rahmen der EdG, Dank für zahlreiche Anregungen, Ratschläge und Kommentare. Mein Kollege Gerhard Ringshausen (Lüneburg) hat sich die Mühe gemacht, das Manuskript kritisch gegenzulesen. Den ständigen Mitarbeitern Christian Binder, Gerhard Lindemann, Andreas Lüder und Grazia F. Piombo danke ich für viele Verbesserungen, Kürzungen und Ergänzungen. Mit hohem Engagement, Fleiß und Sachverstand halfen sie mir bei der Realisierung auch dieses Büchleins. Schließlich schulde ich Adolph Dieckmann, dem Lektor des Verlages, Dank für die sorgfältige Schlußlektorierung des Manuskriptes.

Heidelberg, im Sommer 1999 *Gerhard Besier*

Abkürzungen der verschiedenen kirchlichen bzw. politisch-gesellschaftlichen Einrichtungen

AC	Apologetische Centrale
ACK	Arbeitsgemeinschaft Christlicher Kirchen
ADG	Arbeitsgemeinschaft Deutsche Glaubensbewegung
ApU	Altpreußische Union
ARAC	Allied Religious Affairs Committee
BEK	Bund der Evangelischen Kirchen in der DDR (1969–1990)
BK	Bekennende Kirche
BTE	Barmer Theologische Erklärung
CA	Centralausschuß für Innere Mission
CDU	Christlich-Demokratische Union
CFK	Christliche Friedenskonferenz
CG	Christengemeinschaft
CSU	Christlich-Soziale Union
DC	Deutsche Christen
DDP	Deutsche Demokratische Partei
DEK	Deutsche Evangelische Kirche (1933–1945)
DEKA	Deutscher Evangelischer Kirchenausschuß
DG	Deutsche Glaubensbewegung
DNVP	Deutschnationale Volkspartei
DVP	Deutsche Volkspartei
EKD	Evangelische Kirche in Deutschland (1945 ff.)
EKU	Evangelische Kirche der Union
EOK	Evangelischer Oberkirchenrat
EU	Europäische Union
FDP	Freie Demokratische Partei
GDC	Glaubensbewegung Deutsche Christen
Gestapo	Geheime Staatspolizei
GVP	Gesamtdeutsche Volkspartei
HJ	Hitler-Jugend
ICC	International Council of Christian Churches

JCS	Joint Chiefs of Staff
KKL	Konferenz der evangelischen Kirchenleitungen im Gebiet der DDR
KZ	Konzentrationslager
LKA	Landeskirchenausschuß
MfS	Ministerium für Staatssicherheit (DDR)
MSPD	Mehrheitssozialdemokratische Partei Deutschlands
NS	Nationalsozialismus
NSDAP	Nationalsozialistische Deutsche Arbeiterpartei
OiBE	Offizier im besonderen Einsatz
ÖRK	Ökumenischer Rat der Kirchen (Sitz: Genf)
OSB	Ordo Sancti Benedicti (Benediktinerorden)
RKA	Reichskirchenausschuß (1935–1937)
RWB	Reformierter Weltbund
SA	Sturmabteilungen (der NSDAP)
SBZ	Sowjetische Besatzungszone
SD	Sicherheitsdienst (des NS-Staates)
SED	Sozialistische Einheitspartei Deutschlands
SJ	Societas Jesu
SPD	Sozialdemokratische Partei Deutschlands
SS	Schutzstaffel
USPD	Unabhängige Sozialdemokratische Partei Deutschlands
VB	Völkischer Beobachter
VELKD	Vereinigte Evangelisch-Lutherische Kirche Deutschlands
VELKDDR	Vereinigte Evangelisch-Lutherische Kirche in der DDR
VKL	Vorläufige Kirchenleitung der BK (1. VKL: 1934–1936; 2. VKL: 1936–1945)
WRV	Weimarer Reichsverfassung

I. Enzyklopädischer Überblick

1. Der Weimarer Staat und die Volkskirchen (1919–1933)

1.1 Die Revolution von 1918/19 und der Weg von der Staats- zur Volkskirche

Die Novemberrevolution von 1918 traf die evangelische Kirche völlig unvorbereitet. Wilhelm II., der Summus Episcopus der Altpreußischen Landeskirche sowie sechs weiterer Landeskirchen, zögerte, nachdem er am 9. November 1918 auf die deutsche Kaiserkrone verzichtet hatte, noch elf Tage, bevor er auch der preußischen Königskrone entsagte. Auch die übrigen Landesfürsten mußten ihren Thron und damit ihre kirchliche Summepiskopats-Funktion aufgeben. [Verlust des landesherrlichen Summepiskopats]

Bis dahin hatten sich die gesellschaftspolitischen Transformationen auf die Strukturen der Landeskirchen kaum ausgewirkt. Doch Mitte November 1918 zeichneten sich eine strikte Trennung von Staat und Kirche unter sozialistischen Vorzeichen und die Begrenzung der Kirche auf den Bereich des Privaten ab. Die neuen Regierungen der deutschen Einzelstaaten brachten fast alle zum Ausdruck, daß sie die Trennung von Staat und Kirche verwirklichen wollten. Besonders forsch ging neben Sachsen und den Hansestädten Hamburg und Bremen die aus Vertretern der SPD und USPD bestehende preußische Regierung vor. [Sieg der sozialdemokratischen Subkultur?]

Die Leitung des Ministeriums für Wissenschaft, Kunst und Volksbildung übernahmen paritätisch die ehemaligen Journalisten Adolph Hoffmann (USPD) und Konrad Haenisch (SPD). Hoffmann hatte sich um die Jahrhundertwende als führender Vertreter der Freidenker- und Kirchenaustrittsbewegung hervorgetan. Schon am 16. November 1918 erklärte er der Geistlichen Abteilung seines Ministeriums, daß die Trennung von Staat und Kirche „im Wege der Verordnung ohne Verzug" durchzuführen sei und daß die „den Kirchen bisher gewährten Staatszuschüsse *spätestens* zum 1. April 1919" aufgehoben werden sollten. [Sozialistische Kulturpolitik]

Reaktion der Kirchen

Gegen diese Pläne erhoben die Kirchen heftigsten Protest. Neben dem Vorwurf des Verfassungsbruchs machten sie geltend, wie sehr der Staat sich selbst und dem deutschen Volk schade, wenn er zu diesem Zeitpunkt innerer Not eine Auseinandersetzung mit der Kirche provoziere.

Einlenken der SPD

Obwohl das Ministerium Hoffmann bereits Anfang Januar 1919 zu Ende war, blieb das Staat-Kirche-Verhältnis durch diese Erfahrungen mit der Demokratie belastet.

Das Einlenken der preußischen Regierung war auf den starken Widerstand evangelischer und katholischer Christen gegen die radikale Schulpolitik zurückzuführen. Nicht Einsicht, sondern politische Klugheit führten zu dem Verzicht auf eine Umgestaltung des preußischen Schulwesens. Für die Sozialdemokraten bildete dieser Sektor das Herzstück ihrer Bildungspolitik, die seit den 60er Jahren des 19. Jahrhunderts auf vier programmatischen Pfeilern ruhte: Weltlichkeit, Staatlichkeit, Einheitlichkeit und Unentgeltlichkeit (Eisenacher Programm von 1869).

Evangelische Parteigründung?

Auch innerhalb der Parteipolitik spielte die Trennung von Staat und Kirche wie die Schulfrage eine große Rolle. Beide Problemkomplexe forcierten Versuche, eine evangelische Partei zu gründen. Tatsächlich kamen in Bayern und Sachsen Parteigründungen zustande, die aber meist keine eigenen Kandidaten aufstellten, um das konservative Lager nicht zu zersplittern. Die alten Christlich-Sozialen schlossen sich 1919 der Deutschnationalen Volkspartei (DNVP) an.

Pastoren-Nationalismus

Hatte schon im Kaiserreich eine klare Mehrheit der Pastorenschaft eher national-konservativ optiert, so zählten sich nach den Erfahrungen der Revolution ca. 80 Prozent der Pfarrer zum rechten Spektrum. Die meisten Kirchenmänner fanden in der republikfeindlichen DNVP ihre Heimat, einem Sammelbecken jener, denen es um eine Rettung konservativer Staats- und Kulturtraditionen zu tun war. Diese Nachfolgepartei der alten Konservativen trat in ihren Richtlinien für ein Staat-Kirche-Verhältnis ein, das zwar die Selbständigkeit der Kirche vom Staat betonte, andererseits aber für die Beibehaltung ihrer Privilegierung plädierte.

Die theologisch liberalen Gelehrtenpolitiker

Auch die rechtsliberale Deutsche Volkspartei (DVP) konnte im Protestantismus Sympathien erwerben, denn nach ihrem Wahlaufruf Mitte Dezember 1918 durfte die überkommene Verbindung von Staat und Kirche nicht gelöst werden. Obwohl die Deutsche Demokratische Partei (DDP) von Friedrich Naumann geführt wurde, namhafte linksliberale Theologen wie Martin Rade, Wilhelm Bousset, Otto Baumgarten, Rudolf Otto und Ernst Troeltsch zu ihren Mitgliedern zählte und die Diktatur des Proletariats ablehnte, konnte sie wegen ihres rein de-

1. Der Weimarer Staat und die Volkskirchen

mokratisch-parlamentarischen Charakters nicht die Gunst der Kirchenleitungen erwerben.

Ebensowenig wie die Sozialdemokratie galt die katholische Partei für den kirchlichen Protestantismus als wählbar. Wer die „Schwarzen" wählte, war ein „Verräter am evangelischen Glauben". — *Ablehnung des Zentrums*

Vor diesem parteipolitischen Hintergrund erschien die verbal postulierte „Neutralität" der Kirche nur als eine Schutzbehauptung gegen den möglichen Vorwurf, Koalitionspartner bestimmter Parteien zu sein. — *Kirchliche Parteinahme*
Das Ergebnis der Wahl zur Verfassunggebenden Deutschen Nationalversammlung am 19. Januar 1919 zeigte, daß die kirchlichen Behörden und Verbände mit DNVP und DVP eine empfindliche Niederlage erlitten hatten. Die beiden Parteien erhielten nur 14,7 Prozent der Stimmen, bei der Wahl zur Verfassunggebenden Landesversammlung in Preußen am 26. Januar 16,9 Prozent. MSPD, USPD und DDP konnten rund 64 Prozent der Stimmen auf sich vereinen. Die beiden sozialistischen Parteien verfehlten bei den Wahlen zur Nationalversammlung knapp die absolute Mehrheit und mußten sich daher mit bürgerlichen Parteien über das Verfassungswerk verständigen.

Nach einem Vorentwurf vom 3. Januar 1919 legte der linksliberale Staatsrechtler Hugo Preuß am 20. Januar, also einen Tag nach den Wahlen zur Verfassunggebenden Deutschen Nationalversammlung, seinen ersten offiziellen Entwurf für die künftige (Weimarer) Reichsverfassung (WRV) vor. Bis zur Regierungsvorlage des vierten Entwurfs an die Nationalversammlung am 21. Februar 1919 erfuhr der Text in bezug auf das Staat-Kirche-Verhältnis durch die Abstimmung zwischen SPD und Zentrum bzw. DDP eine Reihe von Veränderungen. Neben dem Grundsatz der Gewährung individueller Glaubens- und Gewissensfreiheit kamen Bestimmungen hinzu, die der historisch gewachsenen Stellung der großkirchlichen Institution Rechnung trugen. Versuche der SPD, die der Kirche zugestandenen Privilegien mit der Forderung nach ihrer inneren Demokratisierung zu verknüpfen, scheiterten dagegen. — *Religionsbestimmungen der WRV*

Schon Ende Januar 1919 hatte der preußische EOK-Präsident, Bodo Voigts (1844–1920), als Vorsitzender des Deutschen Evangelischen Kirchenausschusses (DEKA) die deutschen Kirchenleitungen aufgefordert, möglichst rasch ihre Vorschläge einzureichen. Die wichtigste Stellungnahme formulierte der preußische EOK in seiner Eingabe vom 22. Februar, die sich auf die vier ökonomisch unverzichtbaren Pfeiler der Großorganisation konzentrierte: der Status einer Körperschaft des öffentlichen Rechts, das Recht zum Einzug von Kirchensteuern, die Garantie der kirchlichen Vermögensrechte und der Staats- — *Abänderungsvorschläge des DEKA* leistungen an die Kirche. In einer Eingabe vom 13. März forderte der EOK die Beibehaltung der ihrer „geschichtlichen Grundlage nach christlichen Schule" und den für evangelische Schüler verbindlichen Religionsunterricht an allen Schulen.

Privilegierung der beiden Volkskirchen — Nachdem die Reichsverfassung am 11. August 1919 in Kraft getreten war, konnten namhafte Kirchenleute ihren Erfolg kaum fassen. Kritiker wie der liberale Kirchenrechtler Hans von Soden urteilten, „die Staatskirche sei nicht verschwunden, sondern nur unsichtbar geworden". Trotzdem blieb aus weltanschaulichen Gründen die Legitimität der Republik durch weite Teile der protestantischen Theologie angefochten.

Neue Kirchenverfassungen — Die staatskirchenrechtlichen Bestimmungen der Weimarer Reichsverfassung setzten den Rahmen für die entsprechenden Abschnitte der Landesverfassungen. Zwischen 1920 und 1924 gaben sich die Landeskirchen neue Verfassungen, die meist der Kontinuität verpflichtet waren.

Fraktionierung des Protestantismus — In der Verfassung der Kirche entwickelte sich ein „kirchlicher Parlamentarismus". Zu den alten Formationen des konfessionellen Luthertums, der „Positiven Union", der zur „Volkskirchlichen Evangelischen Vereinigung" umgestalteten Vermittlungspartei und des liberalen Protestantenvereins kamen nach 1918 die Religiösen Sozialisten.

Religiöse Sozialisten — Sie waren in der preußischen Generalsynode nicht als eigene Formation vertreten, wohl aber in den Landessynoden in Baden, in der Pfalz, in Anhalt und in Thüringen. Unter den verschiedenen Strömungen spielte der im pazifistischen Flügel der liberalen Theologie und in der christlichen Sozialdemokratie wurzelnde Bund der Religiösen Sozialisten eine im engeren Sinne kirchenpolitische Rolle. Er bemühte sich, in allen Landessynoden in die kirchlichen Körperschaften Eingang zu finden, und suchte die proletarischen Massen zu mobilisieren, ihr kirchliches Wahlrecht auszuüben, um sich in den Kirchen eine eigene Interessenvertretung zu schaffen.

Auch wenn die Religiösen Sozialisten in keiner Landessynode wirklichen Einfluß gewinnen konnten, bedeutete ihr Auftreten nicht nur eine Erweiterung des Spektrums, sondern auch seine Verschiebung. Der kirchliche Liberalismus bildete jetzt nicht mehr die „Linke" – eine gegenüber der Geschichte der politischen Parteien verspätete, aber analoge Entwicklung.

1.2 Protestantische Lebenswelten im Weimarer Staat

Pastorenkirche — In den Auseinandersetzungen nach 1918 hatte der deutsche Protestantismus erstmals eine politisch-kulturelle Marginalisierung erlebt – Phasen, die der, wie es jetzt schien, siegreiche Katholizismus und Sozialismus schon im 19. Jahrhundert durchlaufen hatten. Dieser „Kulturschock" betraf aber mehr die Geistlichkeit als den evangelischen Laien. Die Pfarrerschaft bildete trotz der von ihr selbst mit bewirkten gesellschaftlichen Fragmentierung bis 1918 ein zentrales Segment des angesehenen Bildungsbürgertums mit staatlich sanktionierter, gesellschaftspolitischer Leitfunktion. Der durch den Umbruch bedingte Verlust an Status und Funktion war, auch weil er mit der allgemeinen Krise von Kultur und Werten seit 1871 schleichend vorangeschritten war, nicht stark genug, um eine gleichförmige Politisierung zu bewirken. Evangelische Wähler verteilten sich – abgesehen vom Zentrum – über nahezu alle Parteien. Schwerpunktbildungen bei DNVP und DVP erlauben vielleicht, diese Entwicklung als „Prozeß einer nationalen Lagerbildung von protestantischen Teilmilieus" [KAISER] zu interpretieren. Allerdings betraf auch diese Milieubildung in erster Linie Pastoren; die Masse der protestantischen Wähler folgte ihnen zunächst nicht.

Als Ort für ihre politische Arbeit nutzten die Pastoren vornehmlich die protestantischen Verbände, die sich für nationale Belange wie für die kirchliche Einigung stark machten und enge personelle Verflechtungen zur Institution Kirche wie zu politischen Verbänden und Parteien aufwiesen. Diakonische Einrichtungen agierten politisch meist vorsichtiger, da sie auf die Zuschüsse der öffentlichen Hand angewiesen waren und sich daher „vernunftrepublikanisch" verhalten mußten. *Verbandsprotestantismus*

Die mobilisierende Kraft eines politischen Protestantismus, der sich aus nationalpatriotischen Quellen speiste, weltanschauliche Eindeutigkeit demonstrierte und mit den Anliegen der Reichsregierungen meist übereinstimmte, betraf vor allem außenpolitische Fragen. In diesem Teilbereich wenigstens schien die ersehnte Einheitskultur mit eindeutiger Volksmoral aufzuleuchten. In der Beurteilung der „Kriegsschuldfrage", des Einmarsches französischer Truppen ins Rheinland und des Problems unterschiedlicher Staats- und Kirchengrenzen prägten die Kirchenbehörden eine im deutschnationalen Sinne identitätsstiftende öffentliche Meinung mit. Dabei suchten sie gegenüber den Verbänden das Heft in der Hand zu behalten und pazifistische Strömungen zu marginalisieren. Innenpolitisch bildeten sie dagegen Segmente einer zerspaltenen protestantischen Teilöffentlichkeit, so in der Frage der Fürstenenteignung oder im Ruhreisenstreit. Ein Feld der Innenpolitik, wo zwischen den sozialdemokratischen Parteien, der evangelischen Kirche, aber auch den „protestantischen" Parteien DVP, DDP und DNVP relatives Einvernehmen herrschte, war jedoch die Eugenik. Diese Aufgeschlossenheit moderner konfessioneller Milieus gegenüber *Politische Berührungspunkte zwischen Protestantismus und Weimarer Staat* der eugenischen Sozialtechnologie ist eine der Voraussetzungen für die Akzeptanz der „NS-Rassehygiene".

<small>Formierung des politischen Protestantismus in der „Konservativen Revolution"</small>

Zu einer gewissen Bündelung der widersprüchlichen protestantischen Demokratiekritik am pluralen „System" der „kapitalistisch-westlichen" Weimarer Republik und seiner „unmoralischen" Pragmatik kam es erst – wie das Wählerverhalten zeigt – während der Präsidialkabinette. Die sog. „Konservative Revolution" wurde schließlich als befreiende Alternative begrüßt. Dabei ist nicht zu übersehen, daß überproportional viele Anhänger des Nationalsozialismus aus vorwiegend protestantischen Gebieten stammten. Drei mentalitätsgeschichtliche Entwicklungsphasen markieren eine allmähliche Veränderung des geistig-politischen Klimas: die „utopische Zeit" bis 1923 (Einführung der Rentenmark), die Zeit der industriellen Erholung und relativen Stabilisierung (bis 1928/29) und die Schlußphase einer „Extremisierung des politischen Lebens". Der Königsberger Kirchentag 1927 mit seiner „Vaterländischen Kundgebung" ließ deutlich werden, daß die offizielle Kirche im Prozeß dieser Extremisierung auf die Seite der nationalen Opposition treten würde. Die NSDAP machte Zugeständnisse an die Kirche, bildete ein „Bollwerk" gegen den kirchenfeindlichen Sozialismus und stand an der Spitze einer aus protestantischer Perspektive positiven Volksbewegung, an der die Kirche partizipieren wollte.

1.3 Deutscher Evangelischer Kirchenbund, Kirchenverträge und Konkordate

<small>Eisenacher Evangelisch-kirchliche Konferenz</small>

1852 erfolgte im Zusammenhang mit der ersten Kirchentagsbewegung die Gründung der Eisenacher Evangelisch-kirchlichen Konferenz, einer unverbindlichen, bis 1921 in zweijährigem Turnus stattfindenden Zusammenkunft von Vertretern der einzelnen Kirchenregierungen. Diese Konferenz bestellte im Jahre 1903 einen fünfzehn Mitglieder zählenden Deutschen Evangelischen Kirchenausschuß (DEKA), der einen konföderativen Zusammenschluß der deutschen evangelischen Landeskirchen vorbereiten und als jederzeit handlungsfähiges, mit Körperschaftsqualität ausgestattetes Organ die Interessen der Landeskirchen gegenüber anderen Religionsgesellschaften und staatlichen Instanzen vertreten sollte. Auch nach dem Krieg zögerten die Landeskirchen, die vorhandenen Organisationen zu einer Zusammenfassung aller Kräfte des evangelischen Kirchenvolkes auszubauen. Erst eine Versammlung der freien Vereinigungen brachte durch die sogenannte Elberfelder Konferenz vom 3. Januar 1919 mit einer Eingabe an den DEKA die Dinge in Gang. Um den Landeskirchenleitungen die Füh-

1. Der Weimarer Staat und die Volkskirchen

rung des Protestantismus zu erhalten, setzte sich der DEKA an die Spitze der kirchlichen Einigungsbewegung.

Man war sich im DEKA einig, daß es sich bei dem Zusammenschluß nicht um die Aufrichtung einer evangelischen Reichskirche anstelle der bestehenden einzelnen Landeskirchen handeln könne. Nach einer Vorkonferenz in Kassel trafen sich Anfang September 1919 in Dresden 341 Delegierte unter dem Vorsitz des neuen DEKA- und preußischen EOK-Präsidenten Reinhard Moeller (1855–1927) zum ersten Deutschen Evangelischen Kirchentag nach dem Ersten Weltkrieg. Der Rechtsausschuß des DEKA erarbeitete die Verfassung eines Deutschen Evangelischen Kirchenbundes, der nach Beschlußfassung durch den DEKA Mitte September 1921 vom Stuttgarter Kirchentag als einem quasi-synodalen Organ einmütig gutgeheißen wurde. Auf dieser Grundlage wurde der Kirchenbund am Himmelfahrtstag 1922 in der Schloßkirche zu Wittenberg durch Vertrag der Landeskirchen begründet und zwei Jahre später vom Reichsminister des Innern als Körperschaft des öffentlichen Rechts anerkannt.

> Keine Reichskirche, sondern Konföderation

Als Konsequenz der neuen kirchlichen Eigenständigkeit lag es nahe, offene Fragen im Verhältnis zwischen Staat und Kirche auf dem Vertragswege zu regeln. Während die katholische Kirche bei ihren Verhandlungen auf eine lange Tradition völkerrechtlich verbindlicher Konkordate mit Einzelstaaten zurückgreifen konnte, betrat die evangelische Kirche Neuland und profitierte von dem in der Verfassung festgelegten Paritätsgrundsatz. Überall machten die evangelischen Landeskirchen ihre Zustimmung zu Länder-Konkordaten von der Bedingung abhängig, daß gleichzeitig ein gleichwertiger Vertrag auch mit ihnen abgeschlossen würde. Auf das Reichskonkordat 1933 sollte ein Reichskirchenvertrag folgen, der daran scheiterte, daß die Reichskirche zerfiel, noch ehe der Vertrag ausgehandelt werden konnte. Die enge staatskirchenrechtliche Anlehnung des deutschen Protestantismus an den Katholizismus führte zwar zur institutionellen Sicherung der Landeskirchen, aber auch zu einer schleichenden Katholisierung des Kirchenbegriffs, repräsentiert etwa in Otto DIBELIUS' (1880–1967) „Jahrhundert der Kirche" [22: 1927].

> Die evangelischen Kirchenverträge und katholischen Konkordate

1.4 Der gesellschaftliche Aufbruch des Katholizismus zu Beginn der Weimarer Zeit und seine Verkirchlichung

Durch die Weimarer Reichsverfassung und die veränderten kulturellen Rahmenbedingungen fielen für die katholische Kirche alle rechtlichen und gesellschaftlichen Beschränkungen weg, unter denen sie in dem

> Emanzipation des Katholizismus

„protestantischen" Kaiserreich gelitten hatte. Obwohl der deutsche Katholizismus also allen Grund hatte, die Revolution als Befreiung von der protestantisch-kulturellen Vorherrschaft zu begrüßen, gab es im Episkopat, aber auch in der Theologenschaft gewichtige Stimmen gegen den Umsturz.

Stimmen gegen die Revolution von 1918

Bei seiner Trauerrede auf König Ludwig III. ließ der Münchner Erzbischof Michael Kardinal Faulhaber (1869–1952) 1921 erkennen, daß er von der Herrschaft des Volkes nichts hielt. Auf dem Münchner Katholikentag ein Jahr später, der unter dem Motto „Katholische Grundsatztreue" stand, bezeichnete Faulhaber die Revolution als „Meineid und Hochverrat". In seiner Eigenschaft als Präsident des Katholikentages suchte der Kölner Oberbürgermeister Konrad Adenauer (1876–1967) in seiner Schlußrede den katastrophalen Eindruck von Faulhabers Sätzen zu korrigieren. Intern interpretierte Faulhaber seine Rede als Warnung vor neuen Revolutionen von links oder rechts und als Zurückweisung der Koalition des Zentrums mit der Sozialdemokratie. Freilich fanden Faulhaber und andere Adenauers Bemerkungen so ungehörig, daß der Kardinal sich dagegen aussprach, den Kölner Oberbürgermeister für die Leitung des Katholikentages, wie sonst üblich, mit einem päpstlichen Orden auszuzeichnen.

Es fiel dem in weiten Teilen des Klerus vorherrschenden ultramontanen Katholizismus – den konservativen Hofpredigern Preußens nicht unähnlich – außerordentlich schwer, ihre antiliberale, antirevolutionäre Haltung abzubauen und dem Gedanken der Volkssouveränität positive Seiten abzugewinnen. In dem zweiten Satz des ersten Artikels der WRV: „Die Staatsgewalt geht vom Volke aus" sahen Theologen wie Franz Xaver Kiefl (Regensburg) und Heinrich Schrörs (Bonn) eine Leugnung der katholischen Lehre, alle Staatsgewalt komme von Gott her. Aber letztlich spielte – anders als etwa bei dem Hofprediger des Kaisers Ernst v. Dryander – bei der Gewöhung an die Demokratie eine wichtige Rolle, daß die Bindungen an den Papst stärker waren als die an den Monarchen. Seit der Bulle Gregors XVI. „Sollicitudo ecclesiarum" von 1831 gehörte es zur kurialen Tradition, sich nach einer Revolution mit den neuen Verhältnissen zu arrangieren und die neuen Realitäten anzuerkennen. Nur ein kleiner Teil konservativer Katholiken aus Adel und Intelligenz vermochte dem die Verfassung bejahenden Kurs des Zentrums nicht zu folgen und suchte im „Katholikenausschuß" der DNVP eine neue politische Heimat.

Der bayerische Katholizismus

Es wäre falsch, im Blick auf Faulhaber Vorbehalte gegen die Demokratie nur in Bayern zu lokalisieren. Auch der Kölner Erzbischof Felix Kardinal Hartmann (1851–1919) hatte beispielsweise in der Einführung des allgemeinen und gleichen Wahlrechts in Preußen ein Ansteigen der Sozialdemokratie und damit eine Gefährdung der konfessionellen Schule gesehen. Gleichwohl waren die bayerischen Katholiken politisch konservativer als die im übrigen Reich. Darum trennten sie sich 1918 vom Zentrum und gründeten die Bayerische Volkspartei. Deren spektakulärster Schritt bestand bei den Reichspräsidentenwahlen 1925 in der Unterstützung des autoritär-konservativen Protestanten Hindenburg gegen den demokratischen Katholiken Wilhelm Marx, was dessen Wahl verhinderte.

Auch zwischen dem Episkopat einerseits und dem Zentrum und den Arbeitervereinen andererseits gab es in sozial- und gesellschaftspolitischen Fragen scharfe Gegensätze, die den Katholizismus dieser Zeit durchaus nicht als einheitliche Größe erscheinen lassen und auf Konflikte verweisen, die im Zusammenhang mit der „Katholischen Aktion" dann auch tatsächlich zum Austrag kamen. <small>Gegensätze innerhalb des politischen Katholizismus</small>

Zu Beginn der sozialdemokratisch dominierten Demokratie kam es zu einem Einigungsprozeß innerhalb des Katholizismus, in den hinsichtlich bestimmter Fragen wie der Konfessionsschule sogar Teile des Protestantismus mit einbezogen waren. Für einen Augenblick wurden – durch Brauns und Stegerwald – sogar Überlegungen laut, eine interkonfessionelle „Christliche Volkspartei" zu gründen. Aber bei Katholiken wie Protestanten obsiegten konfessionelles Kalkül ebenso wie die jahrhundertealten gegenseitigen Vorbehalte. <small>Das Zentrum</small>

Bei den Wahlen zur Nationalversammlung am 19. Januar 1919 erreichte das Zentrum mit 19,7% der Stimmen – gegenüber 16,4% bei den Reichstagswahlen von 1912 – eine deutliche Steigerung, die die in ihrer soziologischen Struktur überaus heterogene Partei in ihrem konfessionellen Kurs bestärkte. Durchschnittlich wählten während der Weimarer Zeit knapp zwei Drittel aller Katholiken die „konfessionelle" Partei. Führende Zentrumspolitiker wie Peter Spahn, Carl Trimborn, Wilhelm Marx oder Konstantin Fehrenbach erkannten die republikanische Ordnung von Weimar an, obwohl sie sich eine eher restaurative Entwicklung auf strikt verfassungsrechtlichem Weg erhofft hatten. Der linke Flügel des Zentrums um Joseph Wirth und die Rhein-Mainische Volkszeitung bejahte dagegen engagiert die Republik. Bis zum Kasseler Reichsparteitag vom November 1925 hatte sich bei der großen Mehrheit der Zentrumsmitglieder eine positive Haltung gegenüber den neuen Verhältnissen durchgesetzt, während eine Minderheit um den Gewerkschaftsführer Adam Stegerwald noch immer eine monarchische Regierungsform der republikanischen vorgezogen hätte. <small>Konsolidierung des Zentrums</small>

Das Zentrum als staatstragende Partei

Das Zentrum ging aus seinen Flügelkämpfen gestärkt hervor, nahm in der Verfassunggebenden Versammlung erheblichen Einfluß auf die Gestaltung der Grundrechte wie der Kirchen- und Schulartikel, wurde zum Kern der Weimarer Koalition und sollte in dieser Funktion zur stabilisierenden Kraft der Weimarer Demokratie werden. Zentrumspolitiker gelangten in die höchsten Staatsämter. Konstantin Fehrenbach, Joseph Wirth, später Wilhelm Marx und Heinrich Brüning dienten der Demokratie als Reichsminister und Kanzler. Da das Zentrum während nahezu der ganzen Weimarer Zeit (bis 1932) in wechselnden Koalitionen Regierungsverantwortung trug und nie in der Opposition war, konnten Identifikationsprozesse mit den politischen Verhältnissen nicht ausbleiben. Die Tatsache, daß das Zentrum in der Weimarer Koalition (SPD, DDP, Zentrum), in der Großen Koalition (SPD, DDP, Zentrum, DVP), in der bürgerlichen Mitte (DDP, Zentrum, DVP) und in der bürgerlichen Rechtskoalition (Zentrum, DVP, DNVP mit oder ohne DDP) vertreten war, zeigt, daß die politisch außerordentlich flexible Partei in der katholischen Konfession einen außerpolitischen Integrationspunkt besitzen mußte. Diese Konstellationen führten in schwierigen Zeiten zu einer „Klerikalisierung" der Partei. 1928 wurde, zum ersten Mal in der Geschichte des Zentrums, mit Prälat Ludwig Kaas (1881–1952) ein hoher Geistlicher zum Vorsitzenden der Gesamtpartei gewählt. Die Landesparteien in Preußen, Baden und Sachsen folgten dem Beispiel.

Verkirchlichung und Liturgiebewegung

Auch der geistig-kulturelle Aufbruch stand unter dem Zeichen einer „Verkirchlichung". Angesichts eines erhöhten Interesses der katholischen Bevölkerung an ihrer Kirche sprach Romano Guardini (1885–1968) von einem „Erwachen der Kirche in den Seelen". Ähnlich wie in der protestantischen Theologie ging die neue religiöse Bewegung mit einer Hochschätzung des Gemeinschaftslebens einher, mit der Sehnsucht nach einer „die Einzelnen übergreifende[n] Wirklichkeit". Als Ort dieser Gemeinschaftserfahrung wurde die Pfarrgemeinde, als ein Ausdruck ihrer geistlich-personalen Bindung die Liturgie wiederentdeckt. Die liturgische Bewegung griff auf das mittelalterlich restaurierte benediktinische Mönchtum zurück, das schon im letzten Drittel des 19. Jahrhunderts an Einfluß gewonnen hatte. Abt Prosper Guéranger von Solesmes, der die Durchführung der römischen Liturgie sowie die Beseitigung der letzten Reste der „gallikanischen" Liturgie in Frankreich gefördert hatte, war auch von entscheidender Bedeutung für die von der Beuroner Benediktinerkongregation ausgehende Liturgiebewegung. Anselm Schott OSB (1843–1896) führte durch sein Meßbuch („Schott" 1884) das Mitbeten der Messe durch die Laien ein, ließ jedoch die Wandlungsworte zunächst unübersetzt. Papst Pius X. (1903–1914) förderte den häufigeren Empfang der Kommunion, die Frühkommunion und die Erneuerung der Kirchenmusik. Ein wichtiges Zentrum der deutschen Liturgiebewegung war auch die Abtei Maria Laach unter Abt Ildefons Herwegen (1874–1946), der 1913 gemeinsam mit jungen Akademikern, darunter Heinrich Brüning und Robert Schuman, die Liturgie der Kartage feierte. Maria Laach setzte den Rückgriff auf ursprüngliche liturgische Formen konsequent fort, indem die Alte Kirche zum Vorbild für die Erneuerung wurde.

Das neu erwachte kirchliche Leben mit den Mittelpunkten Altar und Pfarrgemeinde gefährdete freilich den Verbandskatholizismus, der jetzt als die kirchenfernere Gemeinschaftsform an die zweite Stelle rückte. Andererseits wurde auch das katholische Vereinswesen von der Gemeinschaftsideologie der zwanziger Jahre erfaßt. Die freideutsche Jugendbewegung hatte 1913 auf dem Hohen Meißner eine Lebensgestaltung „aus eigener Bestimmung, vor eigener Verantwortung, mit innerer Wahrhaftigkeit" proklamiert und erfuhr nach dem Zusammenbruch der bürgerlichen Welt mit ihren emanzipatorischen Thesen einen ungeahnten Zulauf. Es gelang dem jungen Romano Guardini, durch seine Schriften wie durch seine Praxis in der seit 1909 bestehenden katholischen Jugendbewegung des „Quickborn" Impulse der emanzipatorischen Jugendbewegung in die katholische Jugendarbeit zu überführen. Unter Bernhard Strehler (1872–1945) und Romano Guardini entwickelte sich „Quickborn" zu einer Stätte katholischer Jugendkultur mit eigenem Liedgut („Spielmann") und Burg Rothenfels am Main als Zentrum. Die Vorstellung von Kirche als der wahren Gemeinschaft des mystischen Leibes Christi führte zu engen Verbindungen mit der liturgischen Bewegung. Ein Kritiker der Bewegung, Waldemar Gurian (1902–1954), erkannte freilich früh die Gefahr einer Abkapselung der katholischen Jugendbewegung vom breiten Kirchenvolk wie von der übrigen Gesellschaft. Die Jugendbewegung versetzte auch die älteren katholischen Jugend- und Jungmännervereine und die seit 1915 bestehenden Jungfrauenvereinigungen in Aufbruchsstimmung, führte zur Belebung katholischer Sportvereine und schließlich 1933 zur Zusammenfassung im Dachverband „Katholische Jugend Deutschlands", dem ein Drittel aller katholischen Jugendlichen angehörte. Im Unterschied zum „Quickborn" betonte der Jungmännerverband aber als traditionelles Ziel der Bewegung die Gewinnung der Massen; auf die religiöse Gestaltung des eigenen Lebens und des unmittelbaren Lebenskreises wollte sich „Christi junge Gemeinde" nicht beschränken. Gemeinsam war der katholischen Jugendbewegung eine Aneignung der profanen

Gemeinschafts- und Jugendbewegung

Jugendbewegungs-Formen wie Kluft, „Klampfe", Wimpel, Volkslied und ähnlicher Symbole, die nun aber zu Elementen katholischer Frömmigkeit wurden.

<small>Krise des katholischen Volksvereins</small>

Während die katholischen Jugendverbände rasch wuchsen, erlebte der katholische Volksverein eine schwere Krise. Da die katholische Arbeiterbewegung und die christlichen Gewerkschaften ein Netz von Bildungsangeboten und Zeitschriften aufbauten, gestaltete sich sein Spielraum immer enger. Überdies vertrat der Verein unter August Pieper (1866–1942), Anton Heinen (1869–1934) und Ludwig Nieder den Gedanken einer katholisch geprägten Volksgemeinschaft, was ihn in Gegensatz zu Gruppierungen brachte, die nur partikulare Interessen verfolgten. Auf dem ersten Nachkriegskatholikentag in Frankfurt/M. 1921 beschwor Nieder einen katholisch motivierten, gesellschaftspolitisch unprofilierten Gemeinschaftsgeist als Lebensnorm und „Retter im inneren Zusammenbruch". Die Bildungsveranstaltungen des Volksvereins bekamen einen Zug ins Erbauliche, Individualisierende, kulturell Elitäre; katholische Sozialpolitik trat völlig in den Hintergrund. Mitte der Zwanziger geriet der Volksverein mit seinem Verlag in finanzielle Schwierigkeiten, die schließlich zu seinem Zusammenbruch führten.

<small>Entpolitisierung des Katholikentages und der Katholischen Aktion</small>

Eine Leitfunktion für die Arbeit der Verbände spielte der deutsche Katholikentag. Seine Verkirchlichung erfolgte unter dem Stichwort der „Entpolitisierung". Kardinal Faulhaber ließ den katholischen Reichskanzler Wirth wissen, sein Erscheinen auf dem Münchner Katholikentag von 1922 sei wegen des religiösen Charakters der Veranstaltung nicht erforderlich; dagegen wünsche er sich eine stärkere Beteiligung des Episkopats. Diesem Anliegen entsprach seit 1921 regelmäßig der päpstliche Nuntius Eugenio Pacelli (1876–1958), der den Katholikentag zu programmatischen Verlautbarungen der Kurie nutzte. In Magdeburg 1928 stellte er die päpstliche Initiative der „Katholischen Aktion" vor. Sie verfolgte eine unpolitische, nur auf das geistliche Leben beschränkte Mobilisierung der Laien über die kirchlichen Strukturen, nicht auf dem Wege des alten Vereinskatholizismus. Faulhaber sah die damit geschaffenen Schwierigkeiten und regte Aktionsausschüsse in allen Pfarreien an, um eine Koordination zwischen der „Katholischen Aktion" und den Verbänden zu erreichen. Nach dem Willen der Kurie sollten alle Organisationen „dem einen Leib der Katholischen Aktion als Glieder eingefügt werden, von ihr Geist und Richtung empfangend und wiederum deren Leben bereichernd" [GENERALSEKRETARIAT DES ZENTRALKOMITEES DER DEUTSCHEN KATHOLIKEN (Hrsg.), Bericht über den Katholikentag zu Magdeburg. 5. bis 9. September 1928, Paderborn o.J., 21]. Bisher hatten die katholischen Vereine gleichrangig nebeneinander existiert und in unabhängiger Loyalität gegenüber dem deutschen Episkopat gearbeitet. Während die deutschen Bischöfe eine Möglichkeit sahen, mit der Katholischen Aktion die Laienarbeit von den unabhängigen Verbänden weg an die Diözesen und Pfarreien zu binden, verfolgte Pacelli eine flexiblere Organisationsform, die „die Abhängigkeit der Katholischen Aktion von der Hierarchie wirkungsvoll wahrte, die bestehenden katholischen Organisationen in gleicher Weise berücksichtigte, die bei der Zusammensetzung des obersten Rates der Aktion den Bischöfen weiteste Bewegungsfreiheit ließ, endlich die Katholische Aktion von allem Politischen trennte, sie dabei aber doch zum wirksamsten Mittel machte, um die im öffentlichen Leben notwendige Einheit der Katholiken herbeizuführen" [16: VOLK, 1975, 455 ff.]. Eine organisatorische Realisierung des Modells war auch nach dem Zweiten Weltkrieg noch nicht erreicht.

Dem politischen und kirchlichen Aufbruch korrespondierte ein kultureller, der bis weit in das protestantische Milieu hinein zu einer prokatholischen Stimmung führte. Die katholische Kirche betrachtete sich „gleichsam in der Siegerposition" [166: LANGNER, 1998, 336]. Nach einer jahrhundertealten Vorherrschaft protestantischer Geisteskultur in Deutschland schien durch die neuen politischen Verhältnisse ihre Vorherrschaft gebrochen. In der religiös-kulturellen Niederlage des Protestantismus sah man auch die katholische Kritik am „protestantischen Lebensprinzip" [A. RADEMACHER, Religion und Leben. Ein Beitrag zur Lösung des christlichen Kulturproblems, Freiburg 1926, 51] bestätigt. Durch die „Trennung von Religion und Leben" [ebd.] habe der Kulturprotestantismus einem geistig-kulturellen Säkularismus Vorschub geleistet, dem er nun selbst zum Opfer gefallen sei. Für ERICH PRZYWARA SJ (1889–1972) war der liberale Kulturprotestantismus, den es für Katholiken zu bekämpfen galt, Inbegriff „einer letztlich gottauflösenden Wirklichkeit" [31: 1925, 51], weil er Religion in Kultur und Philosophie transformiere. Jetzt war die Zeit gekommen, die noch bestehende Kluft zwischen der gesellschaftspolitischen Erfolgsbilanz des sozialen wie des Verbände- und Zentrumskatholizismus einerseits und der bis Weimar marginalen Rolle des religiös-kulturellen Katholizismus andererseits zu schließen. Persönlichkeiten wie der Philosoph Max Scheler (1874–1928) und sein Schüler Peter Wust (1884–1940), Karl Muth, Theodor Haecker, Alois Dempf, Romano Guardini, Friedrich Muckermann und andere wirkten mit neuem Selbstbewußtsein als bekennende Katholiken für eine Kulturwende im intellektuellen Deutschland. Doch wie in anderen Bereichen suchte die katholische Kulturbewegung keine engeren Verbindungen zum sozialen und politischen

Weimarer Kulturkatholizismus

Katholizismus und hielt sich von den gesellschaftlichen Problemen der Zeit eher fern. Gleichwohl stand Guardini mit seinem umfangreichen Schrifttum für eine Verkirchlichung der Theologie jenseits der scholastischen Methode und erzielte damit eine nachhaltige Breitenwirkung. Unter Franz Xaver Münch (1883–1940) nahm der 1913 gegründete katholische Akademikerverband den Gedanken der katholischen Kulturwende auf und suchte die kulturelle Umwelt mit spezifisch katholischer Geistigkeit zu erfüllen. Mit seiner Vorstellung, „alles aus dem Katholischen" gestalten zu wollen, näherte sich der Mitte der zwanziger Jahre 16 000 Mitglieder umfassende Verband dem antiliberalen Integralismus des vergangenen Jahrhunderts und betrieb damit eine Verkirchlichung des Kulturellen. Doch 1951 urteilte OSKAR KÖHLER über den Weimarer Kulturkatholizismus, „jener erwartete Frühling" in Gestalt einer Wiederbegegnung von Kirche und Kultur sei „nicht angebrochen. Man kann über solche ‚Jahreszeiten' nicht verfügen, auch nicht aus katholischem Geist" [Der Katholizismus in Deutschland und der Verlag Herder, Freiburg/Br. 1951, 7].

1.5 Evangelisch-theologische Auseinandersetzungen in den 20er Jahren

Barths theologischer Ansatz

Nach anfänglichen Sympathien für den Religiösen Sozialismus wandte sich der seit 1925 in Münster lehrende Schweizer Theologe KARL BARTH (1886–1968) gegen alle Konzepte, die „den Standpunkt Gottes zu ihrem Parteistandpunkt" erklären und in der Geschichte verwirklichen wollten [19: Römerbrief, 1. Aufl., 39]. Den entscheidenden Angriff gegen die Verwechslung Gottes mit Geschichte, Moral und Weltverbesserung führte er in der 2. Auflage des „Römerbriefes" 1921 [19]. Seine prophetische Botschaft vom Ende aller menschlichen Möglichkeiten und dem „senkrecht von oben" eingreifenden Gott entsprach dem Lebensgefühl der vom Ersten Weltkrieg gezeichneten Generation. „Wo geglaubt wird, da fängt mitten in der alten Kriegswelt und Geldwelt und Todeswelt der neue Geist an, aus dem eine neue Welt, die Welt der Gerechtigkeit Gottes wächst." Barth näherte sich mit Kierkegaard, Nietzsche und Dostojewski vielfach dem Irrationalismus der Zwischenkriegszeit, aber aus der „Not" seiner „Aufgabe als Pfarrer" wollte er vor allem „mit dem Verstehen- und Erklärenwollen der Bibel" in „die innere Dialektik der Sache" des Textes vorstoßen, zum „Wort in den Wörtern" [19: Römerbrief, 2. Aufl., XIII]. So dient die Krisis, das Nein Gottes gegen Weltgewandtheit und Selbstvergötterung seinem Ja. „Positiv ist die *Negation*, die von Gott ausgeht und Gott meint, während alle *Positionen*, die nicht auf Gott gebaut sind, negativ sind", lautet ein Schlüsselsatz für Barths Dialektik [Der Christ in der Gesellschaft, in: 28: MOLTMANN, Anfänge, I, 17]. Ihr Zentrum ist Jesus Christus als „das unter Furcht und Zittern immer neu zu vernehmende, weil immer neu gesprochene Wort des Ursprungs aller Dinge" [19: Römerbrief, 2. Aufl., 4]. Aber gegen jeden Historismus (Troeltsch) kann „Jesus als der Christus ... innerhalb der historischen Anschaulichkeit *nur* als Problem, *nur* als Mythus verstanden werden" [ebd., 6]. RUDOLF BULTMANN (1884–1976), wie Barth Schüler Wilhelm Herrmanns (1846–1922), stimmte ihm zu, da in seiner „Geschichte der synoptischen Tradition" [21: 1921] die Überlieferung von Jesus als Predigt der nachösterlichen Gemeinde verstanden wird.

Ab 1923 verfügten die „Dialektischen Theologen" über ihre eigene Zeitschrift – nach einem Aufsatz von Friedrich Gogarten – „Zwischen den Zeiten", den Zusammenhang der Zeit und den theologischen Standort andeutend. „... unsere Zeit ist in Gottes Händen, aber Gottes Zeit ist nicht in unsern Händen ... Auferstehung ist die neue Welt, die neu bestimmte und geartete Welt..."[BARTH]. Auferstehung und Wiederkunft Christi vollziehen sich nicht in der Geschichte. Franz Overbeck (1837–1905) aufnehmend, protestierte Barth gegen die Geschichtswerdung des Christentums.

1923 richtete ADOLF VON HARNACK (1859–1930) in der „Christlichen Welt" „Fünfzehn Fragen an die Verächter der wissenschaftlichen Theologie unter den Theologen" [28: MOLTMANN, Anfänge, I, 323–325], auf die Karl Barth, an den sie „vornehmlich" adressiert waren, „Fünfzehn Antworten..." [aaO., 325–329] gab. In den „Fünfzehn Fragen..." gab Harnack seinem jungen Kollegen zu bedenken, daß ohne „geschichtliches Wissen und kritisches Nachdenken" ein rechtes Verstehen der Bibel nicht möglich sei. Weiter setze „eine Erziehung zu Gott hin, das heißt zum Guten", die „Höchstschätzung der Moral" voraus und schließe den absoluten Gegensatz von Gott und Welt aus. Durch das Aufrichten der Scheidewand zwischen dem „Gotteserlebnis und dem Guten, Wahren und Schönen" verliere der Mensch die Verbindung des einen mit dem anderen. Wenn man behaupte, die Person Jesu Christi nicht durch „kritisch-geschichtliches Studium" gewinnen zu können, laufe man Gefahr, „einen erträumten Christus für den wirklichen zu halten".

Barth entgegnete, die Bibel werde weder durch geschichtliches Wissen und kritisches Nachdenken noch durch innere Aufgeschlossenheit verstanden, „sondern kraft *des* Geistes, der ihrem Inhalt *gleich* ist, und das im Glauben". Der Glaube komme aus der Predigt, „die Predigt

Der Streit Harnack – Barth

aber ..., durch das Wort des Christus'. Die Aufgabe der Theologie ist eins mit der Aufgabe der Predigt. Sie besteht darin, das Wort des Christus aufzunehmen und weiterzugeben." Geschichtliches Wissen und kritisches Nachdenken könnten dabei einen „vorbereitenden Dienst leisten". Der „schlechthinnige Gegensatz von Gott und Welt" sei allein im Kreuz überwunden, „die einzige Art, in der wir als *Menschen* der ursprünglichen und endlichen *Einheit* von Schöpfer und Geschöpf gedenken können". Gegenüber Harnacks Hochschätzung der Kultur erwähnte Barth die „Gotteserlebnisse" in Gestalt des „Kriegserlebnisses" und bekräftigte seine Überzeugung, „daß zwischen der Wahrheit Gottes ... und *unserer* Wahrheit *nur* Gegensatz, nur *Entweder-Oder* besteht". Im Blick auf die von Harnack eingeforderte „Wissenschaftlichkeit" der Theologie antwortete Barth: „... sollte die heutige zufällige opinio communis der Andern wirklich die Instanz sein, von der wir unserm Tun ,Überzeugungskraft' und ,Wert' zusprechen lassen müßten?" In dem anschließenden Offenen Briefwechsel sagte Harnack Barth voraus, seine Umwandlung des theologischen Lehrstuhls in einen Predigtstuhl führe zur Auflösung der Theologie als Wissenschaft und überantworte die rechte Lehre des Evangeliums den Erweckungspredigern. Barth hinwiederum ordnete Harnacks „wissenschaftliche Theologie" in die Tradition der theologischen Aufklärung des 18. Jahrhunderts ein, in der Paulus, Luther und Calvin keinen Platz hätten. Zeitgenössischer Theologie sei „der Begriff eines maßgeblichen *Gegenstandes* vor lauter Maßgeblichkeit der *Methode* fremd und ungeheuerlich geworden..." In der 1927 erschienen „Christlichen Dogmatik im Entwurf I" [in 1: BARTH, Gesamtausgabe, Abt. II, 1982] veränderte sich Barths Verhältnis zur Geschichte. Er verwarf den Begriff der „Übergeschichte" und beschrieb die Inkarnation als Vorgang, in dem sich Gott „selbst als Fleisch, als Mensch in der Zeit" setzt. „Er begegnet uns. Das ist die Offenbarung. Und darum und insofern ist die Offenbarung Geschichte, nicht nur Über-Geschichte, sondern Geschichte" [aaO., 311]. Insofern erfahren wir aus der Offenbarung, was Geschichte ist – nicht umgekehrt. Der „unendliche qualitative Unterschied von Zeit und Ewigkeit", von dem aus Barth dachte, ließ die von Harnack geforderte „Erziehung zu Gott" nur als „Buße" zur „heilsamen Störung und Unterbrechung, die Gott den Christen bereitet" [19: Barth, Römerbrief, 2. Aufl., 412], Beachtung finden. „Das Problem der ,Ethik' ist identisch mit der der ,Dogmatik': Soli deo gloria" [aaO., 417].

Dogmatik ohne Ethik — Diese Ausblendung von Ethik und Politik stieß nicht nur bei allen theologischen Richtungen der Zeit auf Unverständnis, sondern führte auch zum Zerbrechen der Gruppe um „Zwischen den Zeiten" angesichts der Krise der Weimarer Republik.

1. Der Weimarer Staat und die Volkskirchen 17

Demgegenüber wollte der Berliner Kirchenhistoriker Karl Holl (1866–1926) von der Rechtfertigung her die drängenden Fragen der Gegenwart (gegen Troeltsch) lösen, indem von prophetischem Geist erfüllte Persönlichkeiten – Holl war Ritschlianer – eine durchaus antidemokratische Erneuerung bewirken. Er hatte beim jungen Luther die Spannung von Gericht und Gnade entdeckt, die wesentlich die „Lutherrenaissance", eine spätere Fremdbezeichnung der theologischen Gegner, motivierte. „Luther im Ganzen seines Wesens und Wirkens der Gegenwart immer aufs neue nahezubringen" war auch das Ziel der im Herbst 1918 gegründeten „Luther-Gesellschaft". Die sich in der Auseinandersetzung mit der „modern-positiven" und der „Dialektischen Theologie" erst recht profilierende und im Kreis um die „Zeitschrift für Systematische Theologie" sammelnde theologische Bewegung der Schule Karl Holls und Martin Kählers (Carl Stange, Emanuel Hirsch, Paul Althaus, Georg Wehrung) erfuhr durch Hirsch einerseits und den Kähler-Schüler Rudolf Hermann andererseits ihre subjektivitätstheologisch-aporetische bzw. sprachtheologisch-„gangbare" Profilierung [226: ASSEL, 1994, 476 ff.]. Unter dem Eindruck der zeitgeschichtlichen Ereignisse spaltete sich 1933 auch der Kreis um die „Zeitschrift für Systematische Theologie" in eine nationalchristliche und eine ökumenische Richtung. Die Anhänger Hirschs, die für eine „kirchlich verantwortliche, wirklichkeitsnahe und volksverbundene evangelische Theologie" eintraten – so ihr Programm –, scharten sich nun um die neue Zeitschrift „Deutsche Theologie", die ökumenisch orientierten Tradenten der „Lutherrenaissance" um Stange arbeiteten im Lutherischen Weltkonvent mit und hatten ihren institutionellen Mittelpunkt in der Luther-Akademie Sondershausen.

Einen neuen, sich durchaus lutherisch verstehenden Ansatz in der Systematischen Theologie legte auch der junge Berliner Privatdozent DIETRICH BONHOEFFER (1906–1945) vor. Aufgewachsen im von einem liberalen christlichen Humanismus geprägten Haus des Psychiaters Karl Bonhoeffer, studierte er Theologie in Tübingen und Berlin, wo er 1927 seine von Reinhold Seeberg betreute Dissertation „Sanctorum communio" [37: Bd. 1] vorlegte. Nach einem Auslandsvikariat in Barcelona habilitierte sich Bonhoeffer 1930 mit der Schrift „Akt und Sein" [35: Bd. 2] in Berlin. Früh zeigte sich ein besonderes Interesse an der Ekklesiologie, das er mit der Christologie verband („Jesus Christus als Gemeinde existierend"; Kirche als Liebesgemeinschaft). In den beiden Frühwerken findet sich bereits auch das auf E. Grisebach Bezug nehmende „Für-andere-dasein". Seit Herbst 1931 hielt Bonhoeffer Vor-

Lutherrenaissance: Die Schule Karl Holls und ihre Spaltung

Dietrich Bonhoeffer

lesungen in Berlin und war daneben u. a. als Studentenpfarrer an der Technischen Hochschule und als Stadtvikar tätig.

Das Jung-Luthertum   Aus der nationalchristlichen Richtung der Holl-Schule gingen zum Teil die sogenannten „Jung-Lutheraner" – Elert, Althaus und Hirsch – hervor. Ihr Interesse galt einer theologischen Ethik des Politischen. Nachdem sich im Gefolge der Revolution von 1918 ein „gottloser" Staat etabliert hatte, hofften sie auf die Wiederherstellung eines autoritativen, starken Staates christlicher Prägung. „Eine demokratische Verfassung", meinte Althaus (1888–1966) 1923, „die der Mehrheit der jetzt lebenden Staatsbürger den politischen Willen zu bilden gäbe, wäre zutiefst unsittlich... Die Form, in der ein Volk seinen geschichtlichen Beruf erfaßt, ist verantwortliches Führertum, das freilich tief in dem Vertrauen des Volkes wurzeln muß" [18: ALTHAUS, 1923, 39].

Althaus   In der Debatte des Jahres 1921 zwischen Barth und Althaus um die Grundlegung einer christlichen Sozialethik nannte Barth die „paradoxe Lehre von den zwei Reichen" die „Luthersche Lösung" [28: MOLTMANN, Anfänge, I, 156]. Die Einheit der zwei Reiche bezieht Althaus auf das „Ineinander von Gesinnung und Lebensordnung" [17: ALTHAUS, 1921, 87], Reich Gottes und Staat, während Barth die Einheit der beiden Reiche strikt christozentrisch bestimmt. Für Althaus war bei Luther das Reich Gottes „nicht eine bestimmte Gestaltung der Weltverhältnisse, sondern eine bestimmte Haltung und Verbundenheit der Herzen. Diese kann auch in Gehorsam gegen die scheinbar widersprechenden geschichtlichen Lebensordnungen behauptet und bewährt werden. Der Christ kann, auch bei Vornahme harter, rauher Werke, im Rechts-, Staats- und Kriegsleben völlig aus dem Geiste der Bergpredigt heraus leben" [aaO., 77]. Barth entgegnete ihm: „Wer den Willen Gottes in so gefährliche Nähe des bißchen Herzens- und Gewissenserlebnisses der sogenannten Christen, des bißchen ‚Gesamtleben der Gemeinde' rücken kann, dem rückt er notwendig auch in die geradezu fatale Nähe von Geschichte, Natur und Schicksal: die psychologische Immanenz Gottes zieht die kosmische mit Notwendigkeit nach sich" [BARTH, Grundfragen, in 28: MOLTMANN, Anfänge, I, 163].

Hirsch   Für Althaus wie für EMANUEL HIRSCH (1888–1972) und WILHELM STAPEL (1882–1954) wurde in den Zwanziger Jahren der Volksbegriff zum neuen ethischen Bezugspunkt der Theologie. Die Stiftung von Gemeinschaft als einem Gnadenmittel Gottes sah Althaus sowohl in der Berufung zur Gemeinschaft der Kirche wirksam als auch in der Berufung zur Gemeinschaft des Volkes. HIRSCH formulierte in seiner Deutung von Krieg und Niederlage des deutschen Volkes schärfer: „Nur ein Volk, das sehr stolz auf die ihm von Gott gegebene Art ist, das

1. Der Weimarer Staat und die Volkskirchen

sich für unentbehrlich hält im Menschheitsganzen, wird so viel an seine Zukunft und seinen Staat setzen wollen. Gerade jetzt also, wo die ganze Welt uns verachtet, müssen wir lernen den Stolz darauf, Deutsche zu sein" [24: HIRSCH, Deutschlands Schicksal, 153]. Nur ein sittliches und frommes Volk vermöge freilich der spezifischen Idee treu zu bleiben, die Gott ihm anvertraut hat. Internationalismus und Pazifismus haben 1914/18 Deutschlands Willen zum Sieg zerstört. STAPEL vertrat seit 1919 in seiner Monatsschrift „Deutsches Volkstum" eine bewußt völkisch-nationale und christlich-lutherische Position. „Das deutsche Volk ist nicht eine Idee von Menschen, sondern eine Idee Gottes." Es ist das eigentliche Subjekt der Geschichte, immer schon vor und über dem einzelnen präsent und mit einem je vorbestimmten Schicksal.

Der religiöse Sozialist Paul TILLICH (1886–1965), der Anfang der Zwanziger Jahre im weitesten Sinne den „dialektischen" Theologen zugerechnet wurde, schuf 1923 durch seine unmißverständliche Abgrenzung gegen Barth und Gogarten Klarheit über die eigenständige Position. „Es ist das größte Verdienst der Theologie der Krisis", hob Tillich positiv hervor, „den Kampf gegen den unparadoxen Absolutheitsanspruch der Religion mit größter Energie geführt zu haben, und jedes Wort darüber, namentlich im Römerbrief-Kommentar Karl Barths ist Götzenzertrümmerung" [TILLICH, Kritisches und positives Paradox, in 28: MOLTMANN, Anfänge, I, 171]. Aber er hielt Barth entgegen, daß er durch kein dialektisches Vorgehen die religiöse Position aufheben könne, die zu seiner Negation der Religion geführt habe. „Auch die Glaubensreligion ist Religion... Es gibt symbolkräftige Erscheinungen in Religion und Kultur, die deswegen nicht weniger unter dem Nein stehen, deren Betrachtung und Zusammenhang aber dennoch eine Metaphysik der Geschichte, eine symbolische, paradoxe Heilsgeschichte ermöglicht." Barths Negation der gesamten Geschichte beruhe selbst auf einer geschichtlichen Position. „... die Verkündigung der Krisis ist Geschichte, und ihr Inhalt ist geschichtlicher Inhalt... Der Ort der Offenbarung ist Christus" [aaO., 172f.]. Eine Theologie des „positiven Paradox", durch die Tillich dem Barthschen Ansatz seinen Schwachpunkt nehmen wollte, müsse die Theologie der Krisis so verstehen, daß zwar nur durch sie hindurch – also paradox, mittelbar und ungegenständlich – von Schöpfung und Gnade geredet werden dürfe, so dann aber „in Natur und Geist, in Kultur und Religion" auch geredet werden müsse. „Es ist wahrlich kein Knien vor falschen Altären und kein Turmbau zu Babel, wenn das positive Paradox so verkündigt wird, daß in den Schöpfungen und Trümmern der Kultur die Spuren des göttlichen Ja und Nein unanschaulich-anschaulich gemacht werden" [Antwort an Karl Barth, aaO., 191]. Tillichs Sorge bestand darin, daß Barths „dialektische Position ungewollt hinüberführt in einen sehr positiven und sehr undialektischen Supranaturalismus, daß aus dem Ja und Nein des Verhältnisses von Gott und Welt ... ein einfaches Nein gegenüber der Welt werde, dessen Schicksal es freilich immer ist, undurchführbar zu bleiben und an einem Punkte unvermutet in ein um so positiveres, undialektisches Ja umzuschlagen" [aaO., 192]. Damit hatte er eine Entwicklung beschrieben, der Barth von 1937 an tatsächlich bedenklich nahekam.

Wenige Jahre später führte Tillich den Symbolbegriff ein, dessen Dialektik vermeiden sollte, daß das Unbedingte als Bedingtes vergötzt werde. Danach manifestiert sich das neue Sein in Christus in geschaffenen, geschichtsbezogenen Symbolen, die vier grundlegende Merkmale zu erfüllen haben: Uneigentlichkeit, Anschaulichkeit, Selbstmächtigkeit und Anerkanntheit. Tillich verstand seine Position als Vermittlungstheologie neuer Qualität, die gemäß der Methode der Korrelation die ewigen Grundlagen von Kirche und Theologie als qualifizierende Antwort auf die Fragen der geschichtlichen Situation erachtete und über die Gegensätze von neo-orthodoxer und liberaler Theologie hinausführen wollte. Seit 1921 hatte sich Tillich mit befreundeten Theologen gefragt, wie die christliche Lehre zu verstehen sei, sollte aufgrund historischer Forschung einmal die Nichtexistenz des historischen Jesus wahrscheinlich werden. Wie sein Lehrer Martin Kähler gelangte er zu dem Ergebnis, nicht der historische Jesus, sondern das biblische Christusbild begründe den christlichen Glauben. Im Zusammenhang mit seiner Deutung von Geschichte nahm Tillich den neutestamentlichen „Kairos"-Begriff – die mit dem Kommen Christi erfüllte Heilszeit – auf und unterschied die verlaufende Geschichte von den ewig-situativen *Kairoi*. Auch für die Zeit- und Geisteslage der zwanziger Jahre sah er, „daß jede Zeit die Aufgabe hat, den ewigen Sinn aller Zeit aus ihrem Leben und ihren Worten neu zu schöpfen" [aaO., 189], was sein religiös-sozialistisches Denken bestimmte. Um einem Mißbrauch dieser Denkfigur zu wehren, sah er sich 1933 genötigt, den *Kairos* stärker von den *Kairoi* abzugrenzen. Im selben Jahr traf ihn als einen der ersten das Lehrverbot der von ihm bereits 1932 öffentlich kritisierten [TILLICH, Zehn Thesen, in 15: Main Works, Bd. 3, 270f.] Nationalsozialisten; er ging ans Union Theological Seminary nach New York.

Gogarten   Ihrem Abschied von „Zwischen den Zeiten" im Sommer 1933 ging für die ehemaligen Weggefährten Barths die theologische Trennung voraus. FRIEDRICH GOGARTEN (1887–1967) bediente sich der theologischen Kategorien Wilhelm Stapels und erklärte, die „Herrschaft

1. Der Weimarer Staat und die Volkskirchen

Christi" treffe den Menschen dort, „wo er in seiner irdischen Geschichte unter dem Gesetz steht. Unter *dem* Gesetz, soll das heißen, das aus seiner Geschichte heraus seine Existenz regiert. Und das ist das Gesetz, der Nomos des *Volkes*, und, wie man außerdem ausdrücklich sagen muß, das Gesetz *seines* Volkes" [44: GOGARTEN, in: Deutsches Volkstum 1933, 448]. Barth sah darin die „vollendetste und schlimmste Ausgeburt des neuprotestantischen Wesens, das die evangelische Kirche ... romreif machen muß" [28: MOLTMANN, Anfänge, II, 316 f.]. Entsprechende Befürchtungen verband Barth mit Bultmanns Ansatz, die Existenzphilosophie Martin Heideggers (1889–1976) für das „hermeneutische Problem" fruchtbar zu machen. Im Herbst 1933 nahm Barth auch eine Abgrenzung gegen Emil Brunner vor, der durch die Suche nach Anknüpfung die Situationslosigkeit des jenseitigen Wortes überwinden wollte. Auch er sei „zu dem neuprotestantischen bzw. katholischen Schema ‚Vernunft *und* Offenbarung'" zurückgekehrt, „wie es im Protestantismus zum ersten Mal von der sog. ‚vernünftigen Orthodoxie' an der Wende vom 17. zum 18. Jahrhundert offen proklamiert worden ist" [aaO., 315].

1.6 Die Theologie der evangelischen Ökumene zwischen 1918 und 1933

Die wohl wichtigste Gestalt für die Stockholmer ökumenische Bewegung „On Life and Work/Praktisches Christentum" war der schwedische Theologe Nathan Söderblom (1866–1931). Als ersten Schritt zur Überwindung der Grenzen zwischen den verschiedenen „Provinzen der Christenheit" empfahl er – unter Einschluß der kleinen Denominationen – eine gegenseitige Respektierung der historisch gewachsenen Glaubensformen. Inspiriert von der internationalen politischen Einigung des Völkerbundes, forderte Söderblom dessen sittliche Verchristlichung und Komplettierung in Gestalt eines „ökumenischen Kirchenrates", der die geistige Autorität besitze, im Namen der Christenheit zu reden.

Söderblom

Bei den theologischen Diskussionen auf der Stockholmer Weltkirchenkonferenz von 1925 beherrschten ausschließlich liberal-theologische, konfessionell-lutherische und religiös-sozialistische Denkfiguren – auch bei den deutschen Delegierten – den ökumenischen Diskurs. Die Weltkirchenkonferenz litt unter dem Mangel einer klaren Aufgaben- und Zielstellung. Unterschiedliche theologische Traditionen und Grundauffassungen sollten ebenso wie Streitfragen ausgeklammert bleiben, dafür aber die gemeinsamen internationalen Probleme auf dem

Stockholmer Weltkirchenkonferenz

industriellen und sozialen Bereich praktisch angepackt werden. Doch selbst darin waren sich nicht alle Teilnehmer einig. Entsprechend den unterschiedlichen Antworten auf das Verhältnis von diesseitigen Anstrengungen zu jenseitiger Erfüllung sahen sich die einen durch konkrete Probleme dazu aufgefordert, diese auf dem Wege kirchlichen Handelns anzupacken; andere sahen in den Mißständen dieser Welt das unaufhebbare Signum ihrer Unerlöstheit.

Weltkirchenkonferenz „On Faith and Order"

Zwei Jahre nach „Stockholm" fand in Lausanne die erste Weltkonferenz „On Faith and Order/Glaube und Kirchenverfassung" statt. Im Unterschied zu „Life and Work" nahm sich diese Bewegung der Aufgabe an, die theologische Entzweiung der nicht-römisch-katholischen Christenheit, bezogen auf das Kirchen-, Sakraments- und Amtsverständnis, zu überwinden. Beide Bewegungen mündeten in den Ökumenischen Rat der Kirchen, der sich seit 1938 als im „process of formation" verstand.

2. Die Kirchen und der NS-Staat

2.1 Die Kirchen im Jahr der NS-„Machtergreifung"

NSDAP und Kirchen

In der Weimarer Zeit hatte sich die NSDAP bemüht, die völkisches Gedankengut mit dem christlichen Glauben verbindenden deutschkirchlichen Elemente zurückzudrängen und kirchenfreundlich zu erscheinen. Von breiten Gruppen des Protestantismus wurde in den dreißiger Jahren immer wieder auf den im Parteiprogramm verankerten „Standpunkt eines positiven Christentums" (Punkt 24) verwiesen, ohne zu beachten, daß der Programmpunkt zugleich eine absolute Loyalität und Affinität des christlichen Glaubens gegenüber dem rassistischen und nationalistischen Kern der NS-Ideologie forderte. Da die nationalen und sozialen Ziele der „Bewegung" nicht wenige Protestanten ansprachen, konnte 1932 eine neue Kirchenpartei „Deutsche Christen (Nationalsozialisten)" gebildet werden, die bei den preußischen Kirchenwahlen 1932 ein Drittel aller Synodalsitze gewann.

Ablehnung der NS-Ideologie durch den Katholizismus

Der Katholizismus hingegen stand der NS-Ideologie distanziert bis ablehnend gegenüber und mißbilligte ein Engagement der Gläubigen in der Partei. Die unterschiedliche Haltung der beiden großen Konfessionen gegenüber der NSDAP spiegelte sich auch darin wider, daß die rechtsextreme Partei bei Wahlen in protestantischen Regionen zumeist erheblich besser abschnitt als in mehrheitlich katholisch bewohnten Gebieten.

2. Die Kirchen und der NS-Staat

Mit seiner Regierungserklärung vom 23. März 1933, die weitgehende Zusicherungen an die Kirchen als „wichtigste Faktoren der Erhaltung unseres Volkstums" enthielt, erreichte Hitler eine breite kirchliche Unterstützung seiner Politik. Vor allem im Protestantismus erinnerten die auf den 30. Januar 1933 folgenden Wochen mit steigendem Kirchenbesuch und vermeintlicher Einbeziehung der Kirchen in die „nationale Revolution" an den „Geist von 1914"; da sie dem kirchlichen Leben zumeist ferner standen, waren die politische Einstellung und das Ergehen der Abseitsstehenden, Bedrängten und Verfolgten den kirchlich Verantwortlichen kaum präsent. Die eindeutigen Rechtsbrüche der neuen Regierung stießen auf keine kirchliche Kritik; vor allem im Protestantismus begrüßten viele die die Errichtung der Diktatur begleitenden Einschränkungen der Grundrechte und die Gewaltmaßnahmen als Rückkehr zu Sitte und Ordnung (vgl. z.B. die Predigt des kurmärkischen Generalsuperintendenten Otto Dibelius am „Tag zu Potsdam"). Der katholische Episkopat hob in einer Erklärung vom 28. März 1933 die in den Jahren zuvor ausgesprochenen Verurteilungen des Nationalsozialismus weitgehend auf.

Evangelische Kirche begrüßt die NS-Diktatur

Auf ihrer ersten Reichstagung Anfang April 1933 forderte die „Glaubensbewegung ‚Deutsche Christen'" (GDC) in Abstimmung mit der NS-Kirchenpolitik eine einheitliche, deutschchristlich dominierte Reichskirche, die Übernahme des Führerprinzips sowie die Entlassung evangelischer Pfarrer jüdischer Herkunft. Als die Kirchen unter dem Präsidenten des Deutschen Evangelischen Kirchenausschusses, Hermann Kapler (1867–1941), Schritte zur Eigengestaltung unternahmen, berief Hitler den Königsberger Militärpfarrer Ludwig Müller zu seinem Vertrauensmann in Kirchenfragen. Die Vertreter der Landeskirchen wählten bzw. designierten am 27. Mai 1933 den Leiter der Betheler Anstalten, Friedrich von Bodelschwingh (1877–1946), zum Kandidaten für das Reichsbischofsamt. NSDAP und DC weigerten sich, Bodelschwingh in diesem neu zu schaffenden höchsten kirchlichen Amt anzuerkennen – einen Monat später trat der Betheler Pfarrer zurück.

Glaubensbewegung „Deutsche Christen"

Nach Kaplers Demission setzte der NS-Staat am 24. Juni 1933 für die evangelischen Provinzial- und Landeskirchen in Preußen den Staatskommissar August Jäger ein. Nun gaben die Kirchen ihren Widerstand auf und stimmten in kürzester Frist der Reichskirchenverfassung der Deutschen Evangelischen Kirche (DEK) vom 11. Juli 1933 zu. Die anschließenden Kirchenwahlen erbrachten am 23. Juli 1933 eine überwältigende Mehrheit der von der NSDAP und auch Hitler massiv unterstützten DC. Am 27. September 1933 wurde Hitlers Vertrauensmann Ludwig Müller zum Reichsbischof gewählt.

Die Bildung der Reichskirche

24 I. Enzyklopädischer Überblick

Barths theologische Position 1933/34

Gegen diese kirchenpolitische Entwicklung opponierten bereits im Sommer 1933 zwei Gruppen. Einerseits wollte die „Jungreformatorische Bewegung" – Walter Künneth (1901–1998), Dietrich Bonhoeffer u. a. – an der kirchlichen Selbstbestimmung festhalten; andererseits forderte der 1930 bis 1934 in Bonn lehrende Karl Barth, daß die Kirche erst ihrem Auftrag gemäße Kirche werden müsse. Zum Fanal wurde seine Schrift „Theologische Existenz heute!" [34: 1933], die sich scharf gegen die DC und die Jungreformatoren wandte und die Auseinandersetzungen von der kirchenpolitischen auf die theologische Ebene hob. Als „Ruf zur Sache" stellte er in den Mittelpunkt die „Intensität und Exklusivität" des Anspruchs von Gottes Wort.

Die Gründung des Pfarrernotbundes

Als die „braune" Generalsynode der Evangelischen Kirche der Altpreußischen Union (ApU) im September 1933 die Anwendung der staatlichen Judengesetzgebung („Arierparagraph") im Raum der Kirche beschloß, gab der Berliner Pfarrer Martin Niemöller (1892–1984) die Gründung des „Pfarrernotbundes" bekannt, weil der Synodenbeschluß mit dem christlichen Bekenntnis unvereinbar sei. Damit stieß er über theologische Kriterien zu Aussagen mit politischen Folgen vor. Gleichzeitig mit dem rasch anwachsenden „Pfarrernotbund" – zu ihm gehörten im Januar 1934 7000 der rund 18 000 Pfarrer in Deutschland – bildeten sich im Rheinland und in Westfalen die ersten „Freien" Synoden.

Radikalisierung der DC

Währenddessen bewirkte die Radikalisierung des extremen Flügels der deutsch-christlichen Bewegung im November 1933 – bei der Sportpalastkundgebung in Berlin wurde die Abschaffung des Alten und eine Reinigung des Neuen Testaments von „jüdischen" Elementen gefordert und ein heldischer Jesus betont – Konflikte innerhalb der „Bewegung", die zu einer organisatorischen Auflösung und dem Verlust von weiten Teilen der Anhängerschaft führten.

Abschluß des Reichskonkordats

Zeitgleich mit der Reichskirchenverfassung stimmte das Kabinett Hitler im Juli 1933 dem Reichskonkordat mit dem Heiligen Stuhl zu. Der Vertragstext garantierte dem deutschen Katholizismus weitgehende Freiheiten und Rechte bei Verzicht auf politische Betätigung von kirchlichen Gruppierungen sowie der Geistlichen. Diese Bestimmungen bedeuteten für den politischen Katholizismus inklusive der traditionsreichen Zentrumspartei das Ende. Hingegen gewann der NS-Staat mit Hilfe der offiziellen Anerkennung durch den Vatikan an außenpolitischem Prestige. Weiterhin umstritten bleibt die bereits von Karl Dietrich Bracher aufgeworfene Frage, ob die Zustimmung des Zentrums zum Ermächtigungsgesetz am 24. März 1933 im unmittelbaren Zusammenhang mit den Anfang April begonnenen Verhandlungen über das vom Vatikan lang ersehnte Konkordat stand. Während sich der deutsche Episkopat und der Vatikan mit dem NS-Staat zu arrangieren suchten, blieb der Katholizismus – im Gegensatz zum Protestantismus – von einem Einbruch der NS-Ideologie in Kultus und Lehre weitgehend verschont. „Deutsche Christen" gab es in der katholischen Kirche nicht. Einzelne katholische Würdenträger taten weiterhin ihren Dissens zur NS-Weltanschauung kund. Der Münchener Kardinal Faulhaber verteidigte im Advent 1933 von der Kanzel das Alte Testament, im Herbst 1934 setzte eine offensive Auseinandersetzung mit Rosenbergs „Mythus des 20. Jahrhunderts" ein.

2.2 Auseinandersetzungen um die Gleichschaltungspolitik

Trotz der offenkundigen Krise der DC gelang durch die von ihnen dominierten Kirchenleitungen eine Eingliederung dieser „zerstörten" Landeskirchen in die „Reichskirche", nicht jedoch der „intakten" Landeskirchen unter den weithin unversehrt gebliebenen lutherischen Kirchenleitungen in Bayern, Württemberg und zum Teil Hannover. Die in den beiden süddeutschen Kirchen gewaltsam vorgenommenen und von starken Protesten der Pfarrerschaft wie der Laien begleiteten Gleichschaltungsmaßnahmen mußte der NS-Staat vor allem aufgrund außenpolitischer Rücksichtnahmen im Oktober 1934 wieder zurücknehmen.

Eingliederung der Landeskirchen in die Reichskirche

Den Höhepunkt der „Kirchenkampf" genannten Auseinandersetzungen bildeten die Reichsbekenntnissynoden von Barmen und Dahlem im Mai und Oktober 1934. In Barmen verabschiedeten Vertreter lutherischer, reformierter und unierter Kirchen eine vor allem auf Karl Barth zurückgehende „Theologische Erklärung", die eine klare Abgrenzung gegen die deutschchristlichen Irrlehren vornahm und unter Bezugnahme auf Artikel 1 der DEK-Verfassung von 1933 den in der Heiligen Schrift bezeugten Jesus Christus als den einzigen Grund des christlichen Glaubens und der christlichen Kirche bekräftigte und den Totalitätsanspruch des NS-Staates zurückwies. Zur Ausgrenzung der Juden aus der Gesellschaft nahm die Erklärung allerdings überhaupt nicht und zum kirchlichen ‚Arierparagraphen' nicht explizit Stellung. Auf die Rettung der eigenen Autonomie vor der Gleichschaltung bedacht, verabschiedete die Synode eine „Erklärung zur Rechtslage der Deutschen Evangelischen Kirche", die die bekennenden Gemeinden zur „rechtmäßige[n] Deutsche[n] Evangelische[n] Kirche" erklärte. Die 2. Reichsbekenntnissynode in Berlin-Dahlem zog aus den in Barmen verkündeten Grundsätzen die Konsequenzen, sprach die Trennung

Reichsbekenntnissynoden von Barmen und Dahlem

von den häretischen deutschchristlichen Kirchenleitungen aus und forderte die Gemeinden auf, sich aufgrund des proklamierten kirchlichen Notrechtes nunmehr an die Weisungen der „Bruderräte" der Bekennenden Kirche (BK) zu halten, also Parallelstrukturen zu den DC-Kirchen- und Gemeindeleitungen aufzubauen.

<small>1. Vorläufige Kirchenleitung (VKL)</small>

Am 22. November 1934 entstand unter dem Vorsitz des hannoverschen Landesbischofs August Marahrens (1875–1950) die 1. VKL, die sich aus Vertretern der „intakten" Landeskirchen und der Bruderräte aus deutschchristlich beherrschten, „zerstörten" Kirchengebieten zusammensetzte.

2.3 Die staatliche Kirchenpolitik 1935–1939

<small>Die kirchenpolitische Abteilung des SD-Hauptamtes</small>

1935 – etwa zeitgleich mit dem Reichskirchenministerium – entstand die kirchenpolitische Abteilung des SD-Hauptamtes bzw. des Reichssicherheitshauptamtes in Berlin. Unter der Leitung des ehemaligen katholischen Priesters Albert Hartl (1904–1982) arbeiteten hier zwischen 1935 und 1941 etwa vierzig SD-Angehörige für den weltanschaulich geprägten Nachrichtendienst. Die kirchenpolitische Abteilung war für die Beobachtung des „weltanschaulichen" Gegners verantwortlich, beteiligte sich an der Vorbereitung und Durchführung der Devisen- und Sittlichkeitsprozesse gegen katholische Ordensgeistliche, überwachte mit Hilfe von Spitzeln die verschiedenen Richtungen in der evangelischen Kirche und trug zur brutalen Verfolgung kleiner Religionsgemeinschaften wie der Zeugen Jehovas bei. Ihr Vorgehen sollte der Durchsetzung der NS-Ideologie im religiösen Bereich dienen.

<small>Die Bildung des Reichskirchenausschusses</small>

Am 16. Juli 1935 beauftragte Hitler den Reichsminister ohne Geschäftsbereich Hanns Kerrl (1887–1941) mit der kirchen- und staatskirchenrechtlichen Regelung der „Kirchenfrage". Dieser suchte auf dem Wege eingehender Konsultationen zwischen allen Beteiligten die „Kirchenstreitigkeiten" beizulegen und eine „Befriedung" herbeizuführen. Dabei ging er von dem Konzept einer staatsloyalen, zentralistisch organisierten Volkskirche der breiten Mitte aus – unter Verzicht auf die radikalen DC wie die entschiedene BK. Aufgrund des „Gesetzes zur Sicherung der Deutschen Evangelischen Kirche" vom 24. September 1935, das Kerrl zu „Verordnungen mit rechtsverbindlicher Kraft" ermächtigte, kündigte der Minister die Bildung eines Reichskirchenausschusses (RKA) an, der die Leitung der DEK übernehmen sollte. An dessen Spitze stand der pensionierte westfälische Generalsuperintendent Wilhelm Zoellner (1860–1937), ein allenthalben geachteter Mann. Der RKA stellte sich hinter die NS-Regierung und bejahte

2. Die Kirchen und der NS-Staat

„die nationalsozialistische Volkwerdung auf der Grundlage von Rasse, Blut und Boden" [8: KJ 1933–1944, 108].

Auf landeskirchlicher Ebene wurden Landeskirchenausschüsse gebildet, die zwar mancherorts der deutschchristlichen Willkürherrschaft ein Ende bereiteten, aber auch das durch die „Bruderräte" der BK ausgeübte Notkirchenregiment nicht anerkannten. Dieser staatliche Versuch einer Vermittlung zwischen den kirchenpolitischen Richtungen unter Absehung von den theologischen Differenzen ließ die bereits in der 1. VKL bestehenden Spannungen innerhalb der BK zum Ausbruch kommen (4. Bekenntnissynode der DEK in Bad Oeynhausen 17.–22. Februar 1936). Während die „intakten" lutherischen Landeskirchen und einige lutherisch geprägte Landesbruderräte der BK sich für eine Zusammenarbeit mit den Ausschüssen aussprachen, um ihre volkskirchlichen Strukturen nicht durch einen „sektiererischen" Rigorismus zu gefährden, lehnte der altpreußische Bruderrat jeden Kompromiß ab. Er sah in der Kooperation mit den Ausschüssen eine Bejahung der NS-Politik sowie wesentlicher Elemente der ihr zugrundeliegenden Ideologie und mithin einen Verrat an „Barmen" und „Dahlem". *Landeskirchenausschüsse*

Als der Reichsbruderrat sich für die preußische Haltung entschied, zerfiel die BK in einen „gemäßigten" und in einen „entschiedenen" Flügel. Die erste gab sich am 18. März 1936 mit dem „Rat der Evangelisch Lutherischen Kirche Deutschlands" („Lutherrat") eine eigene Leitung, die zweite wählte am 12. März 1936 die „Zweite Vorläufige Kirchenleitung" (2. VKL). Unter deren Verantwortung erschien im westlichen Ausland die durch eine Indiskretion vorzeitig bekanntgewordene Denkschrift der 2. VKL an Hitler vom 28. Mai 1936; sie vollzog den Schritt von der ideologischen Auseinandersetzung zur offenen politischen Kritik am NS-System. Neben der drohenden Entchristlichung der Gesellschaft und der festgestellten Entkonfessionalisierung des öffentlichen Lebens prangerte die Denkschrift unter Verweis auf das erste Gebot und die Sündhaftigkeit der Menschheit die Überhöhung von Rasse und Volkstum durch die NS-Ideologie an und konfrontierte den „Antisemitismus …, der zum Judenhaß verpflichtet", mit dem christlichen Liebesgebot. Daneben benannte der Text auch ganz konkrete politisch-gesellschaftliche Mißstände wie den Führerkult, Fälschungen des Ergebnisses der letzten Reichstagswahl und, weil „Gott der Schützer des Rechts und der Rechtlosen ist", die Konzentrationslager sowie das keiner gerichtlichen Kontrolle unterworfene Vorgehen der Gestapo und das alltägliche Spitzelsystem. Die Schärfe der Denkschrift und die dunklen Umstände ihrer „illegitimen" Veröffentlichung sowie verschiedene Verdächtigungen aus den Reihen des Berliner Bru- *Spaltung der BK* derrates sorgten für tiefgreifende Verunsicherungen und – lebhaft befördert durch die Gestapo – weitere Risse in der BK, die auch durch die Kanzelabkündigung nicht wieder geschlossen werden konnten. Die VKL entließ ihren Kanzlei-Chef Friedrich Weißler, obwohl die Denkschrift in verschiedenen Versionen nicht nur durch dessen Kontaktmann Ernst Tillich, sondern auch durch die Theologen Horst Michael und Hermann Kötzschke an ausländische Zeitungen gelangt war. Weißler starb am 19. Februar 1937 im KZ Sachsenhausen an den Folgen schwerer Mißhandlungen.

Das Scheitern der NS-Kirchenpolitik

Kerrl mußte einsehen, daß auf dem Verhandlungswege keine innerkirchliche Einigung zu erzielen war. Im Februar 1937 trat der RKA zurück. Weitere Versuche in den Jahren 1937 und 1938, die Kirchen durch administrative Maßnahmen im Sinne einer Synthese mit dem NS zu „befrieden", scheiterten ebenfalls. Der letzte Versuch Kerrls, im Frühjahr 1939 auf der Grundlage einer modifizierten Fassung („Fünf Grundsätze") der deutschchristlichen „Godesberger Erklärung" einen breiten Konsens unter den protestantischen Kirchenführern herzustellen, mißlang ebenfalls und führte außerdem zu einem Dissens zwischen dem hannoverschen Landesbischof August Marahrens und seinen süddeutschen Kollegen Theophil Wurm (1868–1953) und Hans Meiser (1881–1956). Auf Drängen seiner hannoverschen Berater und seines Braunschweiger Bischofskollegen Helmuth Johnsen (1891–1947) hin hatte Marahrens trotz der Erfahrung der Reichspogromnacht diese „Grundsätze" unterzeichnet, nach denen die NS-Weltanschauung als für jeden deutschen Christen verbindliche Lehre und der unüberbrückbare Gegensatz zwischen Juden- und Christentum anzuerkennen sei.

Kritik des Katholizismus an der NS-Ideologie

Auf wachsende Übergriffe von seiten des Staates auf den deutschen Katholizismus – neben den Devisen- und Sittlichkeitsprozessen ging es vor allem um die Bedrohung des Vereinskatholizismus und der Konfessionsschule – reagierte 1937 die von dem Münchener Kardinal Faulhaber entworfene Papst-Enzyklika „Mit brennender Sorge" und erinnerte an das vier Jahre zuvor abgeschlossene Konkordat. Von den Juden und dem politischen Druck und Terror (Konzentrationslager, Wahlfälschungen u.a.) war darin nicht die Rede. Wie im protestantischen Bereich stieß die staatliche Verabsolutierung von Rasse und Volkstum auf scharfe Kritik, wobei die besondere Aufmerksamkeit Alfred Rosenbergs ideologischem Werk „Der Mythus des 20. Jahrhunderts" [58] galt. Im Juni 1938 beauftragte Pius XI. die Jesuiten John La-Farge, Gustav Gundlach und Gustave Desbuquois mit der Abfassung eines Enzykliken-Entwurfes zum Thema Rassismus und Antisemitismus. Der etwa 100 Seiten lange Text, in dem die Verfasser u.a. von einer „ungerechten, erbarmungslosen Kampagne gegen die Juden" sprachen, lag Mitte September in Rom vor. Seine Weitergabe an den Papst wurde aber so lange verschleppt, daß sich der am 10. Februar 1939 verstorbene Pius XI. mit ihm nicht mehr näher befassen konnte. Pius XII., seit 2. März 1939 im Amt, verfolgte das Projekt nicht weiter.

2.4 Während des Zweiten Weltkriegs

Mit Beginn des Krieges verbot Hitler im Sinne eines „Burgfriedens" jede Aktion gegen die Kirchen im Altreich, um deren Unterstützung zu erhalten. Im rechtsfreien Raum der eroberten Gebiete wirkte sich dagegen der Einfluß des radikal kirchenfeindlichen Flügels der NSDAP auf der ideologischen Linie Alfred Rosenbergs zunehmend stärker aus. In dem 1939 neugeschaffenen „Reichsgau Wartheland" setzte Martin Bormann die Grundsätze einer kirchenfeindlichen NS-Politik durch, indem die Kirchen zu religiösen Kirchengesellschaften im Sinne von Vereinen herabgestuft und durch weitere Unterdrückungsmaßnahmen auf dem Wege der Sondergesetzgebung für eine Liquidierung vorbereitet wurden.

<small>Burgfrieden im Altreich und kirchenfeindliche Politik im „Warthegau"</small>

Dem unmittelbar nach Kriegsbeginn eingeleiteten ‚Euthanasieprogramm' des NS-Staates, dem Tausende Kranker und Behinderter – auch aus kirchlichen Anstalten – zum Opfer fielen, begegneten u. a. der württembergische Landesbischof Wurm und Pfarrer Paul Gerhard Braune (Lobetal) mit internen Eingaben, die jedoch die Berechtigung des Tötungsgedankens nicht völlig in Abrede stellten. Friedrich von Bodelschwingh (Bethel) gelang es, durch eine Hinhaltetaktik die Patienten seiner allerdings besonders prominenten Anstalt weitgehend vor der Mordaktion zu bewahren. Den Schritt zum öffentlichen Protest wagte lediglich der katholische Bischof von Münster, Clemens August Graf von Galen (1878–1946), der am 3. August 1941 von der Kanzel die Verbrechen beim Namen nannte und Strafanzeige wegen Mordes stellte. Auf Anweisung Hitlers stellte der NS-Staat daraufhin den organisierten Massenmord ein; in weniger offensichtlicher Form gingen die Tötungen allerdings weiter.

<small>Euthanasie und Shoah</small>

Während alle Maßnahmen der NS-Judenpolitik bis hin zur Pogromnacht 1938 auf keinen nennenswerten Widerspruch durch kirchenleitende Persönlichkeiten stießen, wurde die Shoah – der in Deutschland nicht verborgen gebliebene nahezu vollständige Genozid am europäischen Judentum in den Vernichtungslagern – zum Gegenstand von internen kirchlichen Eingaben an staatliche Regierungsstellen (v.a. die Landesbischöfe Wurm und Marahrens; der hannoversche

Bischof akzeptierte die Deportation in den Osten als „notwendige ... politische Maßnahme", verurteilte aber Gewalt und Mord). Der jahrhundertelange christliche Antijudaismus und die von Theologen unter das Volk gebrachte sittlich-kulturelle Judenfeindschaft – prominentestes Beispiel ist der Berliner Hofprediger Adolf Stoecker, dessen antijüdische Agitation auch die Kirchenpolitiker Theophil Wurm und Otto Dibelius prägte – erleichterten die Akzeptanz der rassistischen NS-Judenpolitik durch den Protestantismus. Von Einzelunternehmungen – etwa dem „Büro Pfarrer Grüber", dem katholischen St. Raphaelsverein oder der Breslauer Stadtvikarin Katharina Staritz – abgesehen, gab es keine größeren Hilfsaktionen zugunsten der Bedrängten. Nach Einführung des Judensterns im September 1941 erließ die Kirchenkanzlei der DEK wenige Tage vor Weihnachten im Einvernehmen mit dem Geistlichen Vertrauensrat, dem de-facto-Leitungsorgan des deutschen Protestantismus im Kriege, eine Verfügung, die Gemeindeglieder jüdischer Herkunft aufforderte, sich vom gottesdienstlichen Leben fernzuhalten, und sie auf die Gründung eigener Gemeinden verwies. Die hannoversche Landeskirche leitete das Schreiben an die Pfarrämter zur Beachtung weiter. Noch radikaler verfuhren die DC-Landeskirchen Thüringen, Sachsen, Mecklenburg, Anhalt und Lübeck, indem sie den gänzlichen Kirchenausschluß ihrer Mitglieder jüdischer Herkunft verfügten.

Im Oktober 1943 erließ die in Breslau tagende Bekenntnissynode der ApU eine am Bußtag zu verlesende Kundgebung, die auch den Massenmord an den Juden ansprach. Die Synodalen und die den Text verlesenden Pfarrer blieben von staatlichen Repressionen verschont.

Kirchen und Widerstand Am politischen Widerstand im eigentlichen Sinn hatten die Kirchen keinen Anteil. An der Verschwörung gegen Hitler beteiligte Theologen wie Dietrich Bonhoeffer oder Alfred Delp (1907–1945) bildeten die Ausnahme. Dagegen läßt sich ein breites Spektrum von Resistenz und Nonkonformität beschreiben, das dem Regime hinsichtlich der Grundkomponenten seiner Politik (Rassismus und Krieg) jedoch keine entscheidenden Schwierigkeiten bereitete.

Weitere Spaltungen der Bekennenden Kirche Eine Konsolidierung der BK während des „Dritten Reiches" gelang nicht. Insbesondere Karl Barths Brief an Josef Hromádka (1889–1969) vom 18. August 1938 und die Distanzierung der Bischöfe Wurm, Meiser, Marahrens und Julius Kühlewein (1873–1948) von der in Zusammenhang mit der Sudetenkrise entworfenen und vom SS-Organ „Das Schwarze Korps" scharf attackierten Gebetsliturgie der 2. VKL trennten den „bruderrätlichen" und den „gemäßigten" Flügel der BK für immer.

2. Die Kirchen und der NS-Staat

Unter dem ideologischen Druck des „Dritten Reiches" sah sich Barth zu ethisch-politischen Stellungnahmen gezwungen, die er theologisch nur zu leisten vermochte, indem er den „unendlichen qualitativen Abstand" zwischen Zeit und Ewigkeit durch die „analogia fidei" (zuerst formuliert im „Anselm-Buch": Fides quaerens intellectum, in 1: BARTH, Gesamtausgabe, Abt. II) zu überwinden versuchte. Der Glaubende begreift sein Bekenntnis zum Ersten Gebot als implizite politische Absage an den Nationalsozialismus. In seiner Schrift „Rechtfertigung und Recht" [35: 1938] suchte Barth dann eine christologische Begründung für die Zuständigkeit der Theologie auch in politischen Fragen zu geben (vgl. auch 67: BARTH, Christengemeinde und Bürgergemeinde, 1946). Seine Kritiker warfen ihm vor, politische bzw. soziale Ermessensurteile als notwendige theologische Entscheidungen zu legitimieren.

Die Wende in der Theologie Karl Barths

Nicht nur Hans Asmussen (1898–1968), sondern auch Heinrich Vogel (1902–1989), Martin Niemöller, Helmut Gollwitzer (1908–1993) und andere teilten die Auffassung, Barth habe die „reine" Barmer Lehre verlassen. Sie sahen sich von ihrem Mentor nicht nur geschieden, sondern im Stich gelassen und gingen erstmals ihren Weg alleine. Asmussens Aufforderung an die BK seit 1937, den Gottesdienst und das Heilige Sakrament des Abendmahls zur Mitte der Bekenntnistheologie zu machen, fiel auf fruchtbaren Boden. Von 1940 an leitete er den Berliner Bruderrat und warb in zahlreichen Vorträgen vor Gemeinden und Amtsbrüdern für seine theologischen Anliegen. Sein kultisch-liturgisches Erneuerungsprogramm und sein Amtsverständnis entsprachen durchaus einem dringenden Trostbedürfnis der Gemeinden, wie eine Reihe von Konversionen zur römisch-katholischen Kirche nahelegen. Die für die BK beunruhigendste Entwicklung – Martin Niemöllers Wunsch von 1940, zur römisch-katholischen Kirche zu konvertieren, mit der er sich seit 1938 näher beschäftigt hatte – verhinderte Asmussen in einem seelsorgerlichen Briefwechsel mit dem zutiefst verunsicherten KZ-Insassen. Asmussens Intervention war darum so wirkungsvoll, weil Niemöller mit einem gewissen Recht meinte, er „wandle ... auf seinen Gedankenspuren" [56: NIEMÖLLER, 1979, 101]. Niemöller vermißte im Protestantismus „das Amt, das über die Lehre urteilt" [168: LEHMANN, 1988, 75]. Er war zutiefst enttäuscht von der evangelischen Kirche, der „Sterilität" ihrer Theologie und ihrem Mangel an leiblicher wie geistlicher Fürsorge. Völlig realistisch sah er, daß „der Auflösungsprozeß [der BK] weiter geht und zwangsläufig ist, seitdem der Bußruf von Barmen ... Gegenstand der Auseinandersetzung für die Hohenpriester und Schriftgelehrten geworden ist" [56: NIEMÖLLER,

Hochkirchliche Bewegung im „entschiedenen" BK-Flügel

1979, 143]. Wie ernst es Niemöller war, geht auch daraus hervor, daß sich Papst Pius XII. mit der Angelegenheit befaßte. Etwa Mitte 1941 gab Niemöller seine Konversions-Absichten auf.

Kirchliches Einigungswerk

Während des Krieges sorgte das Einigungswerk des württembergischen Landesbischofs Theophil Wurm für ein Sammelbecken des deutschen Protestantismus von Teilen der BK bis hin zu Vertretern der „Mitte". Die auf die kirchenfeindliche Politik im „Warthegau" bezogenen „13 Sätze" Wurms erwähnten die Barmer Theologische Erklärung nicht, sparten jedoch die Neubesinnung des Kirchenkampfes auf Schrift und Bekenntnis nicht aus.

Meinungsdifferenzen im katholischen Episkopat

Gespalten war während des Krieges auch der katholische Episkopat, in dem die staatskonforme Haltung des Vorsitzenden der Fuldaer Bischofskonferenz, Kardinal Bertram (1859–1945), zu scharfen internen Auseinandersetzungen führte.

Seit der Wende des Krieges in Stalingrad und angesichts der zunehmenden Gefährdung an den Fronten und in Deutschland durch die Luftangriffe suchten viele Menschen wieder Trost und Hilfe bei den Kirchen. Diese Stärkung der Kirchlichkeit sollte bis in die fünfziger Jahre währen; vor allem bestimmte sie die Position der Kirchen nach dem Zusammenbruch des NS-Systems.

3. Die Kirchen in der Bundesrepublik

3.1 Die evangelische Kirche seit Frühjahr 1945

Die Kirchen als Vertreter der Interessen der deutschen Bevölkerung

Die Kirchen verfügten als nahezu einzige Institutionen nach dem Zusammenbruch des NS-Staates über eine funktionsfähige Organisation. Deshalb verstanden sie sich bald als Sprachrohr des deutschen Volkes gegenüber den Besatzungsmächten; zum anderen kam ihnen bei der Verteilung materieller Hilfen an die Bevölkerung eine Schlüsselfunktion zu. Zur Linderung der materiellen Not infolge der Kriegseinwirkungen wurde im August 1946 in Treysa das Hilfswerk der EKD gegründet. 1957 entstand durch Zusammenführung mit dem Centralausschuß für Innere Mission das Werk „Innere Mission und Hilfswerk der Evangelischen Kirche in Deutschland". Daraus entwickelte sich später das Diakonische Werk der EKD.

Konzeptionen für die Neuordnung

In kirchenpolitisch-theologischer Rivalität zum „Lutherrat", der endlich den schon seit langem bestehenden Wunsch des Luthertums nach einer einheitlichen Lutherischen Kirche in Deutschland verwirklichen wollte, standen vor allem die Bruderräte in der ApU, die, unter-

3. Die Kirchen in der Bundesrepublik

stützt vom Basler Systematiker Barth, nach den Erfahrungen des „Kirchenkampfes" eine Erneuerung der Kirchen auf der Basis des Gemeindeprinzips anstrebten. Mitte Januar 1945 verabschiedete dazu der Altpreußische Bruderrat die Denkschrift „Von rechter Kirchenordnung". Wurm hatte sich schon im Krieg mit seinem kirchlichen Einigungswerk in eine gewisse Konkurrenz zu den Unierten wie zu den Lutheranern begeben, so daß in seiner Umgebung über eine dritte Variante der Neuordnung auf der Basis des „Einigungswerkes" nachgedacht wurde.

Im Juni 1945 planten Bodelschwingh, Wurm und ihre Berater eine „Kirchenführerkonferenz", zu der dann für August nach Treysa eingeladen wurde.

An diesen Weichenstellungen war der bruderrätliche Flügel der BK nicht beteiligt worden, und auch den für die Ökumene indiskutablen hannoverschen Landesbischof August Marahrens hatte man nicht eingeladen. Diese kirchenpolitischen, theologischen und auch menschlichen Unverträglichkeiten sollten den deutschen Nachkriegsprotestantismus nachhaltig prägen. Ungeklärte Differenzen, besonders hinsichtlich des Kirchenverständnisses, kennzeichneten die binnenkirchliche Lage bis weit in die 70er Jahre.

Ausgrenzungen und Tagung des Reichsbruderrates in Frankfurt

Einig waren sich die deutschen Kirchen dagegen in der Ablehnung des umfassenden Eliminations- und Umerziehungskonzeptes der Angloamerikaner, das darauf hinzielte, „to stamp out the whole tradition on which German nation has been built up" and „to look to Great Britain and to the English speaking world as their exemplar" [388: PRONAY/WILSON, 1985, 2].

Ökumenische und alliierte Umerziehungsprogramme

In der britischen Besatzungszone orientierte man sich zunächst an den amerikanischen Richtlinien, wie sie in der Direktive JCS 1067 vom 26. April 1945 festgelegt worden waren. Auch im *Allied Religious Affairs Committee* (ARAC), in dem die vier Alliierten seit August 1945 ihre Religions- und Kirchenpolitik koordinierten, hatten die Amerikaner das Sagen. So gelang es ihnen, ihre Direktive JCS 1143 durchzusetzen, die den Grundsatz der Nichteinmischung in kirchliche und religiöse Angelegenheiten vertrat.

Grundlinien der angloamerikanischen Kirchenpolitik

Da Frankreich erst mit der Konferenz von Jalta eine eigene Besatzungszone eingeräumt wurde, gab es keine Planungen im Vorfeld der Besetzung. Obwohl sich die französische Militärverwaltung darum an den alliierten Direktiven orientierte, setzte auch die *Direction de l'Intérieur et des Cultes* unter Präfekt Holveck eigene Akzente. Im Unterschied zu den angloamerikanischen Kaplänen, die mit der Wort-Gottes-Theologie ebensowenig anzufangen wußten wie die Skandinavier und die meisten Mitarbeiter des Ökumenischen Rates der Kirchen (ÖRK),

Kirchenpolitik im Südwesten

fühlte sich der Elsässer Marcel Sturm, einer der *Aumoniers généraux*, dem bruderrätlichen Flügel der BK besonders verbunden.

<small>Voraussetzungen für die Wiederaufnahme ökumenischer Beziehungen</small>

Die Kirchen der Ökumene befanden sich in einer schwierigen Lage. Ihr Handlungsspielraum gegenüber der Schwesterkirche in Deutschland war im wesentlichen durch die Toleranzgrenzen ihrer Regierungen bestimmt, die – bezogen auf den Aggressor Deutschland – das Stimmungsbild in den Siegerstaaten nicht außer acht lassen konnten und wollten. Um den Mitchristen in Deutschland wirkungsvoll helfen zu können, mußte der ÖRK daher eine Atmosphäre schaffen, die eine Voraussetzung bot, in Übereinstimmung mit den großen Kirchen in den USA und England zu handeln. Zur Verständigung der deutschen Kirche mit der Ökumene erschienen zunächst personalpolitische Konsequenzen nötig. In Genf wie in London bestand bald Einvernehmen darüber, daß der hannoversche Landesbischof Marahrens und der Leiter des kirchlichen Außenamtes der DEK, Theodor Heckel (1894–1967), durch Akte der Kooperation mit dem NS-Regime so belastet seien, daß sie aus ihren Ämtern ausscheiden müßten. Marcel Sturm unterstützte die Initiative der französischen Militärverwaltung, den neuen Bischof der pfälzischen Landeskirche, Stichter, zum Rücktritt durch Versetzung in den Ruhestand zu bewegen. Für die Wiederaufnahme der ökumenischen Beziehungen war es nötig, ein Wort zum Weg der Kirche unter dem NS-Regime zu sagen.

<small>Die Stuttgarter Schulderklärung</small>

Vor dem Hintergrund der Kriegsschulddiskussion nach dem Ersten Weltkrieg, der Flüchtlingsströme, der drohenden Okkupation durch die Sowjets, der alliierten Bombardements bis in die letzten Kriegsmonate und der ersten Entnazifizierungsdirektiven fürchteten jedoch weite Kreise, man liefere mit einem öffentlichen Schuldbekenntnis den Besatzungsmächten nur weitere Argumente für harte Vergeltungsmaßnahmen. Verweigerten die Kirchen andererseits ein solches Wort, mußten sie mit unangenehmen Konsequenzen rechnen.

<small>Hirtenwort des deutschen Episkopats</small>

Nachdem der deutsche Episkopat schon im Hirtenwort vom 23. August 1945 zur Schuldfrage Stellung genommen hatte, blieb für die Protestanten eigentlich nur noch offen, *wie* sie sich äußern sollten. Was dann Mitte Oktober 1945 auf der ersten Zusammenkunft des vorläufigen EKD-Rats in Stuttgart in Anwesenheit ökumenischer Vertreter gesagt wurde, war den einen zu viel, den anderen zu wenig. Insofern sorgte die Erklärung zwar für einen Neuanfang mit der Ökumene, bildete aber gleichzeitig neuen Konfliktstoff innerhalb der zerrissenen evangelischen Kirche. Eine der gravierendsten Schwächen der Erklärung bestand darin, daß sie zum Verhältnis von Christen und Juden nach der Shoah schwieg.

3. Die Kirchen in der Bundesrepublik 35

Die Wiederaufnahme der ökumenischen Beziehungen brachte den deutschen Protestantismus in den Genuß ökumenischer Aufbauhilfe, aber auch in ein konzeptionelles Abhängigkeitsverhältnis zum ÖRK. Aufgrund dieser Konstellation war die Großkirche gehalten, wenigstens im Bereich zwischenkirchlicher Hilfe eine Ökumene mit den Freikirchen zu entwickeln, die freilich spannungsvoll blieb und Chancen der Verständigung ungenutzt ließ. Zur Förderung der Zusammenarbeit zwischen Landes- und Freikirchen wurde auf Anregung des ÖRK 1947 in Frankfurt/M. die Ökumenische Centrale (ÖC), 1948 die Arbeitsgemeinschaft christlicher Kirchen (ACK) gegründet. Nach ihrer Neukonstituierung 1974 erfolgte der Beitritt auch der römisch-katholischen Kirche und der orthodoxen Kirchen.

Ökumene mit den Freikirchen

Zwei Jahre nach „Stuttgart" behandelte der Bruderrat der Evangelischen Kirche in Deutschland (EKD) am 7./8. August 1947 in Darmstadt noch einmal die Schuldfrage. Der nur vom kleineren Teil des Gremiums verantwortete Text des sog. „Darmstädter Wortes" nannte als Wurzeln für den NS-Staat auch das Verhalten des Protestantismus im 19. und frühen 20. Jahrhundert (deutscher Nationalismus, Bündnis von Thron und Altar, Versagen in der sozialen Frage und Mißachtung des ökonomischen Materialismus). Auch der schärfer werdende Ost-West-Konflikt war im Blick. Vor allem die während der Sitzung nicht anwesenden mitteldeutschen Mitglieder des Bruderrates kritisierten angesichts der Entwicklung in der SBZ die zu unkritische Haltung des Wortes gegenüber dem Marxismus.

Das Darmstädter Wort

Da der Lutherrat auf die Proklamation einer Deutschen Lutherischen Kirche verzichtet hatte, konnte die Kirchenführerkonferenz in Treysa im August 1945 eine „Vorläufige Ordnung der Evangelischen Kirche in Deutschland" und die Bildung einer „Vorläufigen Leitung" in Gestalt eines zwölfköpfigen Rates verabschieden. Nach heftigen rechtlichen Debatten über die Kirchenverfassung wurde das Provisorium drei Jahre später in Eisenach durch eine Grundordnung der EKD abgelöst, die freilich ebenfalls die kontroverse Ausgangslage und die Unabgeschlossenheit der theologisch-politischen Diskussion widerspiegelte. Unter dem Eindruck der überraschenden Einigung in Eisenach erklärte der Bruderrat der EKD Mitte Juli 1948 „seine kirchenleitenden Funktionen für erloschen". Der neugebildete Rat der EKD wählte im Januar 1949 Otto Dibelius zu seinem ersten Vorsitzenden. Parallel zu diesem Bund bekenntnisverschiedener Kirchen kam es im Kompromißverfahren zur Bildung einer lutherischen Bekenntniskirche mit voller Kanzel- und Abendmahlsgemeinschaft, der nicht alle lutherischen Landeskir-

Gründung der EKD und der VELKD

chen umfassenden Vereinigten Evangelisch-Lutherischen Kirche Deutschlands (VELKD). Dieses Nebeneinander von EKD, VELKD und – seit 1950 – ApU/EKU besteht bis heute.

EKU Anders als in der EKD konnten die Bruderräte der westlichen preußischen Provinzialkirchen Rheinland und Westfalen ihre Konzeption einer kirchlichen Neuordnung durchsetzen, indem sie im August 1945 eine Verselbständigung der ehemaligen Provinzialkirchen beschlossen und die dem Kirchensenat der ApU bzw. dem preußischen EOK zustehenden kirchenleitenden Funktionen übernahmen. Auf Initiative der östlichen Provinzialkirchen erhielt die altpreußische Kirchenleitung in einem Zusatzabkommen vom 2. Oktober 1945 einige Kompetenzen wieder zurück, um den Zusammenhalt der östlichen Kirchen zu stärken. 1950/51 wurde dann – als Gegengewicht zur VELKD – von den Vertretern der ehemaligen Provinzialkirchen die „Evangelische Kirche der Altpreußischen Union" (ApU) neu konstituiert. 1953 nannte sich die ApU durch Synodalbeschluß in „Evangelische Kirche der Union" (EKU) um und öffnete sich für den Beitritt weiterer Unionskirchen (1960 Anhalt).

„Selbstreinigung" und „Entnazifizierung" Über alle Kontroversen hinweg waren sich die kirchenleitenden Persönlichkeiten in ihrem negativen Urteil über die alliierte Säuberungspolitik einig. Sie trafen sich darin mit den katholischen Bischöfen, die – allen voran die neuernannten Kardinäle Joseph Frings (Köln) (1887–1978), Konrad Graf von Preysing (Berlin) (1880–1950) und Galen (Münster) – gegen die Maßnahmen der Alliierten protestierten und auch bei Papst Pius XII. Unterstützung fanden. Weder die kirchliche „Selbstreinigung" noch die „Entnazifizierung" der Bevölkerung schien den leitenden Geistlichen ein tauglicher Weg zu sein. In ihrer Ablehnung der von den Siegermächten geforderten bzw. vorgenommenen Maßnahmen konnten sie sich auf deren Inkompetenz und entsprechende Fehlentscheidungen der ersten Zeit berufen: den nivellierenden Schematismus und moralischen Rigorismus, der alle Schuldeinsicht schon im Ansatz zunichte werden ließ. Vor diesem Hintergrund zogen sich beide große Kirchen auf einen Rechtspositivismus zurück, der die Bemühungen der Alliierten um eine rechtliche Klärung der Vergangenheit als blanke Siegerjustiz erscheinen ließ.

In den Positionen, die die Kirchenleitungen zur Politik der Entnazifizierung einnahmen, wurde eine positive Haltung zum Nationalsozialismus als verzeihlicher, nachvollziehbarer politischer Denkfehler verharmlost. Zudem konzentrierte man sich auf die unter der Entnazifizierungspolitik „Leidenden" und übersah die Opfer des NS-Regimes und deren Wiedergutmachungsansprüche.

Wie wenig selbstverständlich den Kirchen „die Aburteilung von Straftaten" war, zeigten ihre Vorbehalte gegenüber den Nürnberger Prozessen. In zahlreichen Fällen setzten sich kirchenleitende Persönlichkeiten in Eingaben für die Verurteilten ein, plädierten für die Herabsetzung des Strafmaßes, forderten eine zweite Instanz oder schrieben Gnadengesuche. Mit zunehmendem Nachdruck suchten die Kirchen das Geschehene auf eine kleine Gruppe von Verbrechern zu fokussieren. Im Zusammenhang damit erfolgte das immer eindringlichere Plädoyer zugunsten einer Schlußstrich-Strategie als Ermöglichung eines Neuanfangs unter demokratischen Vorzeichen.

3.2 Einpassung in die Zweite Demokratie

Das Grundgesetz der Bundesrepublik Deutschland (verkündet am 23. Mai 1949) übernahm im Artikel 140 unverändert die Kirchenartikel der Weimarer Reichsverfassung. Offizielle Äußerungen der großen Kirchen zur Errichtung der westdeutschen Nachkriegsdemokratie blieben aus. Mit der politischen Partizipation des einzelnen Christen befaßte sich allerdings die Evangelische Woche (27. Juli bis 1. August 1949 in Hannover). In der niedersächsischen Hauptstadt erfolgte auch die Gründung des Deutschen Evangelischen Kirchentages, der als Laienbewegung erneuernde Impulse in den allzu schwerfällig erscheinenden Apparat Kirche einbringen wollte. *Kirche und Grundgesetz*

Mit Hermann Ehlers (1904–1954), Eugen Gerstenmaier (1906–1986), Gustav Heinemann (1899–1976), Edo Osterloh (geb. 1909), Elisabeth Schwarzhaupt (1901–1986) und anderen engagierten sich führende Köpfe des deutschen Protestantismus in der CDU. Namhafte Theologen wie der Hamburger Systematiker Helmut Thielicke (1908–1986), der Erlanger Systematiker Walter Künneth und Hans Asmussen zeigten eine politisch ähnliche Grundausrichtung. Auch der Berliner Bischof Otto Dibelius war Mitglied der West-CDU, ohne freilich seine Parteizugehörigkeit öffentlich zu machen. Noch stärker war der Katholizismus mit der CDU/CSU verbunden. Das nach Kriegsende wiedergegründete Zentrum konnte nur noch regionale Erfolge vorweisen und sank seit Ende der 50er Jahre in politische Bedeutungslosigkeit ab. Ehemals prominente Zentrumspolitiker wie Konrad Adenauer gehörten der CDU/CSU an und bestimmten den Kurs der Partei, auf deren Sozialausschüsse der katholische Ökonom Oswald von Nell-Breuning SJ (1890–1991) großen Einfluß ausübte. *Kirchen und CDU/CSU*

Eine zahlenmäßig kleine, linkskatholische Opposition (Walter Dirks, Eugen Kogon, Friedrich Heer, Carl Amery, Gerd Hirschauer, *Linkskatholizismus*

Heinz Theo Risse und Heinrich Böll) sammelte sich um die 1946 gegründeten „Frankfurter Hefte"; sie hatte nur in Akademikerkreisen und Studentengemeinden eine gewisse Resonanz.

Konfessionelle Verschiebungen

Protestanten wie Martin Niemöller oder Heinrich Albertz (1915–1994), SPD-Flüchtlingsminister in Niedersachsen, machten auf die konfessionelle Verschiebung aufmerksam, die sich durch die deutsche Teilung ergeben hatte. 90 % aller Katholiken lebten im Westen, während 47 % der deutschen Protestanten im Osten zu Hause waren. Während der katholische Anteil im Deutschen Reich von 1919 bis 1937 bei 33 Prozent lag, waren in der Bundesrepublik die Konfessionsverhältnisse ausgeglichen. Überdies hatten etwa 3,5 Millionen Katholiken, vorwiegend Heimatvertriebene aus dem ehemaligen Ostdeutschland, für die Auflösung konfessionell homogener protestantischer Gebiete gesorgt.

Protestantische Kritik an der Westbindung

Die Protestanten verquickten die konfessionelle Frage mit einer klaren Ablehnung der Bonner Republik, die – nach einem Bonmot Niemöllers – „in Rom gezeugt und in Washington geboren" sei; als leidenschaftliche Befürworter eines vereinigten Deutschland unter neutralistisch-pazifistischen, protestantischen und demokratisch-sozialistischen Vorzeichen – also eines „Dritten Weges" zwischen den Machtblöcken – leisteten sie Widerstand gegen die „katholisch-kapitalistische" Westbindung sowie gegen die Wiederbewaffnung und atomare Aufrüstung. Ihnen traten Protestanten des „Kronberger Kreises" (Ehlers, Hanns Lilje, E. Müller u. a.) entgegen.

Katholische Unterstützung der Bonner Republik

Der Katholizismus trug dagegen – von wenigen Ausnahmen abgesehen – die Politik Adenauers mit, ja entwickelte sich zum Rückgrat der Bundesrepublik. Auch durch die weitgehende Integration des neugebildeten Verbandskatholizismus in den amtskirchlichen Raum gewann die katholische Kirche bestimmenden Einfluß auf die bundesrepublikanische Nachkriegsgesellschaft. Neben innenpolitischen Akzentsetzungen wirkte sich die katholische Perspektive auch in der angestrebten europäischen Einheit aus.

Kirchliche Akademien

Anders als die Protestanten, die mit ihrer evangelischen Akademie-Arbeit als „einem kirchlichen Vorstoß in die pluralistische Alltagswelt" [11: E. MÜLLER, 1987, 73] unmittelbar nach dem Krieg begannen, entstanden die Katholischen Akademien erst in der zweiten Hälfte der 50er Jahre.

Wiederbewaffnung und Militärseelsorge

Die Friedenserklärung der EKD-Synode zu Berlin-Weißensee (27. April 1950) thematisierte einen drohenden Krieg zwischen beiden deutschen Staaten und sagte Kriegsdienstverweigerern kirchlichen Schutz zu. Während die EKD die Forderung nach Unterstützung von Pazifisten in der Folgezeit durchhielt, nahm sie die Wiederbewaffnung

3. Die Kirchen in der Bundesrepublik

hin und marginalisierte deren Kritiker. In Analogie zum Reichskonkordat bot die Bundesregierung der EKD den Abschluß eines Militärseelsorgevertrages an. Unter Einschluß der Militärpfarrer wurde dieser Seelsorgebereich durch den Staat finanziert und unterstand dem Kirchenamt für die Bundeswehr, das dem Verteidigungsministerium nachgeordnet war. Eine synodale Verantwortung bzw. Kontrolle war nicht vorgesehen. Symptomatisch für den Stil der Politik in den 50er Jahren war, daß die Unterzeichnung des Vertragswerks durch Adenauer, Dibelius, Verteidigungsminister Strauß und Heinz Brunotte (1896–1984), den Leiter der EKD-Kirchenkanzlei, noch vor einer Debatte in EKD-Synode und Bundestag erfolgte. Die Synode konnte noch zustimmen oder ablehnen, eine Änderung einzelner Passagen war nicht möglich. Nach Zustimmung aller EKD-Gliedkirchen trat der Vertrag am 30. Juli 1957 in Kraft. Erster Militärbischof wurde Prälat Hermann Kunst (1907–1999), der seit Anfang der 50er Jahre im Auftrag der EKD mit der Bundesregierung die Verhandlungen geführt hatte.

Auf die Entschließung des Bundestages vom 25. März 1958, die eine Ausrüstung der Bundeswehr mit Atomwaffen vorsah, folgte einen Monat später die Atomdebatte der in Ost- und West-Berlin tagenden EKD-Synode; nach heftigen Kontroversen endete sie mit der die Gegensätze zusammenfassenden „Ohnmachtsformel".

Neben der Debatte um die Wiederbewaffnung und dem Konflikt um den Militärseelsorgevertrag drohten auch die theologischen Auseinandersetzungen um Rudolf Bultmanns Entmythologisierungsthese den Protestantismus zu spalten. Der von Martin Heideggers Existenzphilosophie beeinflußte Marburger Neutestamentler hatte 1941 im württembergischen Alpirsbach gefordert, neutestamentliche Texte, deren mythologische Begrifflichkeit dem modernen Weltbild nicht mehr entspreche, auf das darin zum Ausdruck kommende Existenzverständnis hin zu befragen. Die besonders von pietistischen Kreisen geführten Angriffe, die auch Kirchenleitungen und Synoden beschäftigten, machten deutlich, daß die bereits seit Jahrzehnten an den Universitäten geübte historisch-kritische Interpretation der biblischen Texte vielerorts gar nicht in die Gemeindewirklichkeit hinein vermittelt worden war. Während die VELKD 1972 ihre 1953 gegen Bultmanns Theologie ausgesprochene Warnung widerrief, gab die evangelikale Auseinandersetzung mit dem Marburger Hochschullehrer einen der Anlässe für die Gründung der „Bekenntnisbewegung ‚Kein anderes Evangelium'" (1966). Eine nicht ganz so große Breitenwirkung erreichte eine von Karl Barth ausgelöste, eher unter Theologen als bei sog. „Laien" geführte Debatte um die Kindertaufe. Durch ihre „Schulen" bestimmten

Bultmanns Programm der Entmythologisierung

Bultmann auf exegetischem Gebiet und Barth auf systematischem die theologischen Fakultäten.

Das Verhältnis zu Israel

Zu einer Neubesinnung im Verhältnis zu Israel trug das von Martin Niemöller initiierte Wort der EKD-Synode in Berlin-Weißensee 1950 bei, das von einer Mitschuld der Christen an der Shoah sprach und den neu aufkeimenden Antisemitismus verurteilte. Zugleich distanzierte sich der Text vom christlichen Antijudaismus. Auf die Frage einer materiellen Wiedergutmachung an Israel ging das Wort allerdings nicht ein. In zahlreichen deutschen Städten entstanden, ursprünglich ins Leben gerufen durch die Westalliierten, Gesellschaften für jüdisch-christliche Zusammenarbeit. Seit 1961 traf sich im Rahmen des Deutschen Evangelischen Kirchentags die Arbeitsgruppe „Juden-Christen".

Annäherung protestantischer Kreise an die SPD

Die Abkehr der SPD vom Marxismus und ihre mit dem Godesberger Programm 1959 erfolgte Umorientierung zur modernen Volkspartei forcierte den schon 1947 begonnenen Prozeß einer Annäherung zwischen Sozialdemokraten und evangelischen Christen vom „entschiedenen" Flügel der BK. Dazu trug wesentlich bei, daß nach dem Ende der Gesamtdeutschen Volkspartei (GVP) deren ideologischer Kern um Gustav Heinemann, Diether Posser, Jürgen Schmude und Erhard Eppler in der SPD seine politische Heimat fand und die alte Arbeiterpartei allmählich zu einer „evangelisch-sozialen" Partei des fortschrittlichen protestantischen Bürgertums transformierte. Mit der Annäherung einher ging eine Entfremdung zwischen evangelischen Kirchenmännern und CDU/CSU-Politikern. Auf evangelischer Seite ist diese atmosphärische Veränderung durch den Wechsel im EKD-Ratsvorsitz von Otto Dibelius zu Kurt Scharf (1902–1990) markiert. Dokumentierten bis dahin nur die katholischen Bischöfe in Wahlhirtenbriefen ihre Nähe zu den Unionsparteien, so gaben seit Ende der 60er/Anfang der 70er Jahre auch evangelische Kirchenmänner und Theologen Wahlempfehlungen.

Die Ostdenkschrift der EKD

Vor allem mit der 1965 publizierten Ostdenkschrift [81] setzte die EKD erstmals andere Akzente als die CDU/CSU-geführte Bundesregierung, der im Westen und mit Israel erste Schritte zur Aussöhnung gelungen waren, die aber im Blick auf die kommunistisch regierten östlichen Nachbarn an einer klaren Abgrenzungspolitik festhielt. Der Aufruf zur Versöhnung mit dem polnischen Volk bereitete mit den Boden für die von der Großen Koalition Kiesinger/Brandt 1966 begonnene und unter der Brandt/Scheel-Regierung 1969 endgültig eingeschlagene Entspannungspolitik eines „Wandels durch Annäherung". Mit der sozialliberalen Koalition in Bonn wurde die Nähe des deutschen Protestantismus zur SPD immer offenkundiger und machte sich auch in der Besetzung kirchenleitender Ämter bemerkbar. Der führende protestan-

3. Die Kirchen in der Bundesrepublik

tische Laie Erhard Eppler repäsentierte mit seiner Person die weltanschauliche Klammer zwischen SPD und Protestantismus, der SPD-Politiker Jürgen Schmude wurde 1985 zum Präses der EKD-Synode gewählt.

Die Ostdenkschrift fand auch seitens der polnischen katholischen Bischöfe Anerkennung, die im November 1965 ihren deutschen Kollegen die Hand zum Dialog reichten und dabei sogar die „Vertreibung" der Deutschen aus den Ostgebieten eingestanden. Das Antwortschreiben der deutschen katholischen Bischöfe fiel allerdings für den polnischen Episkopat, besonders vor dem Hintergrund der EKD-Ostdenkschrift, enttäuschend aus.

Aus der liturgischen Bewegung des deutschen Katholizismus ging – unter Beteiligung von Romano Guardini, Heinrich Volk und Pius Parsch – der erste Deutsche Liturgische Kongreß im Juni 1950 in Frankfurt/M. hervor, der zu beachtlichen Reformen führte. Die ökumenische Una-Sancta-Bewegung von Katholiken und Protestanten erfuhr dagegen von römischer Seite wenig Unterstützung. Irritationen auf protestantischer Seite löste 1950 die päpstliche Definition der leiblichen Aufnahme Mariens in den Himmel aus. Zu Spannungen innerhalb des Katholizismus führte schließlich die Enzyklika „Humani generis" Pius' XII. vom 12. August 1950. Sie richtete sich vornehmlich gegen die zur Aufhebung der nachmodernistischen Lethargie angetretene „nouvelle théologie" von Henri Lubac u. a.

Liturgische Bewegung und evangelisch-katholische Ökumene

Mit der 68er Bewegung veränderte sich das kulturelle Klima in der Bundesrepublik grundlegender und dauerhafter als in den Jahren nach 1945. Dieser kulturelle Umbruch bewirkte einen Säkularisierungsschub, der den Einfluß der Großkirchen auf die Menschen drastisch einschränkte. Die evangelische Kirche reagierte darauf unter anderem mit soziologischen Untersuchungen zum Stabilitätsgrad der Institution.

Die 68er Bewegung als kultureller Umbruch

3.3 Diskussionen über eine strukturelle und inhaltliche Kirchenreform nach 1968

Während des Kirchenkampfes hatten protestantische Christen unterschiedlicher Konfession die reformatorischen Gemeinsamkeiten neu entdeckt. Demgegenüber enthielt die Grundordnung der EKD noch die Feststellung einer fehlenden Übereinstimmung zwischen den Gliedkirchen in der Abendmahlsfrage. Eine erste Verständigung in dieser Frage gelang 1958 mit den Arnoldshainer Thesen. Mit Ausnahme Württembergs, das einen Gaststatus einnahm, bildeten 1967 alle Nicht-VELKD-

Arnoldshainer Konferenz und Leuenberger Konkordie

Kirchen die „Arnoldshainer Konferenz". Zunehmend verstand man die EKD als vollgültige Kirche und setzte sich für die Abendmahlsgemeinschaft ein. Einen endgültigen Durchbruch bedeutete die Leuenberger Konkordie, mit der sich im Jahre 1973 85 reformatorische Kirchen Europas Kirchengemeinschaft zusagten, was die Abendmahlsgemeinschaft mit einschloß. Entsprechend wurde 1983 die EKD-Grundordnung verändert. Auf dem Kirchentag in Hannover 1983 fand in dem von 100 000 Menschen besuchten Abschlußgottesdienst erstmals ein gemeinsames Abendmahl von Lutheranern, Reformierten und Unierten statt.

EKD-Strukturreform

Nach der Gründung des Bundes der Ev. Kirchen in der DDR 1969 wollte die EKD ihre institutionelle Schwäche durch eine Reform ihrer Struktur beheben. An die Stelle des Kirchenbundes sollte eine engere Kirchengemeinschaft treten. Doch die zwischen 1970 und 1976 betriebene Neufassung der Grundordnung von 1948 scheiterte vor allem am Widerstand der evangelikalen Mehrheit in der württembergischen Synode.

Ernst Lange

Neben den Vorhaben einer Reform der Kirchenstruktur auf kirchenleitender Ebene bildete sich im deutschen Protestantismus der 60er Jahre eine Kirchenreformbewegung, die besonders mit dem Namen Ernst Lange (1927–1974) [vgl. 217: SIMPFENDÖRFER, 1997] verbunden ist. Dabei ging es vor allem um Partizipation der Kirchenglieder und die Ausrichtung des Gottesdienstes auf den Alltag. 1968/69 verlagerte sich die Debatte auf die Weltverantwortung des einzelnen Christen und der Kirche.

„Pastoralpsychologie"

Die Kirchenreformbewegung wurde durch eine „pastoralpsychologische" Seelsorgebewegung ergänzt, die vornehmlich psychoanalytische, tiefen- und gesprächspsychologische Einsichtstherapien in die Lehre von der Seelsorge zu integrieren suchte.

Politische Theologie

Veränderungen des theologischen Denkens zeigten 1964 die Gedanken von Ernst Bloch (1885–1977) aufnehmende „Theologie der Hoffnung" [83] Jürgen Moltmanns (geb. 1926) und 1965 Dorothee Sölles (geb. 1929) „Stellvertretung. Ein Kapitel Theologie nach dem ‚Tode Gottes'" [85] an. Beide Theologen, der eine von Karl Barth, die andere von Friedrich Gogarten herkommend, suchten eine neue Praxis des Glaubens als Parteinahme und gelangten zu einer auch von dem katholischen Theologen Johann Baptist Metz (geb. 1928) zur Diskussion gestellten „politischen Theologie", die Anstöße der Befreiungsbewegungen und der Basisgemeinden der Dritten Welt aufnahm.

Zweites Vatikanisches Konzil

Im Zuge des Zweiten Vatikanischen Konzils (1962–1965) [vgl. G. ALBERIGO (Hrsg.), Gesch. d. Zw. Vatik. Konzils, Bd. 1, 1997] kon-

3. Die Kirchen in der Bundesrepublik

stituierte sich ohne legislative Kompetenz im katholischen Bereich 1971 in Würzburg die gleichermaßen aus Priestern und Laien zusammengesetzte Gemeinsame Synode der deutschen Bistümer, deren Zusammenkunft einmal im Jahrzehnt vorgesehen war. Das Zweite Vatikanum hatte auch eine ökumenische Öffnung des Katholizismus zur Folge, die in Deutschland bis auf die Gemeindeebene reichte. Mit der gleichen Zielsetzung trat der Theologe Karl Rahner SJ (1904–1984) in den Dialog mit den Naturwissenschaften und der Existenzphilosophie Heideggers ein, nachdem zuvor schon Edith Stein (1891–1942) nach einer Synthese aus katholischer Religion und der Phänomenologie Edmund Husserls (1859–1938) gesucht hatte. Zudem erhielten die katholischen Bibelwissenschaften volle Forschungs- und Lehrfreiheit.

Dem Zweiten Vatikanum, auf das übrigens drei Kardinäle des deutschsprachigen Raums – Joseph Frings, Julius Döpfner (1913– 1976) und König (Wien) – entscheidenden Einfluß ausübten, gelang es aber nicht, Beschlüsse eindeutig zugunsten der reformtheologischen Anliegen herbeizuführen, obwohl zumindest der Index verbotener Bücher und der Antimodernisteneid abgeschafft wurden. Dies hatte zur Folge, daß erhebliche nachkonziliare Spannungen zwischen der eher kirchlich-konservativen Richtung und den Reformern auftraten. In ihr akutes Stadium trat die Krise durch die Enzyklika „Humanae vitae" Papst Pauls VI. vom 29. Juli 1968, die im schärfsten Widerspruch zu dem liberal-individualistischen Lebensgefühl moderner Katholiken stand. Beraten durch den Jesuitenpater Hans Hirschmann, setzte Döpfner auf der Bischofskonferenz die Königsteiner Erklärung durch, die eine Respektierung der Gewissensentscheidung der Gläubigen aussprach.

Spannungen zwischen Traditionalisten und Reformern

Mit dem neuen Codex Iuris Canonici 1983 und dem „Katechismus der katholischen Kirche" 1992 wurden jedoch die wenigen vom Konzil gewährten Freiheiten sukzessive zurückgenommen und zumal die Moraltheologie wieder strenger an die Leitung der Kirche gebunden.

Im Dezember 1967 teilte das *Sanctum Officium* (jetzt: Heilige Kongregation für die Glaubenslehre) des Vatikans dem Tübinger Theologen HANS KÜNG (geb. 1928) mit, daß sein Buch „Die Kirche" (1967) [77] nicht weiterverbreitet werden dürfe. Küng gehorchte nicht und kam auch der Aufforderung nicht nach, sich ohne Einsicht in die Akten einem Kolloquium in Rom zu stellen. Die Veröffentlichung seines Buches „Unfehlbar? Eine Anfrage" (1970) [78] verschärfte den Konflikt und führte zu Erklärungen der Glaubenskommission der Deutschen Bischofskonferenz wie verschiedener Theologen gegen das Buch. Im Februar 1975 stellte die Glaubenskongregation vorerst zwei gegen ihn an-

Der „Fall" Küng

gestrengte Verfahren ein, 1977 veröffentlichte die Deutsche Bischofskonferenz zwei Erklärungen gegen KÜNGS Buch „Christ sein" aus dem Jahr 1974 [79]. Nach KÜNGS Publikation „Kirche – gehalten in der Wahrheit?" (1979) [80] beschloß die römische Kongregation für Glaubenslehre am 15. Dezember 1979 schließlich, ihm die kirchliche Lehrbefugnis (*Missio canonica*) zu entziehen. Aufgrund der konkordatären Bestimmungen wurden Küngs Lehrstuhl und Institut aus der Fakultät ausgegliedert und direkt dem Senat der Universität unterstellt.

Protestantismus und Friedensbewegung

Die Debatte um die Nachrüstung Ende der 70er/Anfang der 80er Jahre führte wiederum zu Spannungen in der evangelischen Kirche, wobei die Massen mobilisierende Friedensbewegung, nicht immer ganz frei von Einflüssen der durch die DDR finanzierten DKP, vor allem auf den Kirchentagen (1981 Hamburg, 1983 Hannover) präsent war.

Sozialismus und Christentum

Schon in den 70er Jahren hatten evangelische Theologen im Westen Deutschlands eine kontextuelle Betrachtung des Verhältnisses von Kirche und Gesellschaft eingefordert. „Keine Kirche lebt ohne Einbindung in ihre Gesellschaft, weil sie auf dieser Erde lebt und leben muß. Auch unsere Kirchen ‚im Westen' haben ihre spezifischen Bindungen. Was berechtigt uns, diese unsere Formen und Bindungen als die normale kirchliche Existenz zu verstehen und sie als Maßstab auf eine völlig andere gesellschaftspolitische Situation zu übertragen?... Die Ziele von Sozialismus und Christentum liegen einander näher als die von Christentum und Kapitalismus" [87: BARBERINI/STÖHR/WEINGÄRTNER, 1977, 11 f.]. Theologen in der DDR nahmen diese Argumentation gesellschaftsethischer Egalisierungsbemühungen zwischen beiden „Systemen" auf.

„Wiedergeburt" der Kulturtheologie als ethische Theologie – Kampf um die theologische Vorherrschaft

Seit 1970 formulierte der Münchner Kulturtheologe T. Rendtorff (geb. 1931) seine „Theorie des neuzeitlichen Christentums", die sich – im Unterschied zur „positionellen" der „Wort-Gottes-Theologie" – als „kritische" Theologie versteht. Mit seiner Konzeption einer allgemeinen Christentumswissenschaft, die zwischen Kirche und Christentum unterschied, sich gegen eine mit Offenbarungsanspruch auftretende Theologie wandte und stattdessen auf die Realisierung christlicher Freiheit in der modernen Gesellschaft verwies, stieß Rendtorff auf schärfsten Widerspruch seitens der „Wort-Gottes-Theologie". Mit einem weit ausholenden historisch-theologischen Forschungsprogramm verstanden es Rendtorff und seine Schüler, auch im binnenkirchlichen Raum einen theologischen Paradigmenwechsel von der „Wort-Gottes-Theologie" zur ethischen Kulturtheologie herbeizuführen, weil sie Kirchenleitungen davon zu überzeugen wußten, daß in den kulturtheologi-

3. Die Kirchen in der Bundesrepublik

schen Konzepten der von Barth kritisierten Väter Ritschl, Harnack, Troeltsch, Rade, Baumgarten und anderen „theologische Kategorien zur Deutung jenes existierenden Kulturprotestantismus zu gewinnen [seien], der die volkskirchliche Realität im bundesdeutschen Protestantismus trägt" [F.W. GRAF, Art. Kulturprotestantismus, in: TRE XX, Berlin/New York 1990, 230–243, hier: 239].

Die „Marginalisierung" „liberaler Denkformen" durch Barth und seine Freunde sowie deren „scheinbar unpolitische Haltung" habe, so lautet der liberale Vorwurf, das dem theologischen Liberalismus inhärente Widerstandspotential gegen totalitäre Denkformen geschwächt. Versuche von Brückenschlägen zwischen unterschiedlichen theologischen Ansätzen erfolgen u. a. über den Pluralismus-Begriff, dessen Verhaftung in liberalen Traditionen unstrittig sein dürfte. *Streit zwischen den theologischen Traditionen*

Trotz starken Mitgliederschwundes verstehen sich die Kirchen in der Bundesrepublik weiterhin als „Volkskirchen". Durch ihre garantierte Mitwirkung in zahlreichen öffentlichen Gremien beeinflussen sie nach wie vor den gesellschaftlichen Meinungsbildungs- und Entscheidungsprozeß. Ganz im Sinne der Kulturtheologie Trutz Rendtorffs wollen weder die Großkirchen noch die beiden großen Volksparteien die Grenzlinie zwischen Gesellschaft und Volkskirche scharf ziehen, weil sich mit der Säkularisierung auch eine „Verchristlichung" von Gesellschaft und Kultur vollzogen habe. Christliche Werte seien in die Gesellschaftsverfassung eingegangen und bedürften über die Kirchen der Pflege und Vergewisserung. Die nicht zu bestreitende volkskirchliche Unverbindlichkeit sei darum legitim, weil sich eben auch das Christentum zu weiten Teilen in die religiöse Kultur der Gesellschaft hinein aufgelöst habe. *Volkskirchlicher Anspruch und theologische Begründung*

Theologen aus dem östlichen Deutschland wenden gegen das Volkskirchenkonzept ein, daß in der DDR die christlich-kulturellen Grundlagen der Gesellschaft zerstört worden seien, so daß die Kirche sich nicht mehr auf dem Boden einer christlichen Kultur bewegen könne. Zwischen der Kirche und der atheistischen Gesellschaft verliefen klare Grenzlinien. Demgegenüber wird eingewandt, daß über die 45 Jahre DDR-Diktatur hinweg ein volkskirchlicher Torso erhalten geblieben sei. *Östliches Trennungskonzept*

4. Die Kirchen in der Sowjetischen Besatzungszone und in der Deutschen Demokratischen Republik

4.1 Die Kirchenpolitik der Sowjetischen Besatzungsmacht

Kirchliche Neuordnung

Alle fünf auf dem Territorium der SBZ gelegenen Landeskirchen – die Provinzialkirchen der Altpreußischen Union (ApU) ebenso wie Sachsen, Thüringen, Mecklenburg und Anhalt – gehörten zu den „zerstörten" Kirchen. In ihnen löste deshalb die frühere BK-Opposition die DC-Kirchenleitungen ab, so z. B. in der Berlin-Brandenburgischen Kirche der 1933 zwangspensionierte Generalsuperintendent Otto Dibelius. Er ergriff sogleich die Initiative und legte sich den Bischofstitel zu. Außerdem hatte Dibelius von 1945 bis 1960 den Vorsitz in der von ihm begründeten „Ostkirchenkonferenz" inne, seit 1950 „Konferenz der Evangelischen Kirchenleitungen im Gebiet der DDR" (KKL).

Wohlwollende Haltung der Besatzungsmacht

Die sowjetische Besatzungsmacht gab den Kirchen bei der Neuordnung ihrer Verhältnisse zunächst völlig freie Hand. Auch auf höchster kirchlicher Ebene gestaltete sich das Verhältnis zur Besatzungsmacht zunächst zur vollsten kirchlichen Zufriedenheit. Die anfangs wohlwollende Haltung der Besatzungsmacht gegenüber den Kirchen erklärt auch, warum es diesen gelang, „die während des Zweiten Weltkrieges wieder stabilisierten volkskirchlichen Strukturen" unbeschädigt und unverändert in die neue Ära hinüberzuretten.

Erste Restriktionen und kirchliche Kritik

Die im Februar 1946 durch Zwangsvereinigung von KPD und SPD gegründete SED proklamierte zunächst Toleranz gegenüber religiösen Überzeugungen und verwies darauf, daß sich auch Christen der Partei angeschlossen hätten. Dem von der Parteispitze proklamierten liberalen Geist widersprach jedoch von Anfang an die Praxis zahlreicher Funktionäre, die sich dem wissenschaftlichen Atheismus verpflichtet fühlten, in den Kreisen, Städten und Gemeinden.
In erklärter Tradition zur Bekennenden Kirche prangerten einzelne protestantische Kirchenleitungen Rechtsbrüche im gesellschaftlichen Bereich offen an. Vor allem die Bischöfe Ludolf Müller (Magdeburg) und Dibelius (Berlin) monierten die fehlende Rechtssicherheit, Verstöße gegen Individualrechte sowie die Tätigkeit der Abteilung K 5 der „politischen" Volkspolizei, die später mit dem DDR-Ministerium für Staatssicherheit (MfS) zusammenarbeitete, und verglichen die von ihnen angeprangerten Mißstände mit der Situation im NS-Staat.

4.2 „Kirchenkampf" und Annäherungen

Die Verfassung der am 7. Oktober 1949 gegründeten „Deutschen Demokratischen Republik" knüpfte staatskirchenrechtlich an die Weimarer Reichsverfassung von 1919 an. Sie untersagte aber den Mißbrauch der Kirchen „für verfassungswidrige Zwecke", räumte jedoch auf Betreiben der CDU-Ost den Religionsgemeinschaften das Recht ein, „zu den Lebensfragen des Volkes von ihrem Standpunkt aus Stellung zu nehmen". Die Kirchen blieben weiterhin Körperschaften des öffentlichen Rechts. Da die SED-Ideologen für sich in Anspruch nahmen, die DDR-Verfassung aufgrund des „Aufbaus des Sozialismus" einer dynamischen Interpretation zu unterziehen, sollten massive Einschränkungen der kirchlichen Rechte nicht ausbleiben.

DDR-Verfassung von 1949

Zu ihrem Bevollmächtigten bei der von ihr damit de facto anerkannten DDR-Regierung berief die EKD Propst Heinrich Grüber, Berlin, der aufgrund seines Einsatzes für die Rasseverfolgten in der NS-Zeit und seiner KZ-Haft für diese schwierige Aufgabe prädestiniert zu sein schien. Im Gegenzug richtete die DDR die dem Ost-CDU-Vorsitzenden und stellvertretenden Ministerpräsidenten Otto Nuschke (1883–1957) unterstellte „Hauptabteilung Verbindung zu den Kirchen" ein.

Das erste „Spitzengespräch" 1950

Die meist in Kanzelabkündigungen geäußerte Kritik der Kirchenleitungen an der politischen Entwicklung im SED-Staat führte am 28. April 1950 zu einem ersten Spitzengespräch von sechs ostdeutschen protestantischen Bischöfen und zwei als Beobachter anwesenden katholischen Kollegen mit Ministerpräsident Otto Grotewohl (1884–1964), seinem Stellvertreter Nuschke, dem SED-Spitzenfunktionär Walter Ulbricht (1893–1973), Staatssicherheitsminister Wilhelm Zaisser (1893–1958) u. a. Wie Pommern war auch Thüringen nicht beteiligt, da diese Landeskirchen nicht mit öffentlicher Kritik auf die SED-Politik reagiert hatten.

Damit zeichnete sich schon der Beginn einer Sonderentwicklung ab, die maßgeblich durch den früh als „Geheimen Informator" (GI) des MfS verpflichteten Vertrauten von Landesbischof Moritz Mitzenheim (1891–1977) und Funktionär der Ost-CDU, Oberkirchenrat Gerhard Lotz (Jurist; 1911–1981), vorangetrieben wurde und als „Thüringer Weg" in die DDR-Kirchengeschichte einging. Das Verhalten der thüringischen Kirche bot dem Staat erstmals die Möglichkeit zu einer bis zum Ende der DDR verfolgten sog. „Differenzierungspolitik"; sie unterschied zwischen „progressiven, loyalen, schwankenden und negativen" Kräften innerhalb der Kirchen und versuchte, sie gegeneinander auszuspielen. Die mit einem gemeinsam vereinbarten Kommu-

Der Beginn des „Thüringer Weges"

niqué endende Unterredung zwischen Staat und Kirche vom 28. April 1950 führte nur zu einer vorübergehenden Beruhigung des Verhältnisses von Kirche und Staat.

Das Vorgehen gegen die Junge Gemeinde

Vor allem die forcierte Stalinisierung der DDR und der Wunsch nach einem Engagement aller Jugendlichen, insbesondere der Oberschüler, in der FDJ führte unter dem FDJ-Chef Erich Honecker (1912–1994) 1952/53 zu einem Diskriminierungs- und Verleumdungsfeldzug gegen die Jungen Gemeinden sowie gegen die Evangelischen Studentengemeinden und ihre Mitglieder. Da auch einzelne Pfarrer verhaftet und z.T. zu Zuchthausstrafen verurteilt, Staatsleistungen nicht weiter gezahlt wurden und Übergriffe auf diakonische Einrichtungen stattfanden, nahmen die staatlichen Aktionen Züge eines „Kirchenkampfes" an. Aufgrund einer Intervention der nach Stalins Tod eingesetzten neuen KPdSU-Spitze bei der SED-Führung verfügte das Politbüro am 6. Juni 1953 die Rücknahme aller antikirchlichen Maßnahmen. Vor dem Hintergrund dieser „Befriedungspolitik" fand der Aufstand am 17. Juni 1953 keine kirchliche Unterstützung. Die Kirchen forderten zum Teil ihre Glieder sogar zu Ruhe und Ordnung auf und übten sich in politisch loyaler Zurückhaltung.

Jugendweihe

Mit einzelnen Maßnahmen leitete der Staat 1954 erneut eine Zurückdrängung der Kirchen aus der Öffentlichkeit ein, die in dem Erlaß zur Einführung der Jugendweihe eskalierte. Damit sollte der DDR ein massiver Einbruch in die Volkskirche gelingen, während diese durch die kontinuierliche Abwanderung bürgerlicher Schichten in die Bundesrepublik mehr und mehr geschwächt wurde. Im November 1954 beschloß das ZK der SED den Ausbau seiner Sektion Kirchenfragen zu einer eigenen Abteilung, mit deren Leitung Willi Barth (1899–1988) betraut wurde. Die Ost-CDU unterhielt schon seit 1950 ein „Hauptreferat Kirchenfragen" bei ihrem Parteivorstand.

4.3 Von der Respektierung des Sozialismus 1958 bis zur Gründung des Kirchenbundes 1969

EKD als gesamtdeutsche Klammer

Vor dem Hintergrund des „Kalten Krieges" suchte das SED-Regime zur Behauptung seiner staatlichen Selbständigkeit die östlichen Landeskirchen aus der EKD herauszubrechen. Die Funktion des Protestantismus als gesamtdeutsche Klammer dokumentierten vor allem die Kirchentage, besonders sichtbar in Leipzig 1954. Einen äußeren Anlaß für den SED-Staat, die Einheit der EKD fortan in Frage stellen zu können, bot die Unterzeichnung des Militärseelsorgevertrags 1957 und seine mit den Stimmen zahlreicher Synodaler aus der DDR zustandegekom-

4. Die Kirchen in der SBZ und in der DDR

mene Bestätigung durch die EKD-Synode 1957; diese weigerte sich 1958, den Vertrag zu annullieren. Allerdings wurde seine Gültigkeit ausdrücklich auf die westlichen Gliedkirchen beschränkt.

Die am 1. April 1957 Nuschkes „Hauptabteilung Verbindung zu den Kirchen" ablösende Behörde des Staatssekretärs für Kirchenfragen erhielt den Auftrag, ausschließlich „mit den Kirchenleitungen und ihren Dienststellen, welche ihren Sitz in der DDR haben", Verbindung zu halten. Im Februar 1958 erfolgte eine empfindliche Einschränkung des Religionsunterrichts an DDR-Schulen. Den endgültigen offiziellen Bruch mit der EKD markierte der Abbruch der kirchendiplomatischen Verbindungen zu ihrem Bevollmächtigten Grüber durch DDR-Ministerpräsident Grotewohl am 17. Mai 1958.

Staatssekretariat für Kirchenfragen

Gleichzeitig nahm der SED-Staat auf internem Verhandlungsweg ökonomische Beziehungen zur EKD und ihrem Diakonischen Werk auf. Trotz der gespannten Lage sah sich die gesamtdeutsche Kirchenorganisation genötigt, „den Gegner festzuhalten" und die östlichen Gliedkirchen über Handelsbeziehungen mit der Diktatur zu unterstützen, da sie durch die Aufhebung des Systems des staatlichen Kirchensteuereinzugs und eine fünfzigprozentige Kürzung der Staatsleistungen fast zahlungsunfähig geworden waren. Der devisenknappe östliche Teilstaat erhielt Sachlieferungen und schrieb den Gegenwert in DDR-Währung zu einem für das Regime günstigen Kurs den dortigen Landeskirchen gut. Neben einer Verbesserung der Lage der Kirchen ging es der EKD und ihrem Chefdiplomaten, dem Bonner EKD-Bevollmächtigten Prälat Hermann Kunst, um eine Stabilisierung der Situation in der DDR. Seit 1963 wurde auch der Freikauf von DDR-Häftlingen mit Hilfe des Diakonischen Werks Stuttgart bewerkstelligt („Kirchengeschäft B").

Beginn der „Kirchengeschäfte"

Auch in der DDR kam es 1958 zu einer Annäherung zwischen Staat und Kirche. Die vormals geschlossene Front der Landeskirchen gegen die Jugendweihe war im Begriff sich aufzulösen. Der verlorenen Schlacht – ein Indiz dafür, daß das Kirchenvolk einen konsequenten Kurs der Amtskirchen in Weltanschauungsfragen nicht mehr bereit war mitzugehen – folgte eine kirchliche Duldung gegenüber jungen Christen, die sich vor oder nach der Konfirmation auch der Jugendweihe unterzogen. Voran gingen hier die Landeskirchen Thüringen und Anhalt.

Annäherung von Staat und Kirche 1958

Nach einer Reihe von „Spitzengesprächen", an deren Schluß am 21. Juli 1958 eine Begegnung mit Ministerpräsident Grotewohl stand, erklärte die erstmals nur aus östlichen Vertretern bestehende Kirchendelegation unter Führung Mitzenheims, man „respektiere[…] die Entwicklung zum Sozialismus und trage[…] zum friedlichen Aufbau des

Volkslebens bei". Der Text stieß auf scharfe innerkirchliche Kritik; besonders kritisch äußerten sich die sächsische und die restschlesische Kirchenleitung sowie der Präses der EKU-Synode, Lothar Kreyssig (1898–1986). Der kirchlichen Loyalitätserklärung folgten aber keine staatlichen Gegenleistungen; vielmehr fuhr das Regime fort, weiter in innerkirchliche Belange einzugreifen. Auch die bald darauf eingerichtete „EKD-Kirchenkanzlei für die Gliedkirchen in der DDR" – durchaus als Zugeständnis gedacht – stieß nicht auf staatliche Akzeptanz. Durch Karl Barths „Brief an einen Pfarrer in der DDR" (Oktober 1958) sahen sich – neben linkspolitischen Theologen wie Walter Feurich – auch die lutherischen Kirchenführer um Mitzenheim in ihrem Loyalitätskurs eher bestätigt.

Die kirchliche Situation nach dem Bau der Mauer

Der Mauerbau 1961 erschwerte die Arbeit in den gesamtdeutschen Kirchenstrukturen erheblich, machte sie allerdings auch nicht völlig unmöglich. Zu den spektakulärsten Schritten des Regimes gehörte die „Ausbürgerung" des seit 1951 im Ostsektor Berlins lebenden Vorsitzenden des Rates der EKD, Kurt Scharf, am 31. August 1961. Für Gespräche mit dem Staat wollte die KKL nicht mehr auf die Kirchenkanzlei der EKD zurückgreifen, sondern bediente sich der 1962 neu eingerichteten Ost-Berliner Geschäftsstelle, die auf Betreiben von Friedrich Wilhelm Krummacher (1901–1974), seit 1955 Bischof der Pommerschen Evangelischen Kirche und von 1960 bis 1968 KKL-Vorsitzender, mit dem jungen Kirchenjuristen Manfred Stolpe (geb. 1936) besetzt wurde. Die Evangelische Kirche in Berlin-Brandenburg setzte eine bereits 1959 erarbeitete Notverordnung in Kraft, die getrennte Tagungen in Gestalt zweier Regionalsynoden – Berlin-West einerseits und Berlin-Brandenburg andererseits – gestattete. Der Cottbuser Generalsuperintendent Günter Jacob wurde 1963 für eine begrenzte Zeit zum nebenamtlichen Verwalter des Bischofsamtes in der Region Ost berufen. Ihm folgte 1967 Generalsuperintendent Albrecht Schönherr (Eberswalde; geb. 1911), Mitglied des 1958 gegründeten Weißenseer Arbeitskreises. Wie die ebenfalls 1958 initiierte Prager Christliche Friedenskonferenz (CFK), der Schönherr ebenfalls angehörte, steuerte diese Organisation – unter Berufung auf das Erbe des „entschiedenen" Flügels der Bekennenden Kirche – einen zunehmend staatsloyalen Kurs.

Mit der Einführung der allgemeinen Wehrpflicht am 24. Januar 1962 entstand ein Konfliktherd, der – trotz zahlreicher und immer loyaler ausfallender kirchlicher Stellungnahmen zur „Friedens-" und Außenpolitik der DDR – das Staat-Kirche-Verhältnis bis in die 80er Jahre hinein immer wieder belasten sollte.

4. Die Kirchen in der SBZ und in der DDR

Der „Wegfindung" des einzelnen Christen in der DDR-Gesellschaft dienten die von der KKL 1963 verabschiedeten „Zehn Artikel über Freiheit und Dienst der Kirche in der DDR". Der Text warnte die Gemeindeglieder vor einem Rückzug ins religiöse Ghetto und forderte sie auf, die DDR nicht als einen „gottfernen" Raum zu begreifen und sich dort, wo es um die „Erhaltung des Lebens" gehe, auch zu engagieren. Auf der anderen Seite warnte das Dokument vor falschen Kompromissen gegenüber der marxistisch-leninistischen Staatsdoktrin. Demgegenüber formulierte der Weißenseer Arbeitskreis unter der Führung des Ost-Berliner Theologieprofessors Hanfried Müller (geb. 1925) die „Sieben Sätze" von der „Freiheit der Kirche zum Dienen". Indem ihre Autoren die sozialistische Gesellschaftsordnung der DDR bejahen und die Christen zur Mitarbeit aufriefen, hoben sie die kirchliche Distanz der „Zehn Artikel" gegenüber der Diktatur auf und wurden damit zu den Vordenkern einer „Kirche im Sozialismus".

Die „Zehn Artikel" und „Sieben Sätze" von 1963

Die stärkere Bereitschaft des Westens zum Dialog seit Mitte der 60er Jahre führte auf seiten der DDR zu einer eindeutigeren staatlichen Politik der Abgrenzung gegenüber der Bundesrepublik. Eine am 28. Februar 1967 dem Politbüro vorgelegte Konzeption spricht von der „Existenz zweier souveräner deutscher Staaten". Einer „gesamtdeutschen" EKD sprach das Papier jede Existenzberechtigung ab. Überdies erließ der SED-Staat am 20. Februar 1967 ein Gesetz, das erstmals eine DDR-Staatsbürgerschaft proklamierte.

Die Staatsgrenze der DDR als Kirchengrenze

Die Anfang April 1967 in Fürstenwalde tagende EKD-Synode Ost bekräftigte mit dem Verweis darauf, daß die Menschen in allen Gesellschaftsordnungen gleichermaßen der christlichen Botschaft bedürften, die Einheit der EKD und wies die Forderungen der SED nach ihrer Auflösung ausdrücklich zurück.

Der Einheitsbeschluß von Fürstenwalde

Die Diskussionslage veränderte sich durch die Einführung einer neuen DDR-Verfassung 1968, die die Kirchenartikel der 49er Verfassung radikal zusammenstrich. Thüringens Landesbischof Mitzenheim erklärte am 29. Februar 1968 auf einer öffentlichen Tagung in Weimar gegenüber Walter Ulbricht: „Die Staatsgrenzen der Deutschen Demokratischen Republik bilden auch die Grenzen für die kirchlichen Organisationsmöglichkeiten" [20: KJ 1968, 177]. Mit dieser Abkehr des Thüringer Bischofs von Fürstenwalde war die Spaltung des deutschen Protestantismus endgültig besiegelt. Die anderen DDR-Bischöfe hatten sich zwei Wochen zuvor, am 15. Februar 1968, in Lehnin/Brandenburg getroffen und sich für die Aufnahme einer Entspannungspolitik zwischen den Blöcken ausgesprochen. Unter Berufung auf das „Darmstädter Wort" von 1947 erklärten sie: „Als Staatsbürger eines soziali-

Einführung der neuen DDR-Verfassung 1968 und kirchliche Loyalitätserklärung

stischen Staates sehen wir uns vor die Aufgabe gestellt, den Sozialismus als eine Gestalt gerechteren Zusammenlebens zu verwirklichen" [aaO., 181].

Neben dieser Loyalitätserklärung forderten die Bischöfe Verbesserungen am Entwurf des Verfassungstextes – wenn auch nicht in der Klarheit wie ihre katholischen Kollegen. Die endgültige Verfassung garantierte Glaubens- und Gewissensfreiheit und forderte ein kirchliches Handeln in Übereinstimmung mit der DDR-Verfassung und den sonstigen von der Diktatur erlassenen Gesetzen. Der Passus: „Näheres kann durch Vereinbarungen geregelt werden" eröffnete dem Staat die Möglichkeit, seine Kirchenpolitik der jeweiligen Lage anzupassen sowie seine „Gesprächspolitik" entsprechend zu gestalten und die Kirchen in ständiger Rechtsunsicherheit zu halten.

Die Entstehung des BEK

Durch die DDR-Verfassung sahen sich die östlichen Gliedkirchen der EKD veranlaßt, eine unter dem Vorsitz Schönherrs und der Geschäftsführung Stolpes stehende Strukturkommission zu bilden, die „Vorschläge für die Neuordnung der Gemeinschaft der 8 Landeskirchen in der DDR" erarbeiten sollte. Im westdeutschen Protestantismus reagierte man auf diesen Schritt äußerst betroffen, da keine westlichen Vertreter dem Gremium angehörten und sogar die EKD-Kirchenkanzlei Ost darin nicht vertreten war. Währenddessen preschten die Lutheraner vor: Im November 1968 entstand die „Vereinigte Evangelisch-Lutherische Kirche in der DDR" (VELKDDR). 1969 erfolgte die Gründung des von der EKD organisatorisch völlig selbständigen „Bundes der Evangelischen Kirchen in der DDR" (BEK). Lediglich in Art. 4,4 der Bundesordnung, von der SED und ihr gegenüber loyal eingestellten Kirchengliedern scharf attackiert, hieß es: „Der Bund bekennt sich zu der besonderen Gemeinschaft der ganzen evangelischen Christenheit in Deutschland" [2: GRESCHAT/KRUMWIEDE, 1999, 280]. Vorsitzender der KKL wurde Albrecht Schönherr, Leiter des Sekretariats des Kirchenbundes Manfred Stolpe.

Theologische Bestimmung des BEK

Es folgten Versuche, die institutionelle Verselbständigung von der EKD auch theologisch zu qualifizieren, wobei man auf eine eigentümliche Rezeption Karl Barths und vor allem Dietrich Bonhoeffers sowie auf das „Darmstädter Wort" von 1947 zurückgriff. Neben den Formeln „Kirche für andere" und „Zeugnis- und Dienstgemeinschaft" gebrauchte man vor allem den schillernden Begriff „Kirche im Sozialismus", über dessen eigentliche Bedeutung niemals Klarheit gewonnen wurde. Das Ziel war ein Selbstverständnis der zur Minderheit gewordenen Christen als „wahre" Kirche gegenüber der staatsangepaßten reichen Kirche in der Bundesrepublik Deutschland.

4.4 Der Protestantismus in der Ära Honecker

Die offizielle Anerkennung des BEK durch den Staat ließ aber auf sich warten. Erst am 24. Februar 1971 fand ein offizielles Gespräch zwischen Staatssekretär Hans Seigewasser (1905–1979) und dem KKL-Vorstand statt. Dabei trug Schönherr eine zuvor zwischen Stolpe und dem zuständigen Referenten im Staatssekretariat, Hans Wilke (geb. 1932), bis ins Detail abgesprochene Erklärung vor. Diese fand in der SED zufriedene Aufnahme, löste aber in der KKL eine kontroverse Diskussion aus.

„Diplomatische" Anerkennung des BEK

Parallel zu diesem Anerkennungsprozeß sorgte der SED-Staat mit dem Erlaß der Veranstaltungsverordnung (VVO) für neuen Konfliktstoff mit der Kirche, da die VVO eine vorherige Anmeldung von kirchlichen Veranstaltungen bei den jeweiligen Lokalbehörden mit Ausnahme der Gottesdienste und Kasualhandlungen vorsah. Aufgrund des anhaltenden Widerstandes der Kirchen verzichtete der Staat schließlich darauf, die Verordnung vollständig durchzusetzen.

Die Auseinandersetzung um die Veranstaltungsverordnung

Das Interesse des BEK an einem guten Verhältnis zum Staat führte gleichzeitig zur Distanzierung von Positionen, die nicht in die offizielle Kirchenbundlinie eines partnerschaftlichen Verhältnisses zum Regime hineinpaßten. Auf eine Intervention des Staates hin weigerte sich die Dresdener BEK-Synode 1972 beispielsweise, den Hauptvortrag ihres Referenten Heino Falcke (geb. 1929) anzuerkennen. Der provinzsächsische Theologe hatte von einem „verbesserlichen" Sozialismus gesprochen und scharfe Kritik am Wachstumsdenken der Industriegesellschaft geübt. Gegenüber dem Görlitzer Bischof Hans-Joachim Fränkel (1909–1996), der vehement die Gültigkeit der Menschenrechte eingefordert hatte, wandte der Staat erfolgreich Ausgrenzungs- und Isolierungsstrategien an, denen sich auch Bischofskollegen nicht verweigerten. In seinen letzten Jahren als Bischof überraschte Fränkel durch staatsloyale Äußerungen in der Öffentlichkeit.

Distanzierung von kritischen Positionen

Zu einer eindeutigen Belastung des Staat-Kirche-Verhältnisses geriet im Jahr 1976 der „Fall Brüsewitz". Nachdem die Magdeburger Kirchenleitung auf Ansinnen des Staates dem unbequemen Pfarrer Oskar Brüsewitz (1929–1976) aus Rippicha bei Zeitz einen Pfarrstellenwechsel nahegelegt hatte, verbrannte sich dieser auf dem Marktplatz von Zeitz. Brüsewitz stand stellvertretend für zahlreiche Kritiker an der kirchlichen Basis. Die Selbstverbrennung des Pfarrers führte dem Ausland noch einmal eindringlich vor Augen, mit welchen Problemen gläubige Christen in der DDR zu kämpfen hatten.

Die Selbstverbrennung von Oskar Brüsewitz

Die Begegnung zwischen dem KKL-Vorstand und dem Staatsratsvorsitzenden Honecker am 6. März 1978 sollte die Verbesserung

Das „Spitzengespräch" zwischen Honecker und Schönherr am 6. März 1978

des Klimas zwischen Staat und Kirche seit Gründung des Kirchenbundes dokumentieren. Das von Stolpe mit dem ZK-Mann Rudi Bellmann (geb. 1919) und dem MfS minutiös vorbereitete Gespräch brachte der Kirche einige Erleichterungen und die Vereinbarung über eine Kooperation zwischen Staat und Kirche im Lutherjahr 1983. Dieses Ereignis bildete den Höhepunkt der Kooperation zwischen Staat und Kirche und stellte eine Demonstration ihres angeblich ungestörten Verhältnisses dar.

Einführung des Wehrkundeunterrichts

Trotzdem kam es zu neuen Konflikten um die Einführung des Unterrichtsfaches Wehrkunde. Kirchliche Proteste vermochten es nicht, die staatlichen Pläne zu vereiteln; die Kirchen mußten auch zur Kenntnis nehmen, daß sich zu Schuljahresbeginn 1978/79 nur 101 Jugendliche dem Wehrkundeunterricht entzogen.

Sozialer Friedensdienst und „Schwerter zu Pflugscharen"

In der Folgezeit drängten oppositionelle Bewegungen die Kirchenleitungen zu weiteren Schritten. Im Bezirk Dresden bildete sich 1981 eine Initiative, die einen Sozialen Friedensdienst als Wehrersatzdienst propagierte. Diese Forderung wurde in der ganzen Republik bekannt und erhielt immerhin drei- bis viertausend Unterschriften. Während sich die Behandlung dieser Thematik auf Synodaltagungen nicht verhindern ließ, gaben die Kirchen den staatlichen Attacken gegen den vorwiegend von Jugendlichen getragenen Aufnäher mit dem Emblem „Schwerter zu Pflugscharen" nach und forderten die jungen Christen auf, das Tragen des Abzeichens künftig zu unterlassen. In den Augen der betroffenen Gemeindeglieder tolerierten die Kirchenleitungen um der Aufrechterhaltung des Klimas vom „6. März" willen mit ihren Zugeständnissen die weitere Militarisierung des gesellschaftlichen Lebens in der DDR.

Bischof Leich: Kirche „für alle, aber nicht für alles"

Vor allem die Thüringer Kirche bemühte sich, alle Störungen zu vermeiden, indem sie der im Raum Jena aktiven Oppositionsszene keine Unterstützung zukommen ließ. Bischof Leich prägte in diesem Zusammenhang die Formel, die Kirche sei offen ‚„für alle, aber nicht für alles"'. Manfred Stolpe warnte davor, die Kirche zu „Auswanderungszentralen" und „Oppositionslokalen" werden zu lassen. Aus der Perspektive des BEK-Vorsitzenden Hempel hatte sich das Staat-Kirche-Verhältnis inzwischen so einvernehmlich gestaltet, daß er 1984 auf der BEK-Synode in Greifswald den von ihm bereits im März des Jahres gegenüber Staatssekretär Gysi eingeführten Begriff des „Grundvertrauens" wiederholte – eine Formulierung, die der BEK insgesamt nicht rezipierte. Wohl nicht zuletzt aufgrund dieser Einschätzung erhielt Hempel am 11. Februar 1985 die Möglichkeit zu einem „Spitzentreffen" mit Honecker – dem ersten seit dem 6. März 1978.

Bischof Hempel: „Grundvertrauen" zwischen Staat und Kirche

4. Die Kirchen in der SBZ und in der DDR

Die sich weiter drehende Rüstungsspirale, die Umweltvergiftung und die im Westen nicht als ernste Wirtschaftskrise erkannten Versorgungsengpässe des „realsozialistischen" deutschen Teilstaates führten in der ersten Hälfte der 80er Jahre zur Entstehung von Initiativgruppen, die sich zunächst den Friedens- und Ökologiefragen, später auch der Menschenrechtsproblematik zuwandten und für ihre Treffen oft kirchliche Räume nutzten. Ihr Verhältnis zu den Kirchen gestaltete sich jedoch nicht spannungsfrei. Der Staat duldete zunächst die neuen Arbeitsformen, da sie im binnenkirchlichen Milieu noch kontrollierbar erschienen. Zu den schärfsten Auseinandersetzungen kam es 1987 beim Ostberliner Kirchentag, für dessen Zustandekommen die Kirchenleitung Berlin-Brandenburg auf die ansonsten alljährlich stattfindende „Friedenswerkstatt", ein alljährliches überregionales Treffen unterschiedlicher Basisgruppen, verzichtet hatte.

Entstehung der Oppositionsgruppen

Die Öffnung der Kirchen für die oppositionellen Gruppen sowie der hoffnungsvoll begrüßte Liberalisierungsprozeß in der Sowjetunion unter Michail Gorbatschow (geb. 1931) hatten zur Folge, daß Themenkreise, die bis dahin eher hinter verschlossenen Türen behandelt wurden, von den geduldeten Nischen in die Synoden wanderten. Der Versuch, die Görlitzer BEK-Synode 1987 zu einer „Absage an Praxis und Prinzip der Abgrenzung" zu bewegen – eine Initiative, die von Heino Falcke vorgetragen wurde –, scheiterte zwar, hatte aber zur Folge, daß sich die Synode fortan mit einer Thematik befassen mußte, die an den Nerv des SED-Regimes ging.

„Absage an Praxis und Prinzip der Abgrenzung"

Die im Zusammenhang mit dem „Konziliaren Prozeß für Frieden, Gerechtigkeit und Bewahrung der Schöpfung" tagenden Ökumenischen Versammlungen 1988/89 behandelten vorrangig innergesellschaftliche Probleme der DDR, wobei auch Tabu-Themen wie der Uranbergbau öffentlich zur Sprache kamen.

Ökumenische Versammlungen

An den ökumenischen Versammlungen beteiligte sich auch die katholische Kirche, die seit der diplomatischen Anerkennung des BEK 1971 eine „politische Gemeinsamkeit" mit den evangelischen Kirchenleitungen abgelehnt hatte.

Katholisch-protestantische Ökumene

Die Kopflosigkeit des Staates machte sich an einem zeitweiligen Rückfall in Methoden der 50er Jahre bemerkbar (Durchsuchung von Räumen der Zionskirche Berlin im November 1987; Verhaftungen und Abschiebungen nach der Liebknecht-Luxemburg-Demonstration Januar 1988) und führte zu Krisen, die mit Hilfe der eingespielten Staat-Kirche-Krisendiplomatie jedoch noch immer gelöst werden konnten. Im weiteren Verlauf der Auseinandersetzungen reagierte der Staat gegenüber dem Protestantismus gleichwohl mit einer Unterbrechung der

Staatliche Repressionen in den späten 80er Jahren

regelmäßigen „Sachgespräche", mit Zensur und Verbot einzelner Kirchenzeitungen sowie mit der Gründung eines freilich erfolglos gebliebenen „Freidenkerverbandes". Noch im Juni 1989 distanzierte sich die KKL von Demonstrationen gegen den von Bürgerrechtlern aufgedeckten Betrug bei den Kommunalwahlen im Frühjahr des Jahres, kritisierte zugleich aber auch einen Alleingang des Greifswalder Bischofs Horst Gienke (geb. 1930), der anläßlich der Einweihung des Doms zu Greifswald Honecker eingeladen und den staatlicherseits unwillkommenen Berliner Bischof Gottfried Forck (1923–1996) ausgeladen hatte. Während noch der Leipziger Kirchentag im Juli 1989 ruhig verlaufen war und kritische Stimmen kanalisieren konnte, entschied sich nach der Massenflucht aus der DDR im Sommer 1989 die Eisenacher BEK-Synode vom September zu offener, wenn auch weiterhin systemimmanenter Kritik an der DDR-Gesellschaft und ihrer Staatspartei.

Die Berater- und Konsultationsgruppe von EKD und BEK

Seit der Trennung 1969 existierte zwischen den beiden deutschen Kirchenzusammenschlüssen eine „Beratergruppe", die Informationen austauschte und, zum Teil überaus kontrovers, gemeinsame Probleme diskutierte. 1979 entstand daneben eine zahlenmäßig kleinere „Konsultationsgruppe", deren Aufgabe darin bestand, zentrale Fragen politischer Ethik intensiver zu bedenken und gemeinsame Erklärungen zu formulieren. Wie die Kontroversen in beiden Gruppen zeigten, hatte sich der Protestantismus in Ost und West in ekklesiologischen und politisch-ethischen Fragen (Friedensfrage, Wirtschaft, Staatsbürgerschaft) immer weiter auseinanderentwickelt und pflegte schließlich – unter der Berufung auf den unterschiedlichen „Kontext" – eine Art protestantischer Doppelidentität.

Die Loccumer und die Berliner Erklärung

Das Ende der DDR ließ auch die Tage des Kirchenbundes gezählt sein. Die von Spitzenvertretern von BEK und EKD Mitte Januar 1990 – gegen massive Kritik linker Kirchenkreise in Ost und West – formulierte Loccumer Erklärung faßte eine Wiedervereinigung sowohl der beiden deutschen Staaten als auch der Kirchen fest ins Auge.

Gegen die Erklärung legten linkskirchliche Vertreter mit der „Berliner Erklärung" und manche KKL-Mitglieder und BEK-Synodale, die sich übergangen fühlten, scharfen Widerspruch ein.

Kirchlicher Einigungsprozeß und MfS-Problematik

Der sich dann doch schneller als erwartet vollziehende kirchliche Einigungsprozeß (abgeschlossen im Juni 1991) war bereits überschattet von Aufdeckungen und Mutmaßungen über enge Kooperationen kirchenleitender Persönlichkeiten und einzelner Pfarrer und Laien mit dem Ministerium für Staatssicherheit. Der Nimbus einer freien, staatsunabhängigen und politisch resistenten Kirche im Osten verblaßte daraufhin zusehends. Verborgen blieb der Öffentlichkeit, daß der KKL-

Vorsitzende Christoph Demke (geb. 1935) sich im März 1990 – eine Woche nach den Volkskammerwahlen – gegenüber dem noch amtierenden DDR-Ministerpräsidenten Hans Modrow für eine baldige Schließung der MfS-Akten und gegen eine strafrechtliche Verfolgung der Kooperation mit dem Geheimdienst ausgesprochen hatte.

4.5 Der Katholizismus in der SBZ/DDR

Die SED-Kirchenpolitik wirkte sich auf den Katholizismus ähnlich wie auf den Protestantismus aus. Jedoch waren die Rahmenbedingungen anders, da sich die katholische Kirche in der SBZ/DDR, mit Ausnahme des thüringischen Eichsfelds, in einer Diasporasituation befand. Daran änderte auch der sich aus der Vertreibung aus den Ostgebieten ergebende Mitgliederzuwachs nichts wesentliches. Vor allem aufgrund der Haltung des Berliner Bischofs Preysing während der NS-Zeit genoß der Katholizismus in der SBZ anfangs hohes Ansehen. Die Ost-CDU, deren Mitglieder zu 40 Prozent der römisch-katholischen Kirche angehörten, konnte zunächst als Bündnispartner gelten. Unter Preysings Nachfolger Wilhelm Weskamm (1891–1956) wurde der seit der DDR-Gründung eingeschlagene Konfrontationskurs nicht weiterverfolgt; es blieb jedoch bei einer klaren Abgrenzung gegenüber dem SED-Regime. Mit der Gründung der Berliner Ordinarienkonferenz im Rahmen der Fuldaer Bischofskonferenz verschaffte der Vatikan dem ostdeutschen Katholizismus eine spezifische Organisationsstruktur. Weskamms Nachfolger Julius Döpfner (1957, zuvor Würzburg, seit 1961 Erzbischof von München) knüpfte an Preysings kirchenpolitischen Kurs an und setzte sich auch öffentlich scharf mit der SED-Ideologie auseinander.

Kardinal Alfred Bengsch (1921–1979), unmittelbar nach dem Mauerbau ins Amt gekommen, protestierte nicht mehr öffentlich gegen das SED-Regime. Im Zuge der Entspannungspolitik intensivierten sich auch die Kontakte zwischen der DDR und dem Vatikan, so daß 1973 für Erfurt, Magdeburg und Schwerin Apostolische Administratoren mit vollen bischöflichen Rechten ernannt wurden, die die Jurisdiktion dieser Gebiete von den im Westen gelegenen Diözesanleitungen ablösten. Die Annäherung zwischen DDR und Vatikan – Pauls VI. Weigerung im Oktober 1974, den West-Berliner Regierenden Bürgermeister Klaus Schütz in Begleitung des Botschafters der Bundesrepublik zu empfangen, konnte gar als de-facto-Anerkennung der kommunistischen Drei-Staaten-Theorie verstanden werden – stieß auf scharfe Kritik der deutschen Bischöfe, allen voran Döpfner und Bengsch. 1976 erfolgte die

Klare Distanz bis 1974

Annäherung zwischen SED-Staat und Vatikan

Gründung einer selbständigen Berliner Bischofskonferenz, deren bereits vorbereitete Trennung vom westdeutschen Katholizismus aufgrund des Todes Pauls VI. und der gegenüber den Ostblockstaaten wacheren Politik Johannes Pauls II. (geb. 1920) nicht mehr verwirklicht werden konnte.

Der ostdeutsche Katholizismus 1989/90   Die Oppositionsgruppen der späten 80er Jahre erhielten von der katholischen Kirche, die selbst kaum mit kritischen Eingaben öffentlich in Erscheinung trat, nur wenig Unterstützung. Auch in der Herbstrevolution 1989 hielt sich der offizielle Katholizismus mit politischen Stellungnahmen zurück. Nach der ersten freien Volkskammerwahl und den Kommunalwahlen 1990 erhoben namhafte Protestanten den Vorwurf, die katholische Kirche habe aufgrund der veränderten politischen Verhältnisse eine neue Superiorität erlangt und versuche, eine katholische Rechristianisierung von oben zu betreiben.

II. Grundprobleme und Tendenzen der Forschung

1. Historiographischer Überblick

1.1 Kirchen- und Theologiegeschichte der Weimarer Republik

Über die Kirchen in der Weimarer Zeit geben die Darstellungen von J. R. C. WRIGHT [250: 1977], K. SCHOLDER [340: 1977; ²1986], K. NOWAK [238: 1981; ²1988] und H. HÜRTEN [149: 1992] Auskunft. H.-W. KRUMWIEDE hat 1990 eine nützliche Dokumenten-Sammlung zu „Evangelische Kirche und Theologie in der Weimarer Republik" [27] vorgelegt. Über das Staat-Kirche-Verhältnis in der Weimarer Republik gibt Bd. 4 der kommentierten Dokumentation von E. R. und W. HUBER Auskunft [25: 1988]. WRIGHT setzt den Schwerpunkt eindeutig bei den preußisch-unierten Kirchen. SCHOLDER behandelt die Weimarer Zeit zwar als „Vorgeschichte" des Dritten Reiches, aber diese nimmt immerhin ein gutes Drittel des ersten Bandes ein; die Stärke seines Vorgehens besteht in der bikonfessionellen und historische wie theologische Linien zusammenführenden Darstellung. NOWAK konzentriert sich auf die evangelische Kirche in der Weimarer Republik und kritisiert den SCHOLDERschen Ansatz, den Zeitabschnitt nur als „Prolegomena zum Kirchenkampf" zu verstehen [siehe auch unten, 81 f.]. „In den großen Linien und Bewertungszusammenhängen wird der Klassenstandpunkt herausgearbeitet", urteilt SIEGELE-WENSCHKEWITZ über NOWAKS Ansatz [in: BllWürttKiG 82 (1982), 440–443, hier: 441; vgl. K. HAMMER, in: Basler Kirchenblatt, 1982; RINGSHAUSEN, in: PTh 73 (1984), 61–64; BAIER, in: ZBKiG 52 (1983), 240 f.], während bei den Einzelanalysen dieser Gesichtspunkt in den Hintergrund trete. NOWAKS „Geschichte des Christentums ... vom Ende der Aufklärung bis zur Mitte des 20. Jahrhunderts" [187: 1995], die den bis dahin erschienenen Überblicksdarstellungen neu hinzutritt, folgt nicht mehr dem Klassenstandpunkt, sondern – in Anlehnung an TRUTZ RENDTORFFS Christentumsgeschichte – „theologischem Aufklärungsgeist und (Früh)-Liberalismus". Dabei kommt Theologie „nur am Rande und funktional beurteilt

Überblicksdarstellungen und Dokumentationen

in den Blick" [RINGSHAUSEN, in: KZG 8 (1995), 227f.] In größerem Zusammenhang bietet auch GRESCHAT [138: 1997] eine Überblicksdarstellung; ebenso für den ehemals preußischen Bereich BESIER/LESSING [119: 1999]. H. HÜRTEN [150: 1992] erzählt die geistige, soziale und politische Geschichte des deutschen Katholizismus von 1918 bis 1945; im Mittelpunkt steht also das „Leben und Handeln der deutschen Katholiken in ihrer politischen und sozialen Welt", nicht die Behörden und Institutionen wie überwiegend bei den protestantischen Darstellungen. Über das Papsttum und den deutschen Katholizismus in dieser Epoche erhält man darum auch anderwärts wichtige Informationen [vgl. 179: MARON, in: ThR 60 (1995), 404 ff.]. Etwa ein Drittel des HÜRTENschen Werkes ist der Weimarer Zeit gewidmet.

Einen akribisch recherchierten, problembezogenen Überblick über jene Jahre gibt am Beispiel der „Katholische[n] Militärseelsorge in Deutschland zwischen 1920 und 1945" die Arbeit von JOHANNES GÜSGEN [141: 1989].

Kulturtheologie und nationalchristliche Theologie

Weimar und den Kirchen als einem „unerledigten Thema" widmet sich eine von RICHARD ZIEGERT herausgegebene Sammelarbeit [251: 1994], die sich des Komplexes in kulturtheologischer Perspektive annimmt. Im Mittelpunkt dieses Buches stehen liberale Theologen, die das neue demokratische System bejahten (vgl. den Beitrag von CHRISTOPH SCHWÖBEL), und die entsprechenden Gegenbewegungen in Gestalt einer breiten Modernisierungs- und Kulturkritik bzw. der Feststellung einer umfassenden Wertekrise (vgl. die Beiträge von TANNER und JACOBS). TANNER [247: 1989] untersuchte das Verhältnis zwischen lutherischer Staatsethik und neuer Staatsrechtsmetaphysik in der Weimarer Republik. Dabei diagnostiziert er nicht nur hinsichtlich des fundamentalen Krisenbewußtseins große Übereinstimmung. Auch die Abwehr gegen die westeuropäische Sozialphilosophie und die Abwendung von Liberalismus, Rationalismus und Aufklärung vollzogen lutherische Tradition und deutsche Staatsphilosophie gemeinsam. Sie orientierten sich an der Gemeinwohlethik des Luthertums und sorgten sich um die Pflege der nationalen Kultur. Auf der Suche nach neuer weltanschaulicher Eindeutigkeit betonten sie die ewigen religiösen, kulturellen und sittlichen Grundlagen des Staates und meinten im Volkstum eine überpositive Ordnung gefunden zu haben.

Staat und Kirche

Über die „Vorgeschichte der Trennung von Staat und Kirche in der Weimarer Verfassung von 1919" [235: 1996] informiert – bezogen auf Preußen – SUN-RYOL KIM; ERIKA ESCHEBACH hat „Die Generalsynoden der Evangelischen Kirche der altpreußischen Union in der Weimarer Republik" [232: 1991] untersucht. Mit der Volkskirche der

1. Historiographischer Überblick 61

Altpreußischen Union zwischen 1917 und 1927 und ihrer politischen Ausrichtung hat sich auch DANIEL R. BORG [230: 1984] befaßt. Diese preußenzentrierte Forschung hat nicht nur zu mancherlei Redundanzen geführt, sondern auch die kleineren Territorien mit abweichenden Entwicklungslinien in den Hintergrund treten lassen.

Eine Reihe von Arbeiten beschäftigt sich mit sozialethischen Fragen zur Zeit der Weimarer Republik. G. BRAKELMANN veröffentlichte 1986 eine Arbeit zum Ruhreisenstreik [231]. KORDULA SCHLÖSSER-KOST arbeitete über „Evangelische Kirche und soziale Frage 1918–1933" in der rheinischen Kirchenprovinz [243: 1996] mit einem personengeschichtlichen Schwerpunkt bei Wilhelm Gustav Menn, NORBERT FRIEDRICH [132: 1997] über die christlich-soziale Bewegung mit einem personengeschichtlichen Schwerpunkt bei Reinhard Mumm. Über den „Bund der religiösen Sozialisten" in Berlin zwischen 1919 und 1933 legte ULRICH PETER [239: 1995] eine Studie vor. Unter personengeschichtlichen Schwerpunkten stieß der Religiöse Sozialismus der 20er Jahre – nachdem er Anfang der Siebziger zu einem Modethema geworden war [vgl. z. B. 227: BALZER, 1971 (^{3}1993; dort weitere Literatur)] – in den 90er Jahren wieder auf neues Interesse [228: BALZER/WENDELBORN, 1994]. Nicht so sehr aus kirchen- oder sozialpolitischer, sondern aus ideengeschichtlicher Perspektive hat A. LANGNER [166: 1998] aus früheren Einzelbeiträgen eine Entwicklungsgeschichte der katholischen und evangelischen Sozialethik im 19. und 20. Jahrhundert zusammengestellt.

Sozialethische Fragen und Religiöser Sozialismus

Auf dem Feld der katholischen Historiographie der Weimarer Zeit sind – neben den Überblicksdarstellungen [149/150: HÜRTEN 1986; 1992; 173: LÖNNE, 1986; 202: SCHATZ, 1988] – wichtige Editionen und zahlreiche Spezialstudien erschienen. R. MORSEY und K. RUPPERT edierten die Protokolle der Reichstagsfraktion der deutschen Zentrumspartei für die Jahre 1920 bis 1925 [30: 1981]; die Fraktionsprotokolle der Jahre 1926 bis 1933 wurden bereits 1969 ediert [29]. S. A. STEHLIN veröffentlichte [245: 1983] eine Studie über die diplomatischen Beziehungen zwischen dem Deutschen Reich und dem Vatikan „in the Interwar Years". Um eine Dominanz Frankreichs auf dem Kontinent und ein Vordringen des sowjetischen Kommunismus zu verhindern, unterstützte der Hl. Stuhl das Deutsche Reich in Grenzfragen, bei der Ruhrbesetzung und hinsichtlich der Reparationsforderungen der Entente. GOTTHARD KLEIN legte 1996 eine Arbeit über den „Volksverein für das katholische Deutschland 1890–1933" [160] vor, WOLFGANG SCHROEDER gibt in seiner epochenübergreifenden Darstellung über „Katholizismus und Einheitsgewerkschaft" [211: 1992] einen guten Überblick über die Entwicklung der christlichen Gewerkschaften bis

Editionen und Spezialstudien zur katholischen Kirche

1933, nachdem er zuvor schon mit HEINER LUDWIG einen Sammelband zur Geschichte des „Sozial- und Linkskatholizismus" herausgegeben hatte [174: 1990]. VOGEL weist in seiner Bonner Dissertation [248: 1989] die kritische Haltung des katholischen Episkopats gegenüber den „vaterländischen Verbänden" nach, deren Tätigkeit genau beobachtet wurde und vor deren Mitgliedschaft, auch aus Furcht vor der Zunahme interkonfessionalistischer Tendenzen, gezielt gewarnt wurde. A. LIEDHEGENER zeigt in seiner regionalgeschichtlichen Milieustudie zu „Christentum und Urbanisierung" [172: 1997], daß sowohl im traditionsverhafteten Münster wie in der jungen Industrie- und Arbeiterstadt Bochum bis zum Ende der Weimarer Zeit noch 60 Prozent aller Katholiken zur Osterkommunion gingen, während der Gottesdienstbesuch und die Abendmahlsteilnahme unter Protestanten in beiden Städten kontinuierlich abnahm und gleichzeitig die Lebenswelten beider Konfessionen sich immer weiter voneinander entfernten. Am Beispiel der von mittelständischer Industrie geprägten Kleinstadt Ettlingen kann CORNELIA RAUH-KUEHNE [241: 1991] zeigen, wie das katholische Bürgermilieu und die sozialdemokratische Arbeiterschaft den Aufstieg der NSDAP zumindest bis 1933 auf lokaler Ebene bremsen konnten. Erst nach der Machtergreifung brach die katholische Resistenz auch hier zusammen. Den Weg der Katholiken in der Freien Stadt Danzig zwischen 1920 und 1933 verfolgt STEFAN SAMERSKI [242: 1991]. Auch dort verhinderte der Kampf gegen die Ergebnisse des Versailler Vertrages die katholische Solidarität mit den Polen und führte 1925 zur Einrichtung eines eigenen Bistums, das auf Eigenständigkeit gegenüber dem Deutschen Reich bedacht war.

Über die ländliche Lebenswelt im evangelischen Deutschland der Weimarer Republik und ihre politische Option handelt die Arbeit von WOLFRAM PYTA [240: 1996]. „Die Wahlerfolge der NS-Bewegung im agrarisch-evangelischen Deutschland beruhten vor allem darauf, daß es dieser Partei besser als jeder anderen gelang, sich auf den besonderen Modus der in diesem Milieu herrschenden politischen Willensbildung einzustellen" [aaO., 472]. Evangelische Großgrundbesitzer, Bauern, Landpfarrer und Lehrer meinten in der NSDAP jene Milieupartei gefunden zu haben, die katholische Agrarregionen im Zentrum bereits besaßen.

1.2 Kirchen- und Theologiegeschichte des „Dritten Reiches"

„Kirchenkampf"-Geschichtsschreibung

Bis in die 60er Jahre hinein bestimmte auf evangelischer Seite die bruderrätliche BK Dahlemer Richtung, vor allem Wilhelm Niemöller,

1. Historiographischer Überblick 63

die Forschung zum Kirchenkampf [vgl. 313: MEIER, Kirchenkampf, I, 126; KAISER, in 444: DOERING-MANTEUFFEL/NOWAK, 1996, 125 ff.]. Scharfe Anfragen an die BK-Geschichtsschreibung formulierte bereits F. BAUMGÄRTEL [256: Kirchenkampf-Legenden, 1958; vgl. G. KOCH, in: JK 19 (1958), 576 ff.; 632 ff.]. Erste, auf methodischer Reflexion beruhende Selbstkritik der BK findet sich auch bei KURT DIETRICH SCHMIDT [in: ZevKR 9 (1962/63), 201–228]. Die Bonhoeffer-Biographie von E. BETHGE [120: ⁶1989] bedeutete insofern eine Erweiterung der Perspektive, als hier monographische Defizite der BK benannt und der Kirchenkampf mit der Widerstandsforschung verknüpft wurde.

Seit den 60er Jahren sind auf protestantischer und katholischer Seite Kommissionen (auf katholischer Seite wurde die Arbeit der 1962 gegründeten Kommission intensiviert durch die Diskussionen um Rolf Hochhuths Schauspiel „Der Stellvertreter" und die darin erhobenen Vorwürfe gegen Papst Pius XII.) tätig, die sich zunächst mit der Entwicklung in der NS-Zeit beschäftigten, später ihre Forschungsarbeit auf die Weimarer Republik und das besetzte Deutschland, dann auch auf Bundesrepublik und DDR ausdehnten und wissenschaftliche Hilfsmittel herstellten [vgl. 282: GRÜNZINGER, Registerband zur AGK-Reihe, 1984; 32: ABELE/BOBERACH, 1987/88; 49: BOBERACH, 1991]. *Die Zeitgeschichtskommissionen der beiden großen Kirchen*

H. G. HOCKERTS [vgl. auch ders., in: HJ 112 (1993), 98 ff.] hat 1996 für die „ältere" Zeitgeschichte, also die Zeit zwischen 1919 und 1945, eine vorzüglich kommentierte Quellenkunde [3] vorgelegt, die auch für die kirchliche Zeitgeschichte ein wichtiges Hilfsmittel darstellt. Neben Kapiteln wie „Verfolgung, Widerstand, Exil" [113–124] und „Verfolgung der Juden und Völkermord" [124–131] ist ein Abschnitt direkt Quellenwerken zu „Kirchenpolitik und Kirchen" [131–136] gewidmet. Er enthält ein vollständiges Verzeichnis der von der Evangelischen Arbeitsgemeinschaft für Kirchliche Zeitgeschichte, der katholischen Kommission für Zeitgeschichte sowie der Kommission für Zeitgeschichte e.V. herausgegebenen Quellenwerke. *H. G. HOCKERTS*

Die mit katholischen Allgemeinhistorikern besetzte katholische Kommission für Zeitgeschichte legte umfangreiche Akteneditionen, vor allem über die Tätigkeit des katholischen Episkopats, vor. Alle von ihr für die Zeit des Dritten Reiches erschlossenen Quellen sind in einem 1990 erschienenen Quellenverzeichnis [43: Bearb. ARND GOERTZ] aufgeführt. *Akteneditionen der kath. Kommission für Zeitgeschichte*

Die inzwischen auf drei Bände angewachsenen, von der EvAgfKZG herausgegebenen und von C. NICOLAISEN (mit G. KRETSCHMAR bzw. G. GRÜNZINGER) bearbeiteten „Dokumente zur Kirchenpolitik des Dritten Reiches" [41: 1971; 1975; 1994] beziehen sich auf beide *Dokumentationen und Editionen der EvAgfKZG*

Kirchen. Die Edition der stenographischen Aufzeichnungen und Mitschriften des bayerischen Landesbischofs Hans Meiser [40: bisher 2 Bde., bearb. von C. NICOLAISEN und H. BRAUN, 1985; 1993] stellen den lutherischen Weg der BK ins Zentrum des Quellenstudiums. 1986 erschien der letzte Band der sechsbändigen Kirchenkampfdokumentation von G. SCHÄFER [61] über die württembergische Landeskirche. Eine ähnlich umfassende regionalkirchengeschichtliche Quellensammlung stellt die von M. HOFMANN und anderen seit 1974 [48: Bd. 9 1996] herausgegebene achtbändige „Dokumentation zum Kirchenkampf" in Hessen und Nassau dar. Bis zum Jahr 1935 reicht mittlerweile die Quellenedition zur „Evangelischen Landeskirche in Baden im ‚Dritten Reich'" [59].

Protestantische Darstellungen zur Kirche im „Dritten Reich"
Gesamtdarstellungen zur Kirchengeschichte in der NS-Zeit beruhten meist auf der Initiative einzelner. Zeitlich nahezu parallel erschienen das unvollendet gebliebene Werk KLAUS SCHOLDERS [340: Die Kirchen und das Dritte Reich, 2 Bde., 1977 (^{2}1986), 1985 (^{2}1988)] sowie das KURT MEIERS [313: Der evangelische Kirchenkampf, 3 Bde., 1976–1984]. Außerdem legte KARL HERBERT [288: 1985] eine Überblicksdarstellung über den evangelischen Kirchenkampf vor, aus der er, den Denkformen der BK verhaftet, Konsequenzen für die kirchliche Gegenwart zog.

K. SCHOLDER
SCHOLDERS Darstellung beginnt 1918 und behandelt auch die katholische Entwicklung, um die Parallelität und gegenseitige Bedingtheit der NS-Kirchenpolitik gegenüber beiden großen Konfessionen herauszuarbeiten. Der früh verstorbene Tübinger Kirchenhistoriker urteilt von einem reformatorischen Kirchenverständnis aus, geht unter Aufnahme von Elementen der Theologie des jungen Barth ideologiekritisch vor und legt für die protestantische Seite – in Auseinandersetzung mit Positionen und Handlungsweisen der Deutschen Christen (DC), der politischen Theologie und volkskirchlicher Argumentationsmuster – einen Schwerpunkt auf die Entstehung der Bekennenden Kirche bis hin zu Barmen; die Dahlemer Synode unterzieht er einem kritischeren Urteil.

K. MEIER
Dagegen konzentriert sich KURT MEIER – mit Standortbindung in der „realsozialistischen" DDR – auf die zahlenmäßig stärkere (volks)kirchliche Mitte und leitete damit einen Prozeß ein, in welchem die Bekennende Kirche und die Deutschen Christen, deren Geschichte er ebenfalls erforscht hat [311: 1964 (^{2}1967); vgl. auch 345: SONNE, 1982; 287: HEINONEN, 1978], in der Forschung stärker marginalisiert wurden.

Geschichte und Selbstverständnis der „Deutschen Christen"
Dreißig Jahre später legte LÄCHELE eine Studie zu den DC in Württemberg vor [304: 1994]. Mit den theologischen Konzeptionen der DC, darunter auch dem „Eisenacher Entjudungsinstitut", befaßt sich ein von L. SIEGELE-WENSCHKEWITZ herausgegebener Sammelband

[342: ²1995]. DORIS L. BERGEN folgte [259: 1996] mit einer Untersuchung, deren Schwerpunkt auf der Thüringer DC-Bewegung und ihrer rasanten Entwicklung zur Nationalkirchlichen Einung im Reich liegt. Darüber hinaus nimmt sie das „German Christian phenomenon" [aaO., 9] als religiöse Massenbewegung insgesamt in den Blick. Bergen geht den Wechselbeziehungen zwischen den verschiedenen Glaubensüberzeugungen nach und studiert – unter Einschluß der Völkischen wie der Bekenntnisbewegung – die Konversionen zwischen den verschiedenen religiösen Überzeugungen aller Richtungen hinüber und herüber. Als ideologische DC-Leitlinien, denen sie je ein Kapitel widmet, nennt die Autorin das Streben nach einer antijüdischen, undogmatischen, „mannhaften" und „rassenreinen" Volkskirche. Die DC-Bewegung, so die Summe der Autorin, besaß darum so großen Zuspruch, weil sie die Kulturideale der 20er und 30er Jahre zu bündeln und zu repräsentieren verstand. Sie bot jenen eine willkommene Brücke, die gute, ja religiös affizierte Nationalsozialisten waren, aber nicht völlig auf christliche Restbestände, Symbole und Riten ihrer Kindheit verzichten wollten. Trotz ihres äußeren Erfolges erreichten die Deutschen Christen freilich nie mehr als 600000 Mitglieder, nicht einmal zwei Prozent der deutschen Protestanten. Nichtsdestoweniger repräsentierten sie den religiös-politischen Zeitgeist einer Mehrheit.

In seiner Rezension des 3. abschließenden Bandes von KURT MEIERS „Der Evangelische Kirchenkampf" stellt ARMIN BOYENS die Frage, wie MEIER diesen beurteile. Als Interpretationsschlüssel erscheine der „Sachexkurs" über den Evangelischen Kirchenkampf als Widerstandsproblem. „Hier ordnet er [Meier] nun den Kirchenkampf in den ‚Kontext des antifaschistischen Widerstandskampfes' ein. Die Wahl dieses Kontextes überrascht" [BOYENS, in: Das historisch-politische Buch 1985, 341]. Warum für MEIER der Kirchenkampf „ein objektiver Störfaktor" – „unbeschadet der nur in partiellen Bereichen anzutreffenden oder sich allmählich herausbildenden antifaschistischen Gesinnung im imperialistischen Konzept des Faschismus" – war, ist nach dem Zusammenbruch der DDR deutlich geworden. MEIERS Akzentverlagerung weg von der BK und hin zur breiten „Mitte" führte zu der auch durch die ideologische Denkwerkstatt der SED beeinflußten These, daß der volkskirchliche Protestantismus bereits durch seine Existenz einen objektiven „Störfaktor" im Getriebe des NS-Systems darstellte.

H. DOHLE [Die Stellung der evangelischen Kirche in Deutschland zum Antisemitismus und zur Judenverfolgung zwischen 1933 und 1945, Diss. phil. Berlin (Ost) 1963, 198] bezeichnet das Gemeinte mit der Vokabel „Bremsfaktor"; der Begriff „Störfaktor" wurde durch

„Kirchenkampf" als Paradigma für den „antifaschistischen Widerstandskampf"

Kirche als „Stör- bzw. Bremsfaktor" im „Faschismus"?

K. MEIER eingeführt [Die historische Bedeutung, in 182: ders., 1987, 132–154; vgl. 326: NOWAK, Evangelische Kirche und Widerstand, 1987. Vgl. auch K. MEIER, Die zeitgeschichtliche Bedeutung, in 182: ders., 1987, 16–39, 30f.; siehe auch 326: K. NOWAK, Kirche und Widerstand, 1987, 264; 314: K. MEIER, Kreuz und Hakenkreuz, 1992, 235, wo allerdings jeglicher Hinweis auf frühere Veröffentlichungen des Verfassers oder seines Schülers KURT NOWAK fehlt].

G. v. NORDEN

G. VAN NORDEN merkt zur Rolle der Volkskirche als „Störfaktor" im Blick auf MEIER an: „Diese Kirche war kein Störfaktor im Getriebe des 3. Reiches, wie es häufig wieder behauptet wird in Anknüpfung an eine Legendenbildung, die nach 1945 die Kirche in den Rang einer Widerstandsorganisation erhob. Sie war kein Störfaktor mit ihrer allsonntäglichen Normaltheologie und ihrem auf sich bezogenen volkskirchlichen Eigeninteresse, sondern vom Staat her gesehen weithin eine Quantité négligeable, eine Belanglosigkeit, die man nicht störte, weil sie nicht störte. Ein ‚Störfaktor' waren hingegen jene Gruppen, Gemeinden und Einzelnen in der Bekennenden Kirche, die es wagten, Radikale in der Nachfolge Jesu Christi zu sein." [Ders., Die Evangelische Kirche und die Juden, in 266: BRAKELMANN/ROSOWSKI, 1989, 106. Ähnlich auch ders., in: EvTh 54 (1994), 61–78, hier: 70f.]

Kirche und Verbandsprotestantismus leisteten keinen Widerstand

K. D. BRACHER gelangt bezüglich des volkskirchlichen Verhaltens zu dem Schluß: „Das Ergebnis war eher eine Art Waffenstillstand; den vollen Weg in die politische Widerstandsbewegung haben nur wenige konsequent beschritten. […] 1933 bis 1945 war eine nominell christliche Nation unfähig, den drei großen Übeln des Nationalsozialismus zu begegnen: der gnadenlosen Verfolgung alles Mißliebigen und besonders der Juden, dem militanten Kriegsimperialismus und dem politisch-rassistischen Massenmord" [264: ders., Widerstandsproblematik, 122; 127]. Ähnlich argumentiert auch A. BOYENS [Widerstand, in 265: BRACHER u. a., 1983, 685]: „Geht man von den Handlungen der BK aus, so wird man sagen müssen, daß immer nur einzelne Gemeinden, Gruppen und einzelne Glieder der BK Träger des passiven und auch des offenen ideologischen Widerstands gewesen sind." Zu einem ähnlichen Ergebnis gelangt H.-M. LAUTERER [306: Liebestätigkeit, 1994, 199–201], die im Kaiserswerther Verband in den ersten Jahren der NS-Diktatur zwischen der vornehmlich an Bestandssicherung interessierten Verbandsspitze und dem Verhalten einzelner Oberinnen, Vorsteher und Diakonissen unterscheidet.

Kirche und Judentum

Hinsichtlich des Umgangs mit Christen jüdischer Herkunft kommt H. BRUNOTTE [in: ZevKR 14 (1968/69), 136] zu dem Schluß: „Praktiziert ist ‚Barmen' wahrscheinlich nur in den Gemeinden, die es in allen

1. Historiographischer Überblick

Landeskirchen gegeben haben wird, in denen man sich weder um Propaganda noch um ‚Kirchengesetze' noch um Rundschreiben kümmerte, sondern die Judenchristen in aller Stille als Brüder und Schwestern behandelte, bis die Gewalttätigkeit der Machthaber sie ins Ungewisse entführte." (Vgl. auch B. NELLESSEN [Die schweigende Kirche, in 269: BÜTTNER, 1992, 265 f.]: „Mehr als neunzig Prozent der deutschen Bevölkerung bekannten sich 1938 zum Christentum, aber es gab keine christliche Empörung über den Pogrom. [...] Der Grund ist vor allem darin zu finden, daß die Mehrheit der Christen die Ausgrenzung wie die Vertreibung der Juden für richtig hielt, beiseite stand und beiseite sah.") Kritisch zur MEIER-NOWAKschen Konzeption auch G. BESIER [118: 1994, II, 239 f.; 1994, I, 244–247; 248–250]. Den Höhepunkt des protestantischen Widerspruchs gegen das NS-Regime, die Denkschrift der BK an Hitler aus dem Jahr 1936, hat GRESCHAT [45:1987] in ihrem Entstehungsprozeß wie in ihren Auswirkungen beschrieben und dokumentiert [vgl. auch 270: BÜTTNER/GRESCHAT, 1998, 86 ff.; vgl. dazu kritisch BESIER, in 117: BESIER/LESSING, 1999, 340 f.; Anm. 195].

Weit schärfer als alle volkskirchlich-lutherische Kritik am „dahlemitischen" Flügel der „Bekennenden Kirche" fiel jene aus, die PROLINGHEUER in den 80er Jahren an den „Kirchenkämpfern" übte. Aus seiner sozialistischen Perspektive wurde die Bekennende Kirche „mehrheitlich von Deutschnationalen, Rassisten und Faschisten angeführt" [387: PROLINGHEUER, 1987, 14], unterschied sich also in der politischen Haltung ihres Personals nicht von den „Deutschen Christen" und den „Gottgläubigen". Eigentlich gab es den „Kirchenkampf" gar nicht, sondern nur einen „Religionskrieg im Lager des Nationalsozialismus" [194: PROLINGHEUER, 1984, 97]. Die faschistischen bzw. nationalsozialistischen Parteien und die Kirchen hätten europaweit am Zustandekommen der „faschistischen Revolution" mitgearbeitet, die Kirchen in Deutschland einen „aufreibenden Kampf gegen Demokratie und politische Linke" [387: PROLINGHEUER, 1987, 40] geführt. Mit „dem Sieg Adolf Hitlers" habe der „Kirchenkampf gegen die verhaßten Träger der Revolution [von 1918] und das demokratische ‚System' ... sein glückliches Ende gefunden" [194: PROLINGHEUER, 1984, 54]. Prolingheuers historiographischer Maßstab für die Beurteilung des Verhaltens der evangelischen Kirche im „Dritten Reich" bildete das Darmstädter Wort „des Bruderrates der EKD zum politischen Weg unseres Volkes" von 1947, insonderheit dessen Satz: „Wir haben das Recht zur Revolution verneint, aber die Entwicklung zur absoluten Diktatur geduldet und gutgeheißen" [vgl. PROLINGHEUER, in: JK 49 (1988), 554]. Aus dieser Perspektive liegt es nahe, das Verhältnis von Christentum und soziali-

Kritik am „entschiedenen" BK-Flügel

stischer Revolution auch nach dem Zusammenbruch der DDR als positiv zu bezeichnen. Das zeigen die aus Anlaß des 50. Jahrestages des „Darmstädter Wortes" erschienenen Arbeiten von BALZER/STAPPENBECK [399] und von LUDWIG/PROLINGHEUER/SCHÖNHERR [366].

Widerstandsforschung nach 1989

Nach der Wiedervereinigung erschienen zum Thema kirchlicher Widerstand eine von DOERING-MANTEUFFEL und MEHLHAUSEN [273: 1995] herausgegebene Sammelarbeit sowie die KZG-Themenhefte 2/1995 und 1/1996 (siehe dazu besonders den Forschungsüberblick [KZG 8 (1995), 376–381]) und die Rezension von G. RINGSHAUSEN [KZG 9 (1996), 201 f.; ferner BESIER, in: KuD 42 (1996), 3–21]. Während bis 1989 in Ost und West stets nur das Verhalten der Kirchen unter der NS-Diktatur thematisiert worden war, enthielten diese Arbeiten auch erste vergleichende Versuche über den Weg der Kirchen unter beiden deutschen Diktaturen.

„Intentionalisten" und „Funktionalisten"

Von Bedeutung für die Widerstandsforschung werden die unterschiedlichen Orientierungen von „Intentionalisten" und „Funktionalisten" bleiben. Während die Intentionalisten davon ausgehen, daß eine nachweisbar direkte Beziehung zwischen Ideologie, Planung und politischer Entscheidung besteht und in dieser Kette Hitler eine zentrale Bedeutung zukommt, bevorzugen die Funktionalisten die These einer Verselbständigung objektiver Formen, sozialer Handlungsmechanismen und außerideologischer Machtinteressen von den ideologisch-weltanschaulichen Voraussetzungen.

40. und 50. Jahrestag des 20. Juli 1944

Im übrigen macht allein ein quantitativer Vergleich deutlich: Nach den umfangreichen Sammelarbeiten [335: SCHMÄDEKE/STEINBACH, 1985; 319: K.-J. MÜLLER, 1985] und zahlreichen Einzelstudien im Gefolge des Jahres 1984 fiel die 50jährige Wiederkehr des 20. Juli 1944 im Spiegel der Veröffentlichungen eher bescheiden aus [vgl. KoGe 1995; KZG 1/1996].

Theologische Fakultäten im „Dritten Reich"

Weder SCHOLDER noch MEIER hatten in ihren Gesamtdarstellungen die theologischen Fakultäten bzw. Kirchlichen Hochschulen berücksichtigt. Nach verschiedenen Spezialstudien [u. a. 274: ERICKSEN, 1986] und einer Sammelarbeit [343: SIEGELE-WENSCHKEWITZ/NICOLAISEN, 1993] legte MEIER 1996 eine Monographie über die Politik der evangelischen Fakultäten im „Dritten Reich" vor, in der er diese in hellem Licht und wiederum als objektiv wirksamen Resistenzfaktor gegen die Diktatur darstellte. Daraufhin wurde ihm vorgehalten, die „apologetische Perspektive auf die Theologiepolitik im Nationalsozialismus" sei durch seinen eigenen Weg langjähriger politisch-theologischer Konspiration mit dem SED-Staat bestimmt [F. W. GRAF, FAZ vom 19.11.1996].

1. Historiographischer Überblick

WOLFGANG SCHERFFIG, selbst dieser Generation angehörend, schrieb eine dreibändige Geschichte der „Jungen Theologen im ‚Dritten Reich'" [62: 1989, 1990, 1994]. Näherhin sind die illegalen „jungen Brüder" des „entschiedenen" Flügels der Bekennenden Kirche [siehe auch 255: BAUER, 1993] gemeint, aus deren Perspektive der Verfasser – im Blick auf die Kirche wie auf die Fakultäten – zu völlig anderen Ergebnissen gelangt als MEIER. SCHERFFIG setzt mit seinem Werk die Tradition der BK-Geschichtsschreibung fort, wie sie WILHELM NIEMÖLLER begonnen hatte.

Die jungen „illegalen" Theologen im „Dritten Reich"

Ein Pendant dazu, allerdings aus anderer Perspektive, stellt das von HANNELORE ERHART initiierte Göttinger Frauenforschungsprojekt dar, aus dem eine „Geschichte evangelischer Theologinnen in Deutschland" [131: ²1993] mit einer Schwerpunktbildung im Dritten Reich hervorging [vgl. auch 299: KÖHLER (u. a.), 1996; 47: HERBRECHT (u. a.), 1997].

Theologinnen im „Dritten Reich"

Immer noch gilt, daß die Geschichte der evangelischen Kirchen in den ersten Jahren der NS-Herrschaft besser erschlossen ist als in der Folgezeit. Erst 1991 erschien eine Geschichte des Geistlichen Vertrauensrates, jenes problematischen kirchenleitenden Gremiums des deutschen Protestantismus im Zweiten Weltkrieg, das sich um vermittelnde Kooperation mit dem NS-Staat bemühte [316: MELZER, 1991]. Zur Geschichte der evangelischen Kirchen im Zweiten Weltkrieg lagen bis dahin nur THIERFELDERS Darstellung über „Das Kirchliche Einigungswerk" [351: 1975], die Dokumentation von BRAKELMANN [39: 1979] und die Sammelarbeit von G. VAN NORDEN/V. WITTMÜTZ [324: 1991] vor.

Evangelische Kirche 1939 bis 1945

Schier unübersehbar erscheint die Fülle der regionalgeschichtlichen Studien zu kirchlichen Themen aus der NS-Zeit. Eine besonders interessante Studie über die Haltung der beiden großen Konfessionen in der Pfalz, insbesondere die ihrer Pfarrer, hat THOMAS FANDEL [275: 1997] vorgelegt. Sie bestätigt die signifikanten Differenzen zwischen der Haltung beider Kirchen. „Katholisches Glaubens- und Kirchenverständnis und nationalsozialistischer Totalitätsanspruch ließen sich nicht vereinbaren. Daher war es nur konsequent, daß die wenigen Geistlichen in der Pfalz, die sich für den Nationalsozialismus entschieden, entweder aus dem kirchlichen Dienst ausschieden oder sich innerhalb des Klerus als völlige Außenseiter erlebten..." [aaO., 595]. Aufgrund ihrer unterschiedlichen Struktur und theologischen Inhomogenität bieten die evangelischen Kirchen im allgemeinen ein vielschichtigeres Bild als die katholische, was sich besonders auch in den regionalgeschichtlichen Studien niederschlägt. Da die theologischen Differenzen überdies unterschiedliche historiographische Konzepte zur Folge haben, vergrö-

Regionalgeschichtliche Studien

ßert sich die Bandbreite ein weiteres Mal. Den Begriff „Kirchenkampf" in Anführungszeichen zu setzen, signalisiert eine grundsätzliche Kritik an dem Weg der Bekennenden Kirche; von „Faschismus" statt „Nationalsozialismus" zu reden, macht oft auf eine gewisse Abhängigkeit von der realsozialistischen Geschichtsdeutung aufmerksam. Schließlich erfolgte die Erforschung des Kirchenkampfes je nach Region – abhängig von den jeweiligen kirchengeschichtlichen Arbeitsgemeinschaften – in unterschiedlicher Intensität. Besonders früh und intensiv wandte man sich den „zerstörten", altpreußischen Kirchenprovinzen zu [vgl. 323: NIESEL, 1978], andere Landeskirchen wurden dagegen eher vernachlässigt. U. SCHNEIDER veröffentlichte [339: 1986] eine Arbeit zur Haltung der Bekennenden Kirche in Kurhessen-Waldeck, die er „zwischen ‚freudigem Ja' und antifaschistischem Widerstand" verortete. Hinsichtlich des Widerstandsbegriffs beruft er sich auf eine Definition des damaligen Ost-CDU-Vorsitzenden Gerald Götting, bei anderen Urteilen auf PROLINGHEUER. Ohne solche oder andere Prämissen zu affirmieren, edierte M. HEIN die Rundbriefe des Bruderbundes Kurhessischer Pfarrer und der Bekennenden Kirche Kurhessen-Waldeck 1933–1935 [46: 1996]. Ein instruktiver Sammelband mit Beiträgen zur Geschichte des Kirchenkampfes in Schleswig-Holstein, herausgegeben von KLAUSPETER REUMANN, erschien 1988 [328]; nun soll REUMANNs Darstellung des Kirchenkampfes in Schleswig-Holstein [als Bd. 6/1 der Schleswig-Holsteinischen Kirchengeschichte] folgen. Über die Geschichte der Braunschweiger Landeskirche hat DIETRICH KUESSNER [302: 1981] gearbeitet (zu Hannover vgl. H. W. GROSSE U.A. (Hrsg.), Bewahren ohne Bekennen?, 1996). Über den „Kirchenkampf im deutschen Osten und in den deutschsprachigen Kirchen Osteuropas" informiert eine von P. MASER [309: 1992] herausgegebene Sammelarbeit. Einer der Beiträger, W. KLÄN, hat 1995 eine umfangreiche Studie über die evangelische Kirche Pommerns in der Weimarer Republik und im „Dritten Reich" [159] vorgelegt.

1.3 Kirchen- und Theologiegeschichte der Bundesrepublik Deutschland

Protestantische Überblicksdarstellungen, Spezialstudien und Dokumentationen

Zur Geschichte der Kirchen in der Bundesrepublik liegt noch keine Gesamtdarstellung vor. Wichtige Ereignisse des deutschen Protestantismus bis 1969 behandelt KARL HERBERT in seiner Überblicksdarstellung „Kirche zwischen Aufbruch und Tradition" [380: 1989]. Er berücksichtigt umfassend Einzelstudien, die sich im Blick auf das gesamte Besatzungsdeutschland vor allem auf die Themen Entnazifizierung [372:

1. Historiographischer Überblick 71

BESIER, 1986; 396: VOLLNHALS, Evangelische Kirche, 1989; 86: ders., Entnazifizierung, 1989], Schuldfrage [71: GRESCHAT, 1982; 356: BESIER/SAUTER, 1985] und kirchliche Neuordnung [382: K. JÜRGENSEN, 1976; 393: J. F. TENT, 1982; 358: V. CONZEMIUS u. a. (Hgg.), 1988; 68: BESIER u. a. (Hgg.), 1989; 1990; 1995; 368: SMITH-VON OSTEN, 1981] sowie das Verhältnis zu den Besatzungsmächten [die Forschungslage bis 1992 zusammenfassend 369: THIERFELDER, in: GG 18 (1992), 6–21; vgl. 378: GRESCHAT, in: ZKiG 109 (1998), 216–236; 363–387; 396: VOLLNHALS, 1989] konzentrieren. Editionen der Nachkriegs-Kirchenleitungsprotokolle von EKD [Vgl. 74: NICOLAISEN/SCHULZE (Bearb.), Bd. 1, 1995, Bd. 2, 1997], ApU [BESIER/LINDEMANN, 2000] und VELKD [HAUSCHILD, 2000] sind erschienen oder in Vorbereitung. Nach der 1959 von F. MERZYN herausgegebenen Dokumentation [73] der „Kundgebungen, Worte und Erklärungen" der EKD zwischen 1945 und 1959 erschien 1994 der zweite, von J. E. CHRISTOPH herausgegebene Band [69], der bis 1969 reicht.

Bearbeitung fanden für die Nachkriegszeit bis 1960 vor allem politische Fragen wie Kalter Krieg [363: LOTZ, 1992], Wiederbewaffnung [395: J. VOGEL, 1978] oder Militärseelsorge [385: MÜLLER-KENT, 1990] und das Verhältnis von Christen und Juden [361: HERMLE, 1990; 375: FOSCHEPOTH, 1993; 84: RENDTORFF/HENRIX, 1988]. Mit der gescheiterten Kirchenreform der 70er Jahre befaßt sich die Arbeit von AHME [370: 1990]. Zur Ostdenkschrift der EKD von 1965 [81] und ihrer Wirkung existiert noch keine Spezialuntersuchung.

Der Protestant M. J. INACKER [151: 1994] und der Katholik A. PÜTTMANN [389: 1994] befassen sich mit dem Demokratieverständnis der Kirchen und seiner Entwicklung. Inacker, der den kirchlichen Weg von der Weimarer Republik bis in die Bundesrepublik verfolgt, gelangt zu dem Ergebnis, daß deren Gründung mit „dem langsamen demokratischen Erwachen der Kirchen" [aaO., 371] zusammenfiel. Im Vergleich mit dem Katholizismus unterscheidet er zwischen Demokratieverständnis und Möglichkeiten der Identifikation mit dem Bonner Staat. Vor allem hinsichtlich des letzteren sieht er Differenzen. „Das letztlich künstlich geschaffene Spannungsverhältnis zwischen Westbindung und Sehnsucht nach nationaler Einheit zwischen den Blöcken war für die Entwicklung des evangelischen Demokratieverständnisses nicht förderlich" [aaO., 377]. Auf die protestantische „Fiktion eines ‚Dritten Weges'" [aaO., 367] geht auch Püttmann ein, dessen Schwerpunkt auf der Frage des christlichen Rechtsgehorsams liegt. Eine „Protestantische Staatsdistanz und Katholizismuskritik" [aaO., 376] sowie eine Affinität zur politischen Position des Sozialismus sieht er sowohl nach

Kirchen und Demokratie

1945 als auch nach 1989 als gegeben an. Dennoch vertritt er die Auffassung, daß sich – abgesehen von protestantischen Minderheiten und ein paar Kirchenvertretern – eine breite christliche Bürgerloyalität gegenüber der grundgesetzlichen Demokratie gebildet hat.

Katholische Überblicksdarstellungen, Spezialstudien und Dokumentationen

Einen instruktiven, die Forschung in ihrer ganzen Breite integrierenden Überblick über die Entwicklung des Katholizismus in der Bundesrepublik Deutschland bietet ERWIN GATZ [135: Kirche und Katholizismus seit 1945, Bd. 1, 1998]. Dabei spielen Fragen des Verhältnisses von Kirche und Staat bzw. Gesellschaft, der innerkirchlichen Entwicklung und der katholischen Theologie eine wesentliche Rolle. Sozial- und mentalitätsgeschichtlich stellten die katholische Kirche vor allem die Erosion des katholischen Milieus (Individualisierung, Entkirchlichung) und des religiösen Lebens (Verfall der Beichtpraxis, der familiären und persönlichen Gebetskultur) und der auch die katholischen Kirchenglieder betreffende Wertewandel (v.a. Eheverständnis, Familienpolitik, Sexualethik) vor zunehmend große Probleme.

Die von der Kommission für Zeitgeschichte betreuten katholischen Forschungen behandeln bisher vor allem die Person Adenauer [110: MORSEY/REPGEN (Hrsg.), Adenauer-Studien, I–III; V] und die Einzelaspekte Militärseelsorge [391: STEUBER, 1972], Wiederbewaffnung [374: DOERING-MANTEUFFEL, 1981], die Stellung des Katholizismus zu Länderverfassungen bzw. Grundgesetz [390: VAN SCHEWICK, 1980] und das Zentralkomitee der deutschen Katholiken [379: GROSSMANN, 1991]. Über die Rolle der katholischen Kirche in der deutschen Nachkriegsgesellschaft haben J. KÖHLER und D. v. MEHLIS eine Sammelarbeit herausgebracht [384: 1998]. Die Situation glich der nach 1918, es war wie ein zweites „Erwachen". Denn die weit weniger belastete katholische Kirche trat mit großem Selbstbewußtsein auf. Mit gewaltigen Prozessionen durch zerstörte Städte demonstrierte sie Präsenz und Stärke. Sie prägte die deutsche politische Kultur und suchte das Volk mental in die Restauration zu führen. Demgegenüber gründete ein kleiner Kreis linkskatholischer Intellektueller um Walter Dirks und Eugen Kogon die „Frankfurter Hefte". Diese Gruppe suchte Christentum, Moderne, Europa und Sozialismus – ebenfalls in einer Art „Drittem Weg" – miteinander zu verbinden. Beide Konzepte scheiterten letzlich, das von Dirks schon 1950.

1.4 Kirchen- und Theologiegeschichte der DDR

Öffnung der Archive

Die Öffnung der Archive nach dem Untergang des SED-Staats und die weitgehende Aufhebung der Sperrfristen bei den Staats- und Parteiakten – im Protestantismus ist eine annähernd breite Benutzung der Kirchen-

1. Historiographischer Überblick

archive nur auf der Ebene der kirchlichen Zusammenschlüsse (BEK, VELKDDR, EKU) möglich – intensivierte die Forschung zur DDR-Kirchengeschichte erheblich. Auch hier lassen sich die bereits skizzierten unterschiedlichen historiographischen Ansätze konstatieren.

Schon 1990 veröffentlichte der US-Amerikaner R. F. GOECKEL ein Buchmanuskript über „The Lutheran Church and the East German State", das er noch vor der „Wende" 1989 abgeschlossen hatte. Es erschien 1995 in deutscher Sprache [408]. Obwohl der Autor inzwischen weitergeforscht und eine Reihe ergänzender Aufsätze zum Gegenstand veröffentlicht hat, fanden seine neuen Erkenntnisse noch keinen Eingang in das vorliegende Buch. Goeckel konnte durch günstige Umstände für sein Buch auch vertrauliches Aktenmaterial aus dem zentralen Parteiarchiv der Ost-CDU in der „Hauptstadt der DDR" einsehen. Im Ton eher zurückhaltend, in der Sache meist glasklar, werden die Prozesse wachsender Annäherung zwischen Staat und Kirche beschrieben.

Überblicksdarstellungen und Quellenbände

Der ehemals Leipziger Theologe DETLEF POLLACK (jetzt: Kultursoziologe in Frankfurt/O.) [424: Kirche in der Organisationsgesellschaft, 1994] wählte einen religionswissenschaftlich akzentuierten Zugang und beschrieb unter Verwendung von empirischem Datenmaterial aus kirchlichen Archiven – nicht publizierte Schriftquellen werden nicht ausgewertet – die Kirchen als Teilsystem in einer als modern skizzierten Gesellschaftsformation DDR. Der Berliner Kirchenhistoriker RUDOLF MAU versucht in einer sich auf ausgewählte Schwerpunkte konzentrierenden, ereignis- sowie personengeschichtlich vorgehenden Studie [420: MAU, Eingebunden in den Realsozialismus?, 1994] nachzuweisen, daß die Kirche in den Augen des SED-Staats und der ihn beherrschenden Partei ein beständiger Unruhefaktor gewesen sei, berücksichtigt dabei aber zu wenig, daß die in totalitären Kategorien denkenden Partei-Ideologen auch alle anderen Abweichungen – etwa seitens der Ost-CDU – vom erwarteten Unterwerfungsverhalten ähnlich einschätzten. Mit der Fragestellung „Kirche als Problem der SED" [so auch 676: GOERNER, 1997] prolongiert MAU [vgl. Knecht contra Mau, in: Ev. Sammlung, Nr. 9/1995, 2–7] die DOHLE-MEIER-Hypothese von der Kirche als „Störfaktor" der NS-Diktatur in die SED-Diktatur hinein. Bei GOERNER [409: 1997] erscheint die Kirche lediglich als weithin passives „Herrschaftsobjekt". Theologische Kriterien ihres Handelns, ja das Verhalten der Kirche insgesamt bleiben weithin außer Betracht; sie erscheint nicht als eigenständiges, eigentlich nicht einmal als reagierendes Gegenüber. Indem GOERNER historisch-theologische Urteile über die Kirche vermeidet, entgeht er den – wie er das nennt –

Evangelische Kirche

„moralischen Implikationen" und konzentriert sich auf die „funktionalen Zusammenhänge" [aaO., 3]. Mittelbar läßt sein Blickwinkel die evangelische Kirche resistenter gegen die SED-Politik erscheinen, als sie es vermutlich war. Da ihre inneren Verfallsprozesse, d.h. die Rezeption häretischen bzw. synkretistischen Gedankengutes, außer Betracht bleiben, erscheint die Institution als solche – auch dank westlicher Gelder – kaum erschüttert.

Die von den ehemaligen SED-Historikern JOACHIM HEISE und HORST DOHLE (zugleich langjähriger Staatsfunktionär in Kirchenangelegenheiten, zuletzt tätig im Staatssekretariat für Kirchenfragen) vorgelegten Quellenbände „SED und Kirche" [93: hrsg. von F. HARTWEG, 2 Bde., 1995] dokumentieren Texte, die vornehmlich aus dem ehemaligen Zentralen Parteiarchiv der SED stammen [vgl. VOLLNHALS, in: DA 29 (1996), 805–807]. Die Bearbeiter wollen nachweisen, daß die SED-Führung „die Unangepaßtheit und die mangelnde Verfügbarkeit über die Kirchen mit dauerndem Ärger registrierte" (Vorbemerkung, Bd. 1, XXXVII). Dohles Kommentare bilden zugleich den Versuch einer Rechtfertigung des von Staatssekretär K. Gysi verfolgten Kurses. In der gleichen Reihe erschien bereits 1991 unter der Verantwortung von GERHARD BESIER und einem Mitarbeiter in der Behörde des Bundesbeauftragten für die Unterlagen des Staatssicherheitsdienstes der ehemaligen DDR („Gauck-Behörde"), STEPHAN WOLF, eine Quellensammlung [88: „Pfarrer, Christen und Katholiken", [2]1992], die eine Auswahl von MfS-Dokumenten zur Rolle und Observierung der Kirchen bietet und damit in das bis dahin wenig berücksichtigte Gebiet „Kirchen und Geheimdienste" vordrang [vgl. auch BESIER, in: KZG 9 (1996), 70ff.].

BESIER hat 1993/95 unter besonderer Berücksichtigung des Protestantismus eine dreibändige Darstellung zum Staat-Kirche-Verhältnis in der SBZ/DDR in den Jahren 1945 bis 1990 vorgelegt [401: Der SED-Staat und die Kirche]. Die Studie, deren Urteilskriterien wie bei SCHOLDER an der Barmer Theologischen Erklärung und einem reformatorischen Kirchenverständnis orientiert sind, wählt einen dezidiert politikgeschichtlichen Ansatz. Sie stellt den Kurs des Protestantismus als zunehmende Anpassung an die „realsozialistischen" Gegebenheiten heraus. Die Untersuchung basiert auf der Auswertung umfangreicher Bestände aus staatlichen und kirchlichen Archiven, die vor allem Strategien und Verhalten der jeweiligen zentralen Ebenen erschließen [siehe kritisch 444: DOERING-MANTEUFFEL, 1996; positiv würdigend P. STEINBACH, in: U. BACKES/E. JESSE (Hgg.), Jahrbuch Extremismus & Demokratie 8 (1996), 283–286 und der vorzügliche allgemeinhistori-

1. Historiographischer Überblick

sche Überblick von G. A. RITTER, Über Deutschland, 1998, 189 ff.; auch Anm. 199; 206].

Auf der Grundlage zweier wissenschaftlicher Fachtagungen legte die Abteilung „Bildung und Forschung" der Behörde des Bundesbeauftragten für die Unterlagen des MfS der ehemaligen DDR zwei bilanzierende Bände vor, die sich zu großen Teilen [414: HENKE/ENGELMANN, 1995] bzw. ausschließlich [440: VOLLNHALS, 1996] mit den Kirchen in der DDR befassen.

Für den katholischen Bereich hat THOMAS RAABE [426: SED-Staat, 1995] eine beachtliche Studie zur Entwicklung bis 1961 vorgelegt, die den Prozeß der Verdrängung des Katholizismus aus der Öffentlichkeit nachzuzeichnen sucht. Die katholische Kirche hielt dem staatlichen Druck weitgehend stand [vgl. auch 95: G. LANGE u. a., 1993; 94: HÖLLEN, I, 1994; II, 1997, III, 1998; 96: PILVOUSEK, 1994; 410: GRANDE/SCHÄFER, 1994]. Erste den gesamten Zeitraum umgreifende, systematische Überblicksdarstellungen des Verhältnisses von „Staat und katholische[r] Kirche in der SBZ/DDR" von 1945 bis 1989 legten UTE HAESE [411: 1998] und BERND SCHÄFER vor [432: 1998]. HAESE sieht auf seiten des Episkopats analoge Verhaltensweisen in beiden Diktaturen. Auch gegenüber dem SED-Staat verfolgte die katholische Kirche eine Strategie konsequenter politischer Abstinenz und nahm eine Verweigerungshaltung gegenüber dem atheistischen Staat ein, was jedoch den Kontakt zu Staatsorganen nicht ausschloß. SCHÄFER betont ebenfalls die grundsätzliche Distanz der katholischen Kirche gegenüber dem SED-Staat, ohne die kurzen Schwächephasen Anfang der 70er und Anfang der 80er Jahre zu verschweigen. Daneben arbeitet er die „seit den Sechziger Jahren funktionierenden und kommunizierenden Staat-Kirche-Kanäle" [KZG 10 (1997), 410] heraus; sie beruhten auf kirchlichen „Gesprächsbeauftragten" für MfS und Staatssekretariat für Kirchenfragen [vgl. FAZ vom 10. 2. 1999].

JOSEF PILVOUSEK [in 135: GATZ, 1998, 132–149] bietet einen prononcierten Kurzüberblick über den Weg des Katholizismus in der DDR und zeigt u. a. klar dessen Abhängigkeit von den unterschiedlichen Phasen der vatikanischen Ostpolitik auf.

Aus der Feder einiger ehemaliger DDR-Bürgerrechtler sind erfahrungsgesättigte Arbeiten zu Formen ihrer Opposition unter dem SED-Regime erschienen. Höchst verschieden sind die Einschätzungen hinsichtlich des Verhaltens der Kirchenleitungen. Während die einen das ihnen gewährte Schutzdach der Kirche auch im nachhinein noch als Freiraum für ihr Handeln positiv bewerten [425: POPPE u. a., 1995], meinen andere, auch darin eine raffinierte Kontrollmöglichkeit des

_{Katholische Kirche}

_{Studien von ehemaligen Bürgerrechtlern}

Staates erkennen zu können, der über die Kirchen das Konfliktpotential eingrenzen und domestizieren wollte [419: KLIER, 1993; 403: BOHLEY, in: KZG 9 (1996), 164–186]. Die Pfarrerin CHRISTA SENGENSPEICK-ROOS [435] berichtet über ihre Arbeit in der Berliner Auferstehungsgemeinde in den 80er Jahren und über die von ihr mit initiierten Versammlungen der Bürgerrechtlerinnen „Frauen für den Frieden". Das Buch gibt Auskunft über die Probleme, Einstellungen und Haltungen der von SENGENSPEICK-ROOS seelsorgerlich Betreuten. Polizeiverhöre und Kooperationen mit der Amtskirche – etwa im Zusammenhang mit den „Nachtgebeten für Frauen" – werden quellennah geschildert. Gespräche in den 90er Jahren mit den „Inoffiziellen Mitarbeitern" und Kirchenoberen sowie das Erfahrene reflektierende Briefwechsel der Frauen untereinander komplettieren den Band. Der leise eindringliche Ton der Gespräche und das Gewahrwerden der Unstimmigkeiten in den Rechtfertigungsreden der kirchlichen Verantwortungsträger kommen recht plastisch zum Ausdruck. SENGENSPEICK-ROOS zu Stolpe: „Ich weiß, daß Sie mir das sagen müssen. Lassen Sie mich Ihnen aber auch was sagen: Seit Jahren habe ich die Vermittlerrolle zwischen den Frauen ... und der Kirchenleitung. Für die Frauen bin ich Pfarrerin, Vertreterin der ungeliebten, aber von ihnen benutzten Kirche. Und für die Kirchenleitung bin ich eine von den widerspenstigen Frauen" [aaO., 138]. Und an anderer Stelle: „Nein, Herr Stolpe, das müssen Sie woanders her gewußt haben ..." [aaO., 144]. Aus der Perspektive der wirklich Betroffenen läßt sich kaum konstatieren, daß die Interventionen des Unrechtsregimes keine tiefen Spuren hinterlassen hätten. Vor dem Hintergrund von Machterhaltungs-Zynismen, die zur Methode gefrieren, verblassen sie allerdings. R. BRAUCKMANN/C. BUNZEL [404: 1995], die wie viele andere in die Mühlen des DDR-Geheimdienstes gerieten, haben eine detaillierte Untersuchung zur Einflußnahme des MfS auf die evangelische Kirche des Görlitzer Kirchengebietes vorgelegt. Ein regionales Pendant für den Norden der DDR bietet R. v. SASS mit ihrer detailreichen Arbeit über die Evangelische Landeskirche Greifswald 1980 bis 1989 [431: 1998]. EHRHART NEUBERT, heute Abteilungsleiter in der Behörde des Bundesbeauftragten für die Unterlagen des Staatssicherheitsdienstes der ehemaligen DDR, veröffentlichte in den 90er Jahren eine Reihe wichtiger Arbeiten zum Verhältnis von MfS und Kirche [422: 1993]. 1997 erschien seine voluminöse „Geschichte der Opposition in der DDR 1949–1989" [423]. Im Blick auf die beiden letzten Jahre der DDR heißt es zum Verhältnis von Opposition und Kirchenleitungen: „In allen Landeskirchen häuften sich kleinere und größere Konflikte zwischen oppositionellen und kirchlich Verantwortlichen ...

1. Historiographischer Überblick

Immer waren es Behinderungen kirchlicherseits, die zu solchen Auseinandersetzungen führten" [aaO., 803].

Neben diesen unabhängigen Publikationen wurden förmliche Einrichtungen geschaffen, die sich zeitweise oder auf Dauer mit der DDR-Kirchengeschichte befassen, oder bereits bestehende Institutionen wurden mit Forschungsaufträgen betraut. Der von GERT KAISER und EWALD FRIE geleitete, auf eine Anregung des damaligen sozialdemokratischen Ministerpräsidenten Johannes Rau zurückgehende Arbeitskreis „Christen, Staat und Gesellschaft in der DDR" im Wissenschaftszentrum Nordrhein-Westfalen wählte einen klar sozialwissenschaftlichen Ansatz und fragte unter Berücksichtigung der Ideengeschichte vor allem nach Strukturen und Mentalitäten [vgl. 417: G. KAISER/E. FRIE (Hgg.), Christen, 1996; siehe dazu BESIER, in: DA 30 (1997), 307–309]. An der Universität Mannheim wird unter dem Titel „Aktuelles aus der DDR-Forschung" ein Verzeichnis der in Arbeit befindlichen Forschungsvorhaben herausgegeben. Ein Refugium für ehemalige SED-Wissenschaftler und -Funktionäre wie ehemalige Mitarbeiter im BEK-Apparat bzw. von BEK-Kommissionen bietet das Berliner „Institut für vergleichende Staat-Kirche-Forschung" [vgl. NEUBERT, in: DA 26 (1993), 391 ff.].

Institutionalisierung der kirchlichen DDR-Forschung

Die Evangelische Arbeitsgemeinschaft für Kirchliche Zeitgeschichte, das offizielle kirchenhistorische Forschungsgremium der EKD, hat – abgesehen von einem frühen Sammelband [427: T. RENDTORFF, 1993] – eine Reihe von Arbeiten zur DDR-Kirchengeschichte gefördert und in ihrer Reihe herausgebracht. Durch eine Indiskretion gelangte im Frühjahr 1995 eine kircheninterne Vorstudie des EKD-Mitarbeiters PETER BEIER an die Öffentlichkeit. Das „Kleine Geschenke erhalten die Freundschaft" überschriebene Papier legte offen, daß evangelische Gemeindepfarrer, Mitglieder der Bundes- und Landessynoden und andere bei den evangelischen Kirchen in der DDR Beschäftigte vom SED-Staat regelmäßige Zahlungen, Geschenke, Ferienplätze in staatlichen Gästehäusern sowie Hilfe bei der Beschaffung von Mangelwaren wie Fernsehgeräten, Waschmaschinen und Autos erhielten. Für die Zahlungen existierte seit 1955 ein Fonds „Sonderkonten Kirchenfragen" bei den Räten der Bezirke und der Dienststelle des Staatssekretärs für Kirchenfragen. Die Vergünstigungen kamen „fortschrittlichen" Amtsträgern zugute, die durch ihr „Auftreten" der realsozialistischen Sache nützten und so die verhaltensmodifizierende „Bündnispolitik der SED" mittrugen. Das aus der Vorstudie erwachsene Buch erschien 1997 [400]. BEIER gibt genaue Auskunft über die äußerst lückenhafte Aktenlage. Bis weit ins Jahr 1990 verschwanden einschlägige Bestände; ein Landesarchiv vernichtete noch 1991/92 die Kassenbücher

Offizielle Studien der EvAgfKZG

der „Sonderkonten", weil es die Unterlagen nicht als archivwürdig einstufte. „Empfänger von Zuwendungen bleiben" in BEIERS Darstellung „grundsätzlich ungenannt, ihre Namen wurden unkenntlich gemacht." [aaO., 17] Über die 35 Jahre ihres Bestehens hinweg wurden die Sonderkonten mit unterschiedlichen Schwerpunktsetzungen gebraucht. Zunächst ging es um „Unterstützung der Geistlichen" in Fällen politischer oder wirtschaftlicher Schwierigkeiten. Ende der 50er Jahre sprach man von einer „Politik mit der Mark". Gemeint war ein materieller Anreiz zu politisch einwandfreiem Verhalten. Mit den bis Mitte der 60er Jahre auf eine Million Mark begrenzten Mitteln konnten die Staatsfunktionäre freilich keine allzu großzügigen Vergünstigungen bereitstellen. Seit Ende der 60er Jahre erhielten vor allem solche Geistlichen und sonstigen kirchlichen Amtsträger Prämien, „die mit den staatlichen Organen vertrauensvoll zusammenarbeiten (Informanten)" [aaO., 95]. In BEIERS zusammenfassenden Schlußbemerkungen heißt es: „Lediglich *maximal 10%* erhielten überdurchschnittliche Geschenke oder Zuwendungen." [aaO., 267]

ANKE SILOMON, ebenfalls EKD-Bedienstete, bemüht sich in ihrem Buch „Synode und SED-Staat" [436: 1997] um eine möglichst genaue Rekonstruktion der Geschichte der Görlitzer Synodaltagung des Bundes der Evangelischen Kirchen in der DDR im September 1987. Sie zog alle Quellen heran, deren sie habhaft werden konnte, und suchte auf „eine kommentierende Wertung bereits in der Darstellung weitgehend zu verzichten", um „einer wissenschaftlich-objektiven Auswertung" Raum zu geben [aaO., 11]. In deutlicher Abgrenzung etwa gegen E. NEUBERT [247, Anm. 6] kommt SILOMON zu dem Ergebnis, daß die im intensiven Gespräch mit staatlichen Stellen getroffenen Vereinbarungen zwischen Synodalen und Funktionären nur schon „vorhandene Positionen und Dispositionen" hätten „verstärken können", also eine gewissermaßen nur gleichsinnige Beeinflussung bewirkten. Daß die Interventionen von SED, Ost-CDU und MfS nicht nur als Katalysator zur Entfaltung anthropologischer Dispositionen wirkten, sondern Teil eines langfristigen, kognitiven und emotionalen Restrukturierungsprogramms waren, kommt nicht ins Blickfeld.

Offizielle Dokumentationen

Seinen zu DDR-Zeiten erschienenen BEK- und EKD-Dokumentationen „Kirche als Lerngemeinschaft" [101: 1981] und „Gemeinsam unterwegs" [91: 1989] fügte der nicht mehr bestehende BEK 1994 postum im Auftrag der EKD den Band „Zwischen Anpassung und Verweigerung" [90: ²1995] mit Dokumenten für die Zeit von 1987 bis 1991 hinzu. Ebenfalls im Auftrag der EKD erschienen die GEP-Bücher „Nach-Denken. Zum Weg der Evangelischen Kirchen in der DDR"

1. Historiographischer Überblick

[98: hrsg. v. U. SCHRÖTER/H. ZEDDIES, 1995] und die Sitzungsniederschriften mit ergänzendem Material der Konsultationen zwischen EKD und BEK 1980 bis 1990 [72: W. HAMMER/U.-P. HEIDINGSFELD, 1995]. Drei kirchenrechtliche Untersuchungen befassen sich mit der Zusammenführung der westlichen und östlichen Gliedkirchen nach dem Zusammenbruch der DDR [360: M. HECKEL, 1990] und mit dem kirchenrechtlichen bzw. staatskirchenrechtlichen Weg der östlichen Gliedkirchen in der DDR [362: H. KREMSER, 1993; 402: TH. BOESE, 1994]. W. THUMSER [439: 1996] geht der ekklesiologischen Formel „Kirche im Sozialismus" nach, in der sich politische und theologische Intentionen vermischten.

Kirchenrechtliche Untersuchungen

Über die „Fälle" Oskar Brüsewitz, Detlef Hammer und Wolfgang Defort hat es nach dem Zusammenbruch der DDR erneut heftige Diskussionen gegeben. H. MÜLLER-ENBERGS/H. SCHMOLL/W. STOCK [421] haben 1993 [²1999] zu Brüsewitz einen Sammelband vorgelegt, der sich z.T. sehr kritisch mit der Haltung der evangelischen Kirche auseinandersetzte. Sehr viel verständnisvoller und detaillierter ist die von H. SCHULTZE [99: ²1993] herausgegebene Dokumentation mit vorangestellten Kommentaren und Erinnerungen. Der Hrsg. war seinerzeit auf seiten der Magdeburger Kirchenleitung am Krisenmanagement beteiligt. Ein Jahr später brachte SCHULTZE – zusammen mit W. ZACHHUBER – eine Dokumentation [100] über den Magdeburger Oberkonsistorialrat bzw. Konsistorialpräsidenten Detlef Hammer heraus, der zugleich als Stasi-Offizier im besonderen Einsatz (OibE) tätig war. F. WINTER dokumentierte und kommentierte den „Fall" Defort [104: 1996] – die Geschichte eines geflohenen politischen Häftlings, der in einem evangelischen DDR-Pfarrhaus Schutz suchte und von drei Pastoren an die Volkspolizei ausgeliefert wurde.

Oskar Brüsewitz, Wolfgang Defort und Detlef Hammer

Eine andere Gruppe von Arbeiten befaßt sich mit dem kirchlichen Unterricht in der DDR, Konfirmandenunterricht und Jugendweihe [97: D. REIHER (Hrsg.), 1992; 407: C. FISCHER, 1998]. Über die Geschichte der Jugendweihetradition von der Aufklärung bis zu den proletarischen Jugendweihen informiert die Arbeit von BO HALLBERG [413: ²1979].

Kirchlicher Unterricht, Konfirmandenunterricht und Jugendweihe

Die Dokumentation S. BRÄUERS und C. VOLLNHALS' [89: 1995] über das DDR-Zensurwesen am Beispiel der Evangelischen Verlagsanstalt enthält in Gestalt der hundert Seiten umfassenden Einleitung eine kleine Geschichte jenes staatlich lizensierten, ehemals in Berlin ansässigen Kirchen-Verlages und bietet 55 Beispiele von „Gutachten" über Bücher, die der Verlag drucken wollte. Über die theologischen Fakultäten bzw. Sektionen von 1945 bis 1970/71 hat, betreut u.a. von BRÄUER,

Zensurwesen

F. STENGEL [437: 1998] eine Arbeit vorgelegt [vgl. RINGSHAUSEN, in: KZG 12 (1999)].

<small>Kirchliche DDR-Zeitgeschichte aus realsozialistischer Perspektive</small>

Unmittelbar nach der „Wende" bezogen die entmachteten DDR-Eliten auch die Geschichte des Staat-Kirche-Verhältnisses in ihre historischen Aufklärungsbemühungen mit ein [vgl. 443: BESIER, in: BAADTE/RAUSCHER, 1997]. Eine Reihe von Arbeiten ist im GNN-Verlag (Sachsen/Berlin) erschienen. Einige der Verfasser sind Pfarrer, die sich als CFK-Idealisten und DDR-Patrioten der Zustimmung ihrer Kirchen zu ihrem theologisch-politischen Engagement sicher meinten und sich nach 1990 im Stich gelassen fühlten [vgl. 428: W. RICHTER, 1995; 415: H.-D. HERTRAMPF, 1995]. Der linkssozialistische „Weißenseer Arbeitskreis", seinerzeit vom MfS gefördert, ließ 1994 im GNN-Verlag ausgewählte Texte seiner „Weißenseer Blätter" aus den Jahren 1982 bis 1992 [103] wiederabdrucken, um der damaligen Resignation der Linken zu wehren. Unter den Beiträgern sind auch namhafte Theologen aus dem Westen. Einem ähnlichen Ziel dient die von FR.-M. BALZER und CHR. STAPPENBECK hrsg. Sammelarbeit „Sie haben das Recht zur Revolution bejaht. Christen in der DDR" [399: 1997]. Darin rechtfertigen drei als SED-nah bekannte DDR-Theologen – Karl Kleinschmidt (1902–1978), Hanfried Müller (geb. 1925) und Gert Wendelborn (geb. 1935) – anhand ihrer Biographien und ihres Schrifttums den von ihnen gewählten Weg einer engen Allianz von „Realsozialismus" und Christentum. In einem anderen auf die DDR-Geschichte spezialisierten Verlag (edition ost) erschien das Buch des Führungsoffiziers bekannter Kirchenmänner und Politiker, KLAUS ROSSBERG [430: zusammen mit P. RICHTER, 1996]. Es geht von der Hypothese aus, daß zwischen Kirchenmännern und MfS-Offizieren eine vertrauensvolle, ja freundschaftliche Zusammenarbeit geherrscht habe. Schon vor dem Hintergrund der Versuchsreihe Stanley Milgrams zur Ausübung sozialer Macht [vgl. 267: BROWNING, 1993, 224ff. (^{2}1999)] erscheint eine solche Deutung nicht völlig abwegig.

2. Probleme, Arbeitsschwerpunkte und Desiderate

2.1 Kontroversen in der (kirchlichen) Zeitgeschichte

<small>Kirchliche Zeitgeschichte als Sozialgeschichte?</small>

Seit etwa zwanzig Jahren kennt auch die Kirchengeschichte historiographische Kontroversen, wie sie z. B. seitens der Bielefelder „Historischen Sozialwissenschaft" gegenüber Zunftgenossen geführt werden [vgl. z.B. die Kontroverse WEHLER-HILDEBRAND, dazu EDG, Bd. 48,

2. Probleme, Arbeitsschwerpunkte und Desiderate

85]. Solche Kontroversen gehen mit der Forderung nach perspektivischen und methodischen Veränderungen („Paradigmenwechsel") einher und folgen oft dem internationalen Trend „From Church History to Religious History" [455: DAVID W. LOTZ, 1989].

Ein erster Versuch des Gießener Kirchenhistorikers MARTIN GRESCHAT aus dem Jahr 1977 [WPKG 66, 520–524], den ersten Band von KLAUS SCHOLDERS „Kirchen und das Dritte Reich" [^{1}1977; ^{2}1986] mit sozialgeschichtlichen Kriterien zu kritisieren, blieb noch ohne Resonanz [vgl. auch 471: R. v. THADDEN, Kirchengeschichte als Gesellschaftsgeschichte, in: GG 9 (1983), 598 ff.]. Ein Perspektivwechsel der kirchlichen Zeitgeschichte kündigte sich an, als der Geschäftsführer der Evangelischen Arbeitsgemeinschaft für Kirchliche Zeitgeschichte, CARSTEN NICOLAISEN, in einem Nachtrag zu SCHOLDERS Kirchenkampfartikel in der 3. Auflage des Evangelischen Staatslexikons [Bd. 1, 1987, Sp. 1636 f.] schrieb, SCHOLDER sei „konzeptionell eher der älteren Forschung" gefolgt. „Die Kritik an Scholders Sicht setzt an zwei Punkten ein: zum einen an seiner Forderung, die Kirche müsse, um sich nicht selbst zu verleugnen, letztlich ‚unpolitisch' bleiben, zum anderen an seinem methodischen Vorgehen, eine theol. Prämisse zum Kriterium für die Beurteilung historischer Sachverhalte zu machen." Nicolaisens Resümee lautete: „In der Tat muß gerade die evangelische Zeitgeschichtsforschung stärker als bisher politikwissenschaftl[iche] und sozialhist[orische] Methoden einbeziehen, um ihre weitgehende Isolierung zu überwinden" [aaO.; vgl. auch ders., Zwischen Theologie und Geschichte, in: EvErz 42 (1990), 410–419]. RINGSHAUSENs Einwurf blieb unberücksichtigt: „Das Stichwort ‚Isolierung' läßt vermuten, daß es hier ... um eine Relativierung des spezifisch theologischen Gesichtspunktes der Kirchengeschichte [geht]. Diese soll gesamtgesellschaftlich zur Christentumsgeschichte ausgeweitet werden, um eine neue Einheit der Geschichte zu gewinnen. Ist das ‚sozialgeschichtlich' möglich?" [KZG 1 (1988), 122]. In der Folgezeit tauchte das „Isolierungsmotiv" in den Varianten „Getto [456: MEHLHAUSEN, EvTh 48 (1988), 517] und kirchliche „Hausgeschichtsschreibung" [VOLLNHALS, SZ Nr. 291 vom 19.12.1989] bzw. „unpolitische Homelandkunde" [473: ders., in: KAISER/DOERING-MANTEUFFEL, 1990, 184] immer wieder auf.

Bei seinen Urteilen hatte sich NICOLAISEN auf einen Aufsatz KURT NOWAKS [in: Wiss. Zschr. Karl-Marx-Univ. Leipzig, Ges.-u. Sprachwiss. R. 30/1981, 584–596] gestützt. Der Leipziger Kirchenhistoriker hatte darin die historiographischen Konzepte SCHOLDERS, des Bonhoeffer-Biographen EBERHARD BETHGE und seines Lehrers KURT MEIER einem kritischen Vergleich unterzogen, wobei er seinerseits auf die

Kirchengeschichte zwischen Bekenntnis und Ideologie

Kritik GRESCHATS, HANFRIED MÜLLERS (Ost-Berlin) und DIETHER KOCHS [in: JK 40 (1979), 419–426] an SCHOLDER verwies. „Scholders Sicht der kirchenpolitischen Ereignisse von 1933 ist bestimmt von der Vorgabe der Wort-Gottes-Theologie. Sie läßt ihn unerbittlich Gericht halten über all jene theologischen und kirchenpolitischen Gruppen und Konzeptionen, die nicht ihrem Reindestillat folgen: von den Deutschen Christen (die ein solches und anderes Gericht in der Tat verdienen) über die jungreformatorische Bewegung und das konfessionelle Luthertum bis hin zu den religiösen Sozialisten (die den Scholderschen Gerichtsspruch nicht verdienen). Der besondere Zorn des ... Autors gilt dem Schreckgespenst einer ‚politischen Theologie'... Hier waltet wahrlich ‚kompromißlose Einseitigkeit'" [NOWAK, aaO., 589]. Durch seinen Verzicht „auf die traditionelle bekenntnishistoriographische Vorgabe einer besonderen theologischen Effizienz und quasi absoluten Verbindlichkeit der bekenntniskirchlichen Theologie barmenianischer Prägung" mache MEIER dagegen „den Blick frei für die Effizienz auch anderer theologischer Konzeptionen, vom religiösen Sozialismus und theologischen Liberalismus bis hin zum Konfessionsluthertum [...] Anders als Bethge, dessen humanitärer Widerstandsbegriff sein Pathos im Nein gegen Unmenschlichkeit an sich hat und deshalb in metahistorischen Rigorismus abzugleiten droht, der Geschichte zum Lernfeld gegenwärtiger politisch-ethischer Bewährung verkürzt, bleibt MEIER ständig auf dem Boden der Frage nach dem realgeschichtlichen Ziel von Widerstand, das nicht in ethischen Appellen an die Nachgeborenen allein aufgehen kann. In der Bestimmung dieser Zielperspektive zieht MEIER die Epochengrundrichtung auf Sozialismus hin aus" [591 f.].

Die Kontroverse WILHELM NIEMÖLLER – KURT MEIER

WILHELM NIEMÖLLER, der Historiograph der Bekennenden Kirche, urteilte dagegen 1977 in einem Rundbrief über MEIERS Werk „Der evangelische Kirchenkampf": „Ein Gipfel von Ignoranz, Arroganz, Unfähigkeit" und versandte seinen Verriß an Kollegen in Ost und West. Zahlreiche sachliche Fehler, gravierende methodische Mängel, völlig einseitige Quellenauswahl und die Unterschlagung zentraler Persönlichkeiten, ja „unerhörte Ahnungslosigkeit" [JK 38 (1977), 414] meinte der Rezensent feststellen zu können. Die darauf folgende Replik MEIERS und NIEMÖLLERS Rückantwort zeigten, daß eine Verständigung nicht möglich war [JK 38 (1977), 599 ff.].

Kontroverse SCHOLDER – REPGEN

Die auch schon von KARL DIETRICH BRACHER aufgeworfene Frage, ob die Zustimmung des Zentrums zum Ermächtigungsgesetz am 24. März 1933 im unmittelbaren Zusammenhang mit den Anfang April begonnenen Verhandlungen über das vom Vatikan lang ersehnte Konkordat stand, nahm SCHOLDER [340: 1977] auf und erfuhr scharfen Wider-

spruch u. a. durch K. REPGEN [vgl. K. O. VON ARETIN, Einleitende Vorbemerkungen zur Kontroverse Scholder-Repgen, in 207: K. SCHOLDER, 1988, 171–174], der keinen Zusammenhang zwischen beiden Ereignissen sah. [Vgl. jetzt: J. CORNWELL, Pius XII., München 1999, 184 f.]
Im Sommer 1983 war unter den Herausgebern der Zeitschrift „Evangelische Theologie" [vgl. 475: EvTh 44 (1984), 193–205] eine Auseinandersetzung ausgebrochen, die sich seit langem angebahnt hatte. Der Berliner Theologe HELMUT GOLLWITZER, wie BETHGE dem „entschiedenen" Flügel der Bekennenden Kirche zugehörig, hatte unter Berufung auf die Gründer des Blattes eine klare „Linksorientierung" [aaO., 195] gefordert, um sich den „Herausforderungen der Gegenwart" zu stellen. „Eine Zeitschrift, die nicht Partei ergreift in der heutigen Rüstungsfrage, gegen Apartheid, gegen die Ermordung Nicaraguas und die Ausplünderung Lateinamerikas durch die USA-Politik, für eine gründliche Aufarbeitung der christlichen Schuld an den Juden, gegen das Bündnis von Kirche und kapitalistischer Wirtschaft, für eine Wende in der Erdzerstörung durch den Industrialismus [...] hätten sie [nämlich die Zeitschriftengründer und Theologen Karl Barth, Hans Joachim Iwand sowie der verantwortliche Herausgeber der Zeitschrift von 1934 bis 1971, Ernst Wolf] nicht als ihre Zeitschrift angesehen" [aaO., 194]. An dem „Darmstädter Wort" von 1947, dem Bruderschaftswort zur Atomwaffenfrage von 1958 und der Gründung der „Prager Christlichen Friedenskonferenz" von 1958, an allen diesen von der Richtung her klaren Worten und Einrichtungen hätten Gründerväter der Zeitschrift „Evangelische Theologie" mitgewirkt. So wie GOLLWITZER stellvertretend für andere zugunsten einer „linksprotestantischen" Option votierte, engegnete SCHOLDER für jene Gruppe, die an den Einsichten der „Barmer Theologischen Erklärung" [BTE] von 1934 festhalten wollte: „Muß denn der deutsche Protestantismus von Generation zu Generation neu alle Irrtümer, Sünden und Fehler der Väter wiederholen?" [196]. In seiner Argumentation berief er sich auf Asmussens authentische Interpretation der BTE, in der es heißt, es sei „nur ein relativer Unterschied, ob man neben der Heiligen Schrift in der Kirche geschichtliche Ereignisse oder aber die Vernunft, die Kultur, das ästhetische Empfinden, den Fortschritt oder andere Mächte und Größen als bindende Ansprüche an die Kirche nennt" [201]. GOLLWITZER entgegnete SCHOLDER, dieser könne die „linksprotestantische" Tendenz bei Karl Barth und Ernst Wolf nicht wahrnehmen, „weil Sie [scil. Scholder] fixiert sind auf die Gleichsetzung von rechts und links, auf die Gleichsetzung von Deutschen Christen und Religiösen Sozialisten, die Ihnen in gleicher Weise außengeleitete ideologische Abirrungen zu sein

Die Kontroverse SCHOLDER – GOLLWITZER

scheinen [205]." Weil er politisch anders denke als die „Väter" der „Evangelischen Theologie", „dogmatisiere" Scholder einen einzigen theologischen Moment Barths, nämlich die Jahre 1933/34. Er, GOLLWITZER, habe „immer wieder beobachtet, daß hinter einem scheinbaren theologischen Dissens der politische Dissens das eigentliche Motiv gewesen ist" [205]. SCHOLDER dagegen ordnete GOLLWITZERS Position so ein: „Ich fürchte, das linksprotestantische Gewand, das Sie uns allen [...] umhängen wollen, erweist sich bei genauerem Zusehen als der gute alte deutsche National- und Kulturprotestantismus – nur eben modisch auf links gewendet" [201].

Die Kontroverse WOLFGANG SCHWEITZER – HANS PROLINGHEUER

1988 setzte sich WOLFGANG SCHWEITZER mit den Arbeiten HANS PROLINGHEUERS auseinander [467: JK 49 (1988), 253–262], der die Bekennende Kirche auf eine Linie mit den Deutschen Christen gebracht hatte. Unter Berufung u. a. auf KARL HERBERT [in 423: BECKMANN, 1983, 127 ff.] wollte demgegenüber SCHWEITZER daran festhalten, daß bei allem Versagen und entgegen eigenen Absichten die Bekennende Kirche doch auch eine politisch oppositionelle Rolle gespielt habe. Darauf antwortete PROLINGHEUER mit einer scharfen Kritik an den wissenschaftspolitischen Verhältnissen in der EKD. Lutheraner und „Dahlemiten" hätten sich „die Verklärung zum politischen Widerstandskämpfer" gerne gefallen lassen. „Dies und eine geschickt betriebene Personalpolitik führten zur Duldung kirchenhistorischer Lügen und Legenden, die zu wissenschaftlichen Lehrsätzen aufgeblasen und durch etliche Dissertationen und Habilitationsschriften gestützt wurden. Zum Teil kirchlich subventionierte Verlage investierten eine Menge Kapital, so daß die kirchenhistorischen Wahrheiten des ‚Darmstädter Wortes' unter gewaltigen BK- und ‚Kirchenkampf'-Bibliotheken erstickten." [462: JK 49 (1988), 554 f.]. Für PROLINGHEUER begann die „evangelische[.] Kirchenkampfgeschichte" mit der Trennung von Staat und Kirche 1919, und sie fand 1969 „durch die Gründung des Bundes der Evangelischen Kirchen in der DDR und mit dem politischen ‚Machtwechsel' in der BRD [...] einen vorläufigen Abschluß" [aaO., 556 f.]. Dieser Interpretationsansatz konvergiert mit dem der offiziellen DDR-Kommission zur Herstellung eines „Kompendiums für

G. WENDEBORN

Neuere und Neueste Kirchengeschichte", dessen von GERT WENDELBORN bearbeiteter Band für die Jahre 1958–1969 [441] ebenfalls 1988 erschien. In dieser Phase, so der Autor, bedurfte es einer „Neubesinnung der Kirchen", weil sich einerseits der „sozialistische Charakter des Staatswesens in der DDR ... immer deutlicher entfaltete", während sich „die BRD zu einer der imperialistischen Hauptmächte" profilierte [aaO., 6]. Angesichts dieser Entwicklung mußte es zum „Zusammenbruch der Funktionsfähigkeit der gesellschaftsübergreifenden kirchlichen Zusammenschlüsse" kommen. Freilich konnte die organisatorische Verselbständigung der DDR-Kirchen 1969 nicht schon das Ziel der Entwicklung darstellen, sondern nur eine wichtige Voraussetzung. Obwohl in diesem Zusammenhang der Begriff „Kirchenkampf" nicht gebraucht wird, sieht auch Wendelborn in der Trennung von 1969 eine theologisch-politische Zäsur. Sie wurde möglich durch konsequentes „Neudurchdenken des Problems rechter christlicher Existenz in einer sozialistischen Gesellschaft. Dieser positive Prozeß wurde wesentlich begünstigt durch den Reifungsprozeß marxistischer Bündnispolitik, der seinerseits ... durch die sukzessive Durchsetzung einer internationalen Respektierung der souveränen Staatlichkeit der DDR gefördert wurde" [aaO., 7]. Weitere Etappen auf dem „Nach-Kirchenkampf-Weg" waren dann die Selbstbestimmung der DDR-Kirchen als „einer Zeugnis- und Dienstgemeinschaft, als einer Kirche für andere und als Kirche im Sozialismus" [aaO., 104].

In einem GOLLWITZER gewidmeten Aufsatz „Zur Methode kirchlicher Zeitgeschichtsforschung" [456: EvTh 48 (1988), 508–521] forderte JOACHIM MEHLHAUSEN eine „interdisziplinäre Reflexion" [517] des von KURT MEIER festgestellten „Konzeptionspluralismus" [457: Neuere Konzeptionen der Kirchenkampfhistoriographie, ZKiG 99 (1988), 63–86]. Unter Berufung auf die Herausgeber des gerade gegründeten Jahrbuchs „Konfession und Gesellschaft" [KoGe], NOWAK, GRESCHAT, ANSELM DOERING-MANTEUFFEL und JOCHEN-CHRISTOPH KAISER, und gegen die Einleitung des ersten Heftes der ebenfalls 1988 erstmals erschienenen Halbjahresschrift „Kirchliche Zeitgeschichte" [KZG, vgl. die Kritik KAISERS schon am 1. Heft, in 153: ders., 1989, 454] postulierte MEHLHAUSEN, kirchliche Zeitgeschichte müsse „neben ihrem besonderen kirchlichen Auftrag ihre gesamtgesellschaftliche Mitverantwortung als den zweiten Brennpunkt einer Ellipse erkennen, die von dem ihr vorgegebenen historischen Material gebildet wird. Hier handelt es sich immer noch um dieselbe ‚doppelte Aufgabe' des modernen Kirchenhistorikers, die Ernst Troeltsch 1911 klassisch beschrieben hat... Kirchliche Zeitgeschichtsforschung muß sich – gerade um ihres *kirchlichen* Auftrags willen! – als integralen Bestandteil der allgemeinen Geschichtswissenschaft verstehen... Es gibt gerade theologisch überzeugende Gründe dafür, daß sich die kirchliche Zeitgeschichtsforschung nicht *neben*, sondern *in* unserer Gesellschaft und deren Reflexionswissenschaften ihr besonderes Arbeitsfeld zu suchen hat. Die kirchliche Relevanz der Zeitgeschichtsforschung steht und fällt mit deren konkretem Gesellschaftsbezug" [aaO., 517 f.]. MEHLHAUSENS kaum

Fügt sich Kirchliche Zeitgeschichte dem Programm Ernst Troeltschs?

verhüllte Entscheidung zugunsten der kulturprotestantischen Perspektive enthielt keine Aufnahme und Widerlegung der schon in den 20er Jahren geäußerten Kritik an dieser Position. In einem „diskursiven Versuch" bemühten sich demgegenüber BESIER/ULRICH [442: EvTh 51 (1991), 169–182] um eine Bestimmung der Aufgaben kirchlicher Zeitgeschichte als einer historisch-theologischen Erkundung des diese Zeit Bestimmenden „in der Verkündigung der Kirche, in ihrem ausgesprochenen Glauben, in der Hoffnung, im Bekenntnis [...]. Dieses Bestimmende in seiner ganzen politischen Erstreckung läßt das andere Bestimmende sehen: das, was die Zeiten nicht von Gottes Zukunft, sondern von der Verführbarkeit des Menschen geprägt sein läßt..." [aaO., 178; vgl. auch 463: RINGSHAUSEN/ULRICH, in: KZG 5 (1992), 94–98].

Es geht dabei nicht um die Wiederbelebung eines heilsgeschichtlichen Konzeptes [gegen BLESSING, in 444: DOERING-MANTEUFFEL/NOWAK, 1996, 14–32; NOWAK, aaO., 64 f.; vgl. dazu auch RINGSHAUSEN, in: KZG 10 (1997), 206–208].

Historiographische und theologische Prämissen

Während in der allgemeinen Zeitgeschichte zuweilen eine Frontstellung zwischen einigen traditionellen Historiographen [NOLTE, HILLGRUBER, HILDEBRAND, STÜRMER, SCHÖLLGEN] und den kritischen Sozialhistorikern [WEHLER, KOCKA, W. J. MOMMSEN u. a.] zu beobachten ist, die sich – auch aufgrund ihrer wissenschaftstheoretischen Voraussetzungen – im sog. „Historikerstreit" exemplarisch entladen hat, tritt in der *kirchlichen* Zeitgeschichte zu den historiographischen Differenzen eine Bindung an unterschiedliche theologische Standorte hinzu, wobei die Kombination zwischen historischer und theologischer Argumentationsform durchaus nicht zufällig ist. Im Denkgefälle Ernst Troeltschs gelangt die Kulturtheologie ganz zwanglos in gesellschaftsgeschichtliche Gefilde [vgl. 117: BESIER, 1992, 208 ff.]. Wer von der Wort-Gottes-Theologie herkommt, urteilt über das Verhältnis von Theologie und Zeitgeschichte anders. „Die dialektischen Theologen haben ... sehr sorgfältig darauf geachtet, daß sie mit theologischen Gründen in ihre Zeit hinein zu sprechen hatten und sich dabei nicht durch eine Situationsanalyse leiten lassen durften. Sie waren souverän, geradezu rücksichtslos im Blick auf ihre eigene Zeitgemäßheit oder Unzeitgemäßheit, unbefangen, schlicht, man kann auch sagen: naiv – bei aller Wachheit in der Beobachtung der Zeitgeschichte und der Wahrnehmung dessen, was hier zu tun und zu lassen sei. Weil sie aber ihre theologischen Einsichten nicht aus dieser Beobachtung und Wahrnehmung ableiteten, waren sie frei und sensibel für Fragen und Aufgaben, die im Starren auf den ‚Geist der Zeit' leicht übersehen wurden" [464: SAUTER, 1995, 155 f.].

2. Probleme, Arbeitsschwerpunkte und Desiderate

Für die Kirchen und ihre Zeitgeschichtsschreibung verbinden sich konzeptionelle Fragen mit theologie- und kirchenpolitischen. Selbst sehr kritische historisch-theologische Urteile über das Verhalten evangelischer Kirchenführer während der NS-Zeit waren durch „Selbstreinigung" und Austausch der Eliten an der Kirchenspitze sowie durch eine legendenbildende BK-Geschichtsschreibung gewissermaßen abgedeckt gewesen. Doch angesichts der neuerlichen Kollaboration mit einer Diktatur – Extremvarianten aus dem Bereich der Kulturtheologie in Leipzig (HANS MORITZ, KURT MEIER u. a.) wie der links orientierten „Barthianischen" Theologie in Ost-Berlin (HANFRIED MÜLLER, HEINRICH FINK u. a.) eingeschlossen – führte allein der Entschluß zur „Anspruchsminderung" [so POLLACK, in: ZdZ 43 (1989), 6–14; vgl. ders., in: LM 30 (1991), 213–215] an theologisch-politischen Konsequenzen mit grundstürzender Bedeutung für die Institution Kirche vorbei. Reflexionen der Enquete-Kommission des Deutschen Bundestages zu „Aufarbeitung von Geschichte und Folgen der SED-Diktatur in Deutschland" vor dem Hintergrund der Barmer Theologischen Erklärung [vgl. 405: Materialien der Enquete-Kommission, Bd. 1, 1995, 496–558, bes. 502 f.] und Erinnerungen an die Stuttgarter Schulderklärung trafen auf heftige Zurückweisung [vgl. HENKYS, in: EK 27 (1994), 450–453] und führten zum Vorwurf der Moralisierung. Hatte angesichts der Zerfaserung der Volkskirche die kulturtheologische Pluralismus-Konzeption [vgl. z. B. GRAF, in: LM 27 (1988), 57–61] schon entlastend gewirkt, so wurde nun „Kirche im Pluralismus" [vgl. E. JÜNGEL, in 427: T. RENDTORFF, 1993, 311–350] über die besorgten theologischen Schulen hinweg zur allseits akzeptierten, wenn auch höchst unterschiedlich definierten, ekklesiologischen Einigungsformel. Vorbereitet war diese Option bereits durch einschlägige EKD-Studien wie „Christsein gestalten" [75: 1986; vgl. 116: BESIER, 1994, II, 42–56; M. WELKER, Kirche ohne Kurs, Neukirchen-Vluyn 1987].

„Kontextuelle Theologie", eine Formulierung, die Mitte der 60er Jahre weltweit in Umlauf kam, will zum Ausdruck bringen, daß sich solche Theologien „auf den Boden der Gegebenheiten" [465: SAUTER, 1998, 325] stellen und damit die „konkreten Herausforderungen" politischer, ökonomischer und sozialer Art annehmen. Soweit man die unterschiedlichen soziokulturellen Kontexte zur theologisch begründenden Erklärung des Sachverhalts erhob, warum Kirche in verschiedenen Weltregionen, aber auch in beiden deutschen Staaten, Unterschiedliches dachte, sagte und tat, verirrte man sich in die Gefilde „natürlicher Theologie". Der „Deutschen Theologie" der 30er Jahre nicht unähnlich, kam es in den 70er und 80er Jahren ansatzweise zum

Kirchenpolitik als Geschichtspolitik

Kontextualität als eine Form „natürlicher Theologie"?

Konstrukt einer „Sozialistischen" bzw. „Kapitalistischen" Theologie [vgl. 466: SAUTER, in: HAUSCHILDT, 1989, 64–95]. Wenn der jeweilige „Kontext" [affirmativ PLANER-FRIEDRICH] und „Zeitgeist" – nicht zufällig im Zeitalter der Aufklärung positiv, heute meist pejorativ verwendet [vgl. 445: EBELING, in: ZThK 87 (1990), 185–205] –, wenn die zeitgeschichtlichen Umstände also zum maßgebenden Interpretationsrahmen dessen werden, was Kirche in einer bestimmten Epoche hat sagen und tun können, dann muß das Verhältnis von Modus und sachlicher Mitte als ekklesiologisches Problem neu thematisiert werden [vgl. 117: BESIER, 1992, 213 ff.]. „Theologen sind in dem, was sie sagen, fraglos *auch* zeitbedingt, d.h. ihr Denken und Reden steht unter geschichtlichen und näherhin kulturellen, gesellschaftlichen und politischen Rahmenbedingungen, unter denen sie sich mit anderen verständigen. Alles dies *erklärt* aber keineswegs begründend, was theologisch unter allen Umständen zu sagen ist, weil es in der Verantwortung vor Gott gesagt werden muß" [464: SAUTER, 1995, 151]. „Kontextuelle Theologien" können zum entscheidenden hermeneutischen Schlüssel für eine bestimmte Sicht vergangener Ereignisse und so zur Grundlage einer kontextergebenen Kirchengeschichtsschreibung werden: Soziokulturelle Umstände bilden die Bestimmungsgröße für kirchliches Handeln in Gegenwart und Vergangenheit. Kirche und Theologie erscheinen in solchen Abhandlungen als bloße Funktion ihres jeweiligen Kontextes. „... als Rede mit einer spezifischen Verpflichtung zu wahrheitsfähigen Aussagen" wird Theologie dann „im Grunde überflüssig" [aaO., 331].

Verzicht auf historisch-theologische Urteilsbildung?

Das Abrücken von der historisch-theologischen Urteilsbildung zugunsten einer Historisierung, die Fragen nach der kirchlichen Verkündigung, Bekenntnistreue und Schuld der Christen vor Gott und den Menschen [vgl. 442: BESIER/ULRICH, 1991, 172] nur noch als unsachgemäße „Moralisierung" begreifen kann, beschränkt sich nicht allein auf aktuelle Konstellationen. Sie wirkt auch auf frühere, politisch „relevante" Epochen zurück und relativiert im Interesse eines anthropologischen Fatalismus die schon einmal – etwa in der Historiographie des Kirchenkampfes – gewonnenen theologischen Urteilskriterien. Bei der Bewertung des „Dritten Reiches" fällt beispielsweise auf, daß seit Anfang der 90er Jahre Personen der (kirchlichen) Zeitgeschichte eine Umbewertung erfahren, die weniger auf neuen Dokumenten als auf einer veränderten Perspektive beruht [vgl. z.B. 276: FAULENBACH, Oberheid, 1992; 329: A. RINNEN, Leffler, 1995; 164: R.-U. KUNZE, Theodor Hekkel, 1997; vgl. unten, 96 f.]. Diese Re-Perspektivierung ist wohl nicht motiviert, aber ermöglicht durch eine Renaissance von Liberalismus

2. Probleme, Arbeitsschwerpunkte und Desiderate

und Historismus. „Liberalism, now better known as revisionism, held reign during the late 1970s and 1980s in mainline ecclesial and academic circles ... if all our criteria for truth are intrahistorical, how can there be any final or universal basis for judging the thruth claims of another religion or another culture?" [459: PHILLIPS/OKHOLM, 1996, 10]. Insofern entziehen sich auch die Deutsch-Christlichen Bewegungen wie sonstige politische Religionen einer definitiven historisch-theologischen Urteilsbildung.

Eine theologisch angemessene, „postliberale" Methodologie kann dagegen nicht die jeweils zeitgenössischen Umstände zum Maßstab dessen machen, wie eine „Story" kirchenhistorisch zu bewerten ist. Diese ist vielmehr daraufhin zu befragen, inwieweit sie im Zuge der Geschichte Gottes mit der Menschheit zu erzählen ist und insofern „Vorbereitungen auf die erhoffte Zukunft hin" [454: LINDBECK, 1994, 183] enthält. „Die erstere Vorgehensweise macht es leichter, sich gegenwärtigen Entwicklungen anzupassen, gleich ob von links oder von rechts: christliche Mitläufer sowohl des Nationalsozialismus als auch des Stalinismus haben im allgemeinen die liberale Methodologie angewandt, um ihre Positionen zu rechtfertigen... Der Postliberalismus neigt methodologisch weder zum Traditionalismus noch zum Progressivismus, jedoch kann sein Widerstand gegenüber modischen Strömungen, gegenwärtigen Erfahrungen Offenbarungsqualität beizumessen, oftmals in einer konservativen Haltung resultieren" [aaO., 184]. Auch STANLEY HAUERWAS, der „‚Letztbegründungsgegner' im Sinne der Postmoderne" [449: Selig sind die Friedfertigen, 1995], meint, die Welt könne „nur dann wahrhaftig erkannt werden..., wenn sie von der ‚Kirche' erzählt wird... Die Kirche ist und muß eine ‚Gemeinschaft des moralischen Diskurses' sein – das heißt eine Gemeinschaft, die eine strenge Analyse der Implikationen ihrer Verpflichtungen über die Generationen hinweg aufrechterhält..." Die von LINDBECK postulierte „intratextuelle Theologie" [454: Christliche Lehre als Grammatik des Glaubens, 1994] impliziert eine Historiographie der Kirche von ihrer Innenseite her, ohne sich über außerkirchliche Beschreibungen dem Gegenstand der Betrachtung nähern zu wollen. Es kann nicht verwundern, daß diese aus liberaler Perspektive nur „tote Orthodoxie", aus der „eine sektiererische Ghetto-Mentalität entstehen" [H.-M. BARTH, in: NZSTh 39 (1997), 27–41, hier: 34] könne, in den USA dazu geführt hat, „Evangelicals and Postliberals in Conversation" [459: PHILLIPS/ OKHOLM, 1996] miteinander zu bringen. „...the scriptural world structures the church's cosmos and identity ... the biblical narrative forms the cultural-linguistic world for the church" [aaO., 12].

Liberale Christentumsgeschichte versus „postliberale" Kirchengeschichte?

Ganz im Sinne von LINDBECK und HAUERWAS gibt es auch für HEINZPETER HEMPELMANN eine intratextuelle „Erkenntnis aus Glauben" [452: KZG 10 (1997), 263 ff.], die sich dem Christen als übergeordnete Perspektive zur Einordnung und Wahrnehmung von Weltwirklichkeit aufdrängt. Für die kirchenhistorische Betrachtung stellt sich aus diesem Blickwinkel vor allem die theologische Frage, was Kirche gewesen ist, nicht so sehr die religionssoziologische, welche Funktion sie im gesellschaftlichen Leben ihrer Zeit besaß. In der funktionalen Perspektive fragt der Historiograph nach den „Handlungsspielräumen" einer Institution, ob und wie sie genutzt wurden. Für die protestantische Kirchengeschichtsschreibung zumal tritt die Institution ganz hinter die Sache zurück, für die jene lediglich ein Organisationsmittel bildet. Ganz im Vordergrund steht dagegen die Frage nach der Treue der christlichen Gemeinde zu ihrem Auftrag der Verkündigung des Evangeliums.

Marginalisierung theologischer Maßstäbe

Marginalisierungen theologischer Maßstäbe gab es schon vor der „Wende". KAISER stellte im Frühjahr 1989 die rhetorische „Frage, ob der von manchen Kirchenhistorikern neuerdings vorgenommene Rekurs auf dezidiert theologische Voraussetzungen von Resistenz und Opposition, die dann mit älteren Positionen (,Aufstand des Gewissens') in Verbindung gebracht werden, nicht wieder in eine forschungspolitische Sackgasse führt, welcher die kirchliche Zeitgeschichte seit einigen Jahren erfolgreich zu entrinnen sucht. Wer die – unfreiwillig politische Qualität annehmende – Haltung der Bekennenden Kirche, ihrer Mitglieder und Exponenten im Kirchenkampf nur daraufhin untersuchen will, ob dort ,eine sittlich-moralische Verpflichtung sichtbar wird, die jenseits materialer Kosten-Nutzen-Rechnungen auf genuin christlichen Maximen basiert', muß das Handeln der Inneren Mission zwischen 1933 und 1945 bis auf verschwindende Ausnahmen als staatskonform, angepaßt und loyal bis zum bittern Ende qualifizieren" [153: 1989, 455]. Diese Konsequenz will KAISER, dessen Position aus theologischer Sicht denn auch Kritik erfahren hat [LAUTERER, in: KZG 3 (1990), 511–513; 306: dies., 1994], unbedingt vermeiden. Darum hebt er „das Verdienst der ,Leipziger Schule' kirchlicher Zeitgeschichtsforschung um Kurt Meier und Kurt Nowak" hervor, „diese Perspektivverengung durch Einbeziehen zum Widerstand überhaupt erst befähigender volkskirchlicher Strukturen überwunden zu haben" [153: KAISER, 1989, 456]. Vor dem Hintergrund des Endes der zweiten deutschen Diktatur haben sich die Mehrheitsverhältnisse zugunsten dieser Perspektive geändert. So konstatiert KAISER [in 444: DOERING-MANTEUFFEL/NOWAK, 1996, 127]: „Die Gegner einer allzu ,engen' bekenntniskirchlichen resp. ,dahlemitischen Deutung' bilden

2. Probleme, Arbeitsschwerpunkte und Desiderate

inzwischen die Mehrheit..." Natürlich führt er den Windwechsel nicht auf die politische Aktualisierung des kirchenhistorischen Problems, sondern auf den Sieg der „Fachforschung" zurück. Die KoGe-Herausgeber scheinen zu übersehen, daß auch ihr Ansatz charakteristische Verengungen und implizite Vorannahmen ausweist [vgl. 444: DOERING-MANTEUFFEL/NOWAK, 1996]. „Den ‚inneren Gegenstandsbezug' der Theologie, den das Vorwort [aaO., 10] fordert, hat GRESCHAT auf ethisch-politische Grundwerte verkürzt und NOWAK in Religionsgeschichte aufgehoben" [RINGSHAUSEN, in: KZG 10 (1997), 207]. Dem Verzicht auf theologische Urteilsbildung als integrativem Bestandteil kirchlicher Zeitgeschichtsschreibung können jene nicht folgen, die das Fach als theologische Disziplin betrachten [vgl. auch 468: SIEGELE-WENSCHKEWITZ, in: EvTh 51 (1991), 155–168]. Im Unterschied zu den Herausgebern ist den KoGe-„Gast"-Beiträgern ANDREAS HOLZEM [in 444: DOERING-MANTEUFFEL/NOWAK, 1996, 180–202] und DAVID J. DIEPHOUSE [aaO., 230–247] das Problem der vorausliegenden Basissätze sehr wohl deutlich. Die von ihnen ebenfalls thematisierte Frage ist zu vertiefen, „wie Gegenstandsangemessenheit von bestimmten Prämissen zu bestimmen und methodologisch zu entfalten ist" [RINGSHAUSEN, in: KZG 10 (1997), 208]. Dies setzte freilich voraus, daß zuvor der – je nach Fragestellung unterschiedliche – Gegenstandsbereich und sein Interpretationsrahmen eindeutig bestimmt werden. Diese Bestimmungen sind für die kirchliche Zeitgeschichte durch die „intratextuellen Standpunkte und Lebensformen" der Religionsgemeinschaft vorgegeben, deren Geschichte erzählt wird. „... anstatt homogenisierenden Tendenzen nachzugeben, die in Verbindung mit dem erfahrungsorientierten Expressivismus stehen" [454: LINDBECK, 1994, 187; vgl. auch 450: HAUERWAS, in: M. BEINTKER u.a., 1995, 274–292], sollte kirchliche Zeitgeschichte die in der Vorstellungswelt ihres Gegenstandes begründete Einzigartigkeit und Integrität bewahren. Dieses Konzept geht von einem Kollaps der aufklärerischen Grundlagen moderner Theologie und ihres Kirchenverständnisses aus, der die Theologie des protestantischen Liberalismus grundsätzlich in Frage stellt [459: PHILLIPS/OKHOLM, 1996, 165]. „In the past two hundred years, many liberals have sold out under the influence of modernity. What unites such diverse thinkers as Rudolf Bultmann, Paul Tillich, ... and Karl Rahner? Accommodation to modernity. This underlying motif unites the seemingly vast differences between many forms of existential theology, process theology, liberation theology, and demythologization – all are searching for more compatible adjustment to modernity." [458: ODEN, 1992, 195].

2.2 Biographien, Autobiographien und Oral History

Theoretische Grundlagen Am Wiederaufleben des Biographischen und Autobiographischen [vgl. 109: J. JESSEN, 1984] partizipiert auch die kirchliche Zeitgeschichtsforschung, ohne daß freilich die neueren Theoriediskurse innerhalb und außerhalb der Disziplin Theologie [vgl. z. B. 472: VOGES, 1987; 453: JÜTTEMANN/THOMAE, 1987; 469: SPARN, 1990; 446: A. GESTRICH u.a., 1988; 448: HÄRLE/PREUL, 1990; 447: GREMMELS/PFEIFER, 1983; 451: A. HEITMANN, 1994] merklich in die historiographische Arbeit einfließen. Christliche Biographik als Spezialfall kirchlicher Historik ist ein noch wenig beackertes Feld. Eine quantitative Lebenslaufforschung – der Versuch, das Typische aus den Biographien Vieler als Kollektivbiographie herauszudestillieren – wäre ebenso interessant wie das Umgekehrte: Aus den typisierten, kulturspezifischen Biographie-Konzepten durch vergleichende Verfahren das unverwechselbar Individuelle hervortreten zu lassen.

Biographische Sammelwerke In den meisten biographischen Sammelwerken werden einleitende biographietheoretische Überlegungen im engeren Sinne kaum angestellt. Nicht immer erscheint die Auswahl der Behandelten plausibel. Anscheinend blieb es auch den einzelnen Autoren überlassen, das Verhältnis von Theologischem und Historiographischem jeweils für ihre „Person der Zeitgeschichte" auszuloten bzw. das sachtheologische mit dem lebensgeschichtlichen Interesse in der Darstellung so zu verknüpfen, daß der Mensch und Theologe in seiner Zeit klare Konturen erhält. Das gilt sowohl für die „Protestantische(n) Profile" [208: 1983] von SCHOLDER/KLEINMANN wie für M. GRESCHATS „Gestalten der Kirchengeschichte" [137: 1985]. Nicht anders verhält es sich mit den unter regionalen, epochalen oder konfessionellen Gesichtspunkten zusammengestellten Porträts. Die von G. HEINRICH herausgegebenen Berlinischen Theologen-Lebensbilder [145: 1990] weisen für das 20. Jahrhundert acht Repräsentanten protestantischer, katholischer und jüdischer Konfession auf, die eine historiographisch höchst heterogene Behandlung erfahren. 1990 gab WOLFGANG HUBER „Positionen und Profile im Nachkriegsdeutschland" [381] heraus – neun evangelische Politiker und Theologen, die das demokratische Gesicht der frühen Bundesrepublik mitprägten. R. LÄCHELE und J. THIERFELDER [305: 1998] konzentrierten sich auf Theologen und kirchliche Persönlichkeiten der württembergischen Landeskirche im Nationalsozialismus. Dabei haben sie Repräsentanten des gesamten kirchenpolitischen Spektrums von Deutscher Glaubensbewegung bis Kirchlich-Theologische Sozietät ausgewählt. Die von W.-D. HAUSCHILD herausgegebenen „Profile des

2. Probleme, Arbeitsschwerpunkte und Desiderate

Luthertums" [143: 1998] suchen die Konzentration im Konfessionellen, ohne sich auf Persönlichkeiten zu beschränken, die auf dem Territorium einer der lutherischen Landeskirchen wirkten.

Seit der bahnbrechenden Bonhoeffer-Biographie EBERHARD BETH-   Dietrich Bonhoeffer
GES von 1967 [120: ^{6}1989], die in mustergültiger Weise lebensgeschichtliche, zeitgeschichtliche und theologische Perspektiven miteinander verband, sind zahlreiche Biographien über Theologen und kirchenleitende Persönlichkeiten, ergänzt um kritisch edierte Werk- und Briefausgaben, erschienen. 1993 wurden die Briefe von Maria v. Wedemeyer an ihren Verlobten Bonhoeffer (1943–1945) publiziert [38: R.-A. v. BISMARCK/U. KABITZ, 1993]. Zwischen 1986 und 1998 erschien die kritisch kommentierte Bonhoeffer-Werkausgabe in 17 Bden. [37: Dietrich Bonhoeffer Werke (DBW), hrsg. von EBERHARD BETHGE u. a.], erweitert um einen Ergänzungsband – Kirchenkampf-Briefe von Gerhard Vibrans aus seinem Familien- und Freundeskreis und von Dietrich Bonhoeffer [37: hrsg. von D. ANDERSEN u. a., 1995]. EDWIN H. ROBERTSON, Herausgeber von Bethges Gesammelten Bonhoeffer-Schriften [London: SCM Press] und Mitübersetzer von dessen Bonhoeffer-Biographie ins Englische, legte 1989 selbst ein populärwissenschaftliches Lebensbild Bonhoeffers [197] vor. Motiviert durch Bonhoeffers Rolle im Widerstand, stimuliert durch Bonhoeffer-Gesellschaften und nicht zuletzt aufgrund der kontroversen Bonhoeffer-Rezeption in der DDR [vgl. KRÖTKE, in: ZEE 37 (1993), 94–105] hat sich ein umfangreiches Schrifttum über diese Zentralgestalt protestantischer Theologie im 20. Jahrhundert und ihr Wirken gebildet, die in die kritische Edition Eingang gefunden hat. Besondere Erwähnung verdienen die Arbeiten von C.-R. MÜLLER über Bonhoeffers Kampf gegen die NS-Politik der Vernichtung der Juden [318: 1990] und C. STROHMS Studie über den Einfluß Hans von Dohnanyis und Gerhard Leibholz' auf Bonhoeffers kirchenpolitische und politisch-ethische Urteilsbildung [348: 1989].

Den Lebenslauf der anderen prägenden Gestalt evangelischer   Karl Barth
Theologie im 20. Jahrhundert, Karl Barth, hat EBERHARD BUSCH biographisch bearbeitet [126: 1978]. H. PROLINGHEUER [193] dokumentierte 1977 detailliert die Vertreibung des Schweizer Theologen aus Deutschland und versah sie mit einem Kommentar. Die Barth-Gesamtausgabe [1] begann sehr viel früher als die Bonhoeffer-Edition, schritt aber viel langsamer voran [bis heute 31 Bde.]. Möglicherweise im falsch verstandenen Interesse des großen Mannes kamen nicht immer alle Einreden und Kritik seiner Freunde zum Abdruck [vgl. z. B. D. KOCH, Offene Briefe 1945–1968, 1984, 401 ff. (in: 1) mit 118: BESIER, 1994, II, 177 f.]. In biographisch-systematisch-theologischem Zugriff

stellte ANNE-KATHRIN FINKE [130: 1995] Barths Kontakte nach Großbritannien und seine Rezeption dort dar. Seine Beziehungen nach Prag dokumentiert der 1995 erschienene Briefwechsel Barths mit J.L. Hromádka und J.B. Souček [12: hrsg. von M. ROHKRÄMER]. 1996 ergänzte Busch seine Biographie durch eine Spezialstudie zu Karl Barths Haltung gegenüber dem Judentum [272]. Gegenüber liberaltheologischer und lutherischer Kritik [vgl. dazu 118: BESIER, 1994, I, 243 ff.], der reformierte Barth habe durch seine totalitären Denkformen und theologischen Deutungsmuster zur Duldung des Antisemitismus beigetragen, sucht BUSCH zu erweisen, daß „Barths Beteiligung am deutschen Kirchenkampf auch auf die Solidarität mit den Juden abziele" [272: 1996, VI]. Über Charlotte von Kirschbaums entscheidende Lebensarbeit an der Seite Karl Barths liegen zwei biographische Studien vor [vgl. 161: KOEBLER, 1987; 216: SELINGER, 1998]. Insgesamt kann man also nicht sagen, daß der breite Strom von Forschungsarbeiten über „Weg und Werk Karl Barths" [vgl. BUSCH, in: ThR 60 (1995), 273–299; 430–470] im Versiegen begriffen ist.

Friedrich Gogarten Die Biographie MATTHIAS KROEGERS über seinen Lehrer Friedrich Gogarten [163: 1997] kann als korrigierende Antwort auf BUSCHS Barth-Biographie gelesen werden. Mit Recht betont KROEGER, daß Karl Barths Römerbrief-Neubearbeitung wesentliche Impulse von Gogartens Wartburg-Vortrag erhalten habe [aaO., 318 f.] und daß erst die „Kirchenkampfentwicklungen" für eine manifeste „Geschichtsverzerrung" im Blick auf Gogartens Bedeutung für die frühe „Dialektische Theologie" sorgten. Tatsächlich wurde der Kreis zum Zeitpunkt seiner Entstehung 1922/23 gleichgewichtig als die Bewegung „um Barth und Gogarten" bezeichnet. Daraus wurde im historischen Rückblick „Barth und seine Mitstreiter". Als Belege für diese „Barth-Monomanie" führt KROEGER u.a. CHRISTOPH SCHWÖBELS Rade-Biographie [213] an, der Gogarten im Kontext seiner Schilderung der Anfänge der dialektischen Theologie völlig ausblende [aaO., 220 ff.], und G. HORNIG, der sich im „Handbuch der Dogmen- und Theologiegeschichte" [148: Bd. 3, 1998, 237 ff.] fast auschließlich an der Darstellung Barths orientiere.

Selbst die Historiographen der Gegner Barths und seiner Theologie führen die Auseinandersetzung etwa zwischen Holl und der „Wort-Gottes-Theologie" nur auf Barth zurück, obwohl Gogarten sie geführt hat [vgl. 226: ASSEL, 1994, 470 und 163: KROEGER, 1997, 324].

Hans Asmussen Über Karl Barths lutherischen Mitstreiter und späteren BK-Antipoden Hans Asmussen hat E. KONUKIEWITZ [300: 1984] eine Biographie verfaßt, die ausführlich auf seine theologischen und kirchenpolitischen Aktivitäten eingeht. Für die Zeit nach 1945 gab KONUKIEWITZ

2. Probleme, Arbeitsschwerpunkte und Desiderate

freilich nur noch Skizzen. Weiter führt hier die stark auf unveröffentlichten Quellen beruhende, allerdings sehr persönlich gefärbte und wenig strukurierte Asmussen-Biographie seines ehemaligen Assistenten WOLFGANG LEHMANN [168: 1988]. Er sieht seine Aufgabe auch darin, Asmussen gegen die Kritik von seiten des entschiedenen BK-Flügels theologisch zu rehabilitieren. In ökumenischer Perspektive vergleicht der katholische Theologe JOSEF AUSSERMAIR das sakramentale Kirchenverständnis Asmussens mit den Konzeptionen Tillichs und Bonhoeffers [112: AUSSERMAIR, Konkretion, 1997].

Zu den ehemals engen Freunden und dann schärfsten Gegnern Asmussens gehörte Martin Niemöller. Nach der mehr populären Biographie von DIETMAR SCHMIDT [205: 1959; ²1960; NA 1983] legte JÜRGEN SCHMIDT [336: 1971] eine wissenschaftliche Teilbiographie vor. 1985 folgte die deutsche Übersetzung der britischen Niemöller-Biographie von J. BENTLEY [115]. Neben Befragungen von Zeitzeugen und der Auswertung der Literatur zog BENTLEY auch unveröffentlichte Dokumente aus deutschen und britischen Archiven (Lambeth Palace Library, London) heran, was aufgrund der etwas sparsamen Hinweise im Text leicht unterschätzt werden kann. Wiederum für einen weiteren Leserkreis publizierte MATTHIAS SCHREIBER 1997 in rowohlts monographien ein knappes Lebensbild Niemöllers [209].

Martin Niemöller

Auch über weitere Mitglieder der Bekennenden Kirche erschienen Biographien: Friedrich Justus Perels [341: SCHREIBER, 1989, eingebettet in den Rechtskampf der BK], Gustav Heinemann [383: D. KOCH, 1972], Hermann Ehlers [180: A. MEIER, 1991], Karl Immer [298: B. KLAPPERT/G. VAN NORDEN, 1989].

GOTTFRIED ABRATH analysierte und edierte 1994 die Tagebücher von Hermann Klugkist Hesse [252], die er als Grundlage für eine Milieu-Studie zum Kirchenkampf benutzt. Der Band enthält eingehende methodische Überlegungen zur Gattung Tagebuch und seiner historiographischen Erschließung.

Hermann Klugkist Hesse

PETER SÄNGER und DIETER PAULY legten 1992 Vorarbeiten zu einer Biographie des lutherischen BK-Theologen Hans Joachim Iwand [201] vor. Der Band enthält einen Lebensabriß, Briefe von und an Iwand sowie eine Bibliographie der Publikationen Iwands und ein Verzeichnis der Sekundärliteratur. 1999 veröffentlichte JÜRGEN SEIM seine umfassende Iwand-Biographie [214] und einen Band mit bisher ungedruckten Studien zu dessen Theologie und Biographie [215]. Das 1962 durch HELMUT GOLLWITZER begonnene, unvollendet gebliebene Editionsprogramm der nachgelassenen Werke Iwands [4] brachte es bis 1974 auf sechs Bände. Anläßlich seines 100. Geburtstages setzt die Hans-Iwand-

Hans Joachim Iwand

Gesellschaft 1999 die Edition des Iwand-Nachlasses mit fünf Bänden einer Neuen Folge fort [5: Bd. 2: Christologie, bearb. von E. LEMPP/E. THAIDIGSMANN, 1999].

Georg Merz Über den lutherischen Theologen aus Oberfranken, Georg Merz (1892–1959), der elf Jahre die Zeitschrift der frühen dialektischen Theologie der zwanziger Jahre „Zwischen den Zeiten" redigierte und herausgab, hat MANACNUC MATTHIAS LICHTENFELD eine umfangreiche Biographie [171: 1997] geschrieben. Er unterstreicht den Zusammenhang zwischen Theologie, Biographie und zeitgeschichtlichem Kontext im Leben jenes bescheidenen Pastoraltheologen im Hintergrund, der als Berater und Gesprächspartner Bodelschwinghs, Präses Kochs, Hans Meisers und anderer dennoch den Weg der Bekennenden Kirche maßgeblich mitgeprägt hat.

Otto Dibelius 1988 legte der frühere Dibelius-Mitarbeiter ROBERT STUPPERICH [220] eine 700 Seiten starke Biographie über den Berliner Bischof Otto Dibelius (1880–1967) vor. Diese glänzend geschriebene, breit angelegte, aber vielleicht allzu wohlwollende Lebensgeschichte stellte uns einen leitenden Kirchenmann vor Augen, der bereits im vierten Lebensjahrzehnt kirchenleitende Entscheidungen mit verantwortete. 1998 erschien HARTMUT FRITZ' theologische Teilbiographie über Dibelius [134]. Das Buch konzentriert sich auf die Weimarer Zeit. Die Zentralfigur tritt gelegentlich hinter der historischen Darstellung ihres engeren und weiteren Umfeldes zurück. Auffällig sind die deutlichen Urteile über die Ergebnisse jener, die sich schon vor Fritz zur Epoche der Weimarer Zeit und/oder zu Dibelius geäußert haben. Vieles davon hält der Verfasser für „abwegig", „überzeichnend", „einseitig" und mehr. Er selbst attestiert Dibelius allerdings „moralische(s) Fehlverhalten" und „kirchenpolitischen Größenwahn". Hingegen scheint er dem triumphalen Kirchenverständnis Dibelius' offenbar zugeneigt zu sein.

Kurt Scharf Über den von Dibelius geförderten und ihm im Berlin-Brandenburgischen Bischofsamt folgenden Scharf hat WOLF-DIETER ZIMMERMANN eine Lebensbeschreibung gegeben [225: 1992], der man die intime Kenntnis des Verfassers abspürt.

Wilhelm Zoellner W. PHILIPPS [188] schrieb die Biographie des westfälischen Generalsuperintendenten, der als Vorsitzender des Reichskirchenausschusses (RKA) in hohem Alter noch einmal politisch aktiv wurde. PHILIPPS streicht besonders die lutherische Bekenntnisorientierung Zoellners heraus, die ihn schon 1933 veranlaßte, zur „Sammlung der Lutheraner" aufzurufen.

Heinrich Josef Oberheid 1992 legte Heiner FAULENBACH [276] eine Biographie Oberheids vor und eröffnete damit eine Reihe von Lebensbeschreibungen jener

2. Probleme, Arbeitsschwerpunkte und Desiderate

Theologen und Kirchenmänner, die im Dritten Reich auf deutsch-christlicher bzw. reichskirchlicher Seite standen. Eine wissenschaftliche Beschäftigung mit ihnen in Gestalt einer biographischen Würdigung stand 50 Jahre lang außerhalb des Gesichtsfeldes evangelischer Historiographie. FAULENBACH nähert sich dem völkisch-nationalistischen Theologen, dessen „lutherisches Obrigkeitsverständnis in der Umsetzung auf die Bedingungen des Dritten Reiches katastrophal" [aaO., 240] wirkte, mit großer Behutsamkeit und auf einer breiten, bisher noch unerschlossenen Quellengrundlage.

Ein Jahr später erschien THOMAS MARTIN SCHNEIDERS Biographie des Reichsbischofs Müller [338: 1993], dem Oberheid für ein paar Monate als „Stabschef" gedient hatte. Er zeigt, daß Müllers im wesentlichen gleich gebliebenes theologisches wie kirchenpolitisches Konzept auf eine in den NS-Staat vollkommen integrierte, überkonfessionelle deutsche Nationalkirche zielte. *Ludwig Müller*

Der Historiker ROLF-ULRICH KUNZE versuchte im Zuge der Historisierung des Nationalsozialismus eine „überfällig[e] Revision des Bildes" [164: 1997, 12] jenes Theologen, der im Kirchlichen Außenamt der offiziellen deutschen Reichskirche das Amt des Auslandsbischofs innehatte. Im Unterschied zu Oberheid und Müller hatte die evangelische Kirchengeschichtsschreibung der 60er bis 80er Jahre – EBERHARD BETHGE, ARMIN BOYENS und KLAUS SCHOLDER – über Heckels Verhalten im Dritten Reich bereits quellengestützte Deutungen vorgelegt, die sich zur beabsichtigten Revision sperrig verhielten. Darum traf die Arbeit auf Kritik [BESIER, in: FAZ vom 21.5.1997; Boyens, in: KZG 10 (1997), 219ff.]. *Theodor Heckel*

In seiner Arbeit über den polnischen Bischof Julius Bursche [162: 1993] hatte BERND KREBS geschildert, wie sich der NS-nahe Auslandsbischof Heckel verhielt, als er 1939/40 von verschiedener Seite darum gebeten wurde, etwas für den beinamputierten 78jährigen Bischof zu tun, der im KZ inhaftiert war: Heckel gab vor, den Aufenthaltsort Bursches nicht zu kennen, oder er antwortete den Petenten erst gar nicht. Bursche starb im KZ Dachau. *Julius Bursche*

Zu den wenigen radikalen Bekennern der evangelischen Kirche, die im Kampf gegen das NS-Regime mit ihrem Leben einstanden, gehört der Landpfarrer Paul Schneider. Zum 50. Todestag Schneiders brachte R. WENTORF eine „biographische Dokumentation" [66: 1989] heraus, 1992 folgte die Biographie A. AICHELINS [253]. *Paul Schneider*

Wie Schneider konnte auch der christliche Pazifist Hermann Stöhr nicht mit der Unterstützung seiner Kirche rechnen [331: RÖHM, 1985]. Wegen Kriegsdienstverweigerung wurde er 1940 hingerichtet. *Hermann Stöhr*

Jochen Klepper	MARTIN WECHT hat eine Biographie über den lutherischen Dichter und Schriftsteller Klepper verfaßt, der aufgrund seiner Ehe mit einer Jüdin und früherer SPD-Zugehörigkeit seit 1933 verfolgt wurde und sich 1942 mit Frau und Stieftochter das Leben nahm [223: 1998].
Friedrich Siegmund-Schultze	In den 20er Jahren war Stöhr Mitarbeiter bei dem Pazifisten und Ökumeniker Siegmund-Schultze, der 1933 in die Schweiz emigrieren mußte und von dort aus Flüchtlingshilfe, Widerstand gegen das NS-Regime und ökumenische Verständigungsarbeit leistete [140: GROTEFELD, 1995].
Heinrich Wienken	1981 legte M. HÖLLEN [147] eine kirchenpolitische Biographie über Heinrich Wienken (1883–1961) vor. Der 1951 als Bischof von Meißen Inthronisierte spielte von 1937 an als kirchlicher Unterhändler mit staatlichen Stellen eine wichtige Rolle. Trotz seines Einsatzes für Verfolgte und Benachteiligte gehörte er zum Bertram-Flügel des katholischen Episkopats, der mit einer taktierenden Eingabepraxis den völligen Bruch mit dem NS-Regime verhindern wollte. An dieser Haltung Wienkens übte der Adlatus Preysings, Walter Adolph, heftige Kritik [33: U. v. HEHL, 1979]. Höllen charakterisiert Wienkens pragmatische Verhandlungstätigkeit als entsagungsvoll.
Conrad Gröber, Adolf Bertram, Wilhelm Berning	Auch über andere Bischöfe aus dem diplomatischen Flügel liegen inzwischen Biographien vor. E. KELLER [155] veröffentlichte 1981 eine Studie über den Freiburger Erzbischof Conrad Gröber, auf dessen Wirken sich auch die Arbeit von R. WEIS [354: 1994] beschränkt. Zu Bertram erschien eine Studie von E. BRZOSKA über den Kardinal im Dritten Reich [268: 1981] sowie eine von STASIEWSKI herausgegebene Sammelarbeit [218: Teil 1: 1992]. K.-A. RECKER legte eine umfassende Untersuchung zu dem Osnabrücker Bischof und preußischen Staatsrat Berning vor [327: 1998] – auch sie ist voller Verständnis für die diplomatische Haltung des Verhandlungsführers gegenüber dem NS-Staat.
Clemens August Graf von Galen	Neben der zweibändigen Galen-Dokumentation LÖFFLERS [53: 1988] liegt eine von J. KUROPKA herausgegebene Forschungs-Sammelarbeit zu Galen vor [303: ²1993].
Joseph Lortz	Während der Vatikan und Teile des Episkopats zwischen NS und katholischer Kirche einen kaum zu überwindenden Graben sahen, der nur durch klare Rechtsvereinbarungen zum Schutz der Katholiken überbrückt werden könne, meinten einige katholische Laien, aber auch Theologen, „daß die Behebung des starren Gegensatzes NS – Katholizismus zu den vordringlichsten Aufgaben der Zeit" gehöre und „niemals nur durch rechtliche Abmachungen geleistet werden" [BA Koblenz MA RH 53–9/18] könne. An der Spitze solcher Bemühungen stand der Münsteraner Kirchenhistoriker Joseph Lortz, der sich als

2. Probleme, Arbeitsschwerpunkte und Desiderate

„Brückenbauer" [CONZEMIUS, in: Geschichte und Gegenwart 9 (1990), 247–278] zwischen Katholizismus und Nationalsozialismus verstand. G. LAUTENSCHLÄGER hat eine materialreiche Teilbiographie [167: 1987] zu Lortz vorgelegt.

Erstmals 1984 [6: ³1988] erschien der von K. REPGEN herausgegebene Lebensbericht des „großen Kirchenhistoriker[s] der Neuzeit" Jedin, dessen Emigrantenschicksal in der NS-Zeit von seiner Herkunft bestimmt war. Seine Mutter war eine Christin jüdischer Herkunft.   Hubert Jedin

Aus Anlaß seines 100. Geburtstages veranstaltete das Institut für Philosophie der Ludwig-Maximilian-Universität ein Symposium für Dempf, auf dessen Grundlage das 1992 von V. BERNING und H. MAIER herausgegebene Buch [116] entstand. Der katholische Philosoph hatte den Papst vor dem Abschluß des Konkordats gewarnt und sich dem NS-Regime verweigert.   Alois Dempf

Über die ihm vorliegenden theologischen Autobiographien des 20. Jahrhunderts urteilt R. STAATS [470: VuF 39 (1994), 69]: „Merkwürdig ist das Fehlen der Schilderung von Kämpfen und Glaubenszweifeln weithin, mag es auch angedeutet erscheinen: Viel Selbstverkündigung, wenig Selbsterforschung!... Einen das eigene Fehlen einbeziehenden Titel ... wird man in der Autobiographik der letzten Dezennien wohl weit und breit nirgends finden." Nach der Kirchenkämpfer- und Ökumeniker-Generation [T. WURM, 1953; P. FLEISCH, 1952; H. LILJE, 1973; G. DEHN, 1962; H. GRÜBER, 1968; W. STÄHLIN, 1968; W. A. VISSER 'T HOOFT, 1972; H. DIEM, 1974; W. TRILLHAAS, 1976; W. KÜNNETH, 1979; W. v. LOEWENICH, 1979; E. GERSTENMAIER, 1981; H. THIELICKE, 1984; J. JÄNICKE, 1984; K. SCHARF, 1987; M. BÜHRIG, 1987; Titel bis 1983 zu erschließen bei 109: JESSEN, Bibliographie; vgl. STAATS, aaO., 62 f.; 69], folgen jetzt die Lebensgeschichten derjenigen, die in den 60er bis 80er Jahren kirchenleitend und lehrend Verantwortung trugen [70: L. GEISSEL, 1991; 10: E. LOHSE, 1993; 9: W. LEICH, 1992; 14: SCHÖNHERR, 1993; 13: SCHMUTZLER, 1992; 102: STEINLEIN, 1993; 92: GIENKE, 1996]. Der Verkaufserfolg einiger dieser Selbstbilder verdankt sich, STAATS' Interpretation zufolge, auch der Sehnsucht nach dem konkreten sittlichen Vorbild. Dem kommen die protestantischen Kirchenmänner (noch nicht die wenigen Frauen) nach – nicht ungern oft, denn ihre Lebenspredigten rücken auch sie selbst ins rechte Licht und weisen späteren Biographen den Weg [vgl. 146: J. HILDEBRANDT, 1991; 429: RINK, 1996]. Aus den angedeuteten Gründen gibt es über den eingeschränkten Quellenwert von Autobiographien keinen grundsätzlichen Dissens.   Autobiographien

Trotz mancher methodischer Anstrengungen im Bereich der Oral History [u. a. 474: H. VORLÄNDER, 1990; 460/461: A. v. PLATO 1990/91]   Oral History fällt auf, daß sie nur selten in die praktische Arbeit eingehen. J. MÜLLER-KENT [185: 1989] befragte die Theologen H. Gollwitzer und K. Scharf nach theologisch-politischen Gesichtspunkten, deren Linie (1932–1958) er in einer Einleitung zu erkennen gibt. C. KLESSMANN läßt seine Zeitzeugen „aus Pfarrhäusern in der DDR" einfach berichten [418: 1993], UDO HAHN [679: 1996] stellte dem ehemaligen sächsischen Landesbischof Hempel an Lebenslauf und Zeitgeschichte orientierte Fragen, die dieser beantwortete. In allen drei Fällen entstanden so biographische Aufzeichnungen, die sich von ihrem Entstehungsprozeß wie vom Ergebnis her kaum von Autobiographien unterscheiden – zumal auch diese meist nicht ohne die ordnende Hand eines Helfers zustandekommen.

2.3 „Barmen"

Im zeitlichen Umfeld des 50. Jahrestages der Barmer Theologischen Erklärung (BTE) von 1934 erschien eine Fülle historisch-theologischer Veröffentlichungen. C. NICOLAISEN legte [322: 1985] eine detaillierte Studie zu ihrer Entstehungsgeschichte vor, die vergleichende Textanalysen zwischen den verschiedenen Versionen und bislang unveröffentlichte Hintergrundinformationen über das Zustandekommen der Erklärung enthielt. Von seiten des Luthertums erfolgte eine vorsichtige Revision seiner bis dahin überwiegend ablehnenden Haltung gegenüber der Erklärung [330: R. RITTNER, 1984]. Ob diese „Heimholung" freilich einhellig den Bekenntnischarakter von Barmen einschließt und ob das Luthertum wie die Evangelische Kirche der Union [EKU] die BTE als Bekenntnisgrundlage seiner Kirche ansieht, ist nach wie vor fraglich [vgl. 284: HAUSCHILD u.a., 1984]. Insbesondere muß zwischen den reformatorischen Kirchen noch als nicht völlig geklärt gelten, was unter christlichem Bekennen und Bekenntnis [vgl. 54: C.-R. MÜLLER, 1989] zu verstehen ist [195: REESE; vgl. 169/170: E. LESSING, 1982; 1992]. Die EKU hat neben einer historisch-theologischen Klärung stets auch nach der bleibenden Bedeutung von Barmen gefragt [290: W. HÜFFMEIER/ M. STÖHR, 1984; vgl. 261: BESIER/RINGSHAUSEN, 1986]. In diesem Sinne hat auch der Theologische Ausschuß der EKU zwischen 1974 und 1994 die BTE in bisher fünf Bänden bearbeitet [271: 1974/1994].

2.4 Geschichte der Diakonie

Es hat den Anschein, als wolle sich innerhalb der Kirchlichen Zeitgeschichte eine eigene Unterdisziplin Geschichte der Diakonie etablieren [vgl. 108: HERRMANN/KAISER/STROHM, Bibliographie, 1997]. Wegen der „Barmen" eher kritisch betrachtenden und dem entschiedenen BK-Flügel gänzlich abgeneigten Haltung des Verbandsprotestantismus im Dritten Reich stand die Erforschung der Inneren Mission/Diakonie in der kirchlichen Historiographie lange Zeit im Schatten kirchlicher Historiographie. Wichtige Pionierarbeit leistete J. M. WISCHNATH [398: 1986] mit seiner Geschichte des Evangelischen Hilfswerkes [vgl. auch 376: FOSS, 1986]; 1989 folgte J.-C. KAISERS „Sozialer Protestantismus" [153], 1990 die Sammelarbeit von STROHM/THIERFELDER über „Diakonie im ‚Dritten Reich'" [349]. Daneben erschienen eine Reihe wichtiger regional- und personengeschichtlicher Arbeiten sowie biographische Studien [vgl. 114: M. BENAD, 1997]. J. FELDMANN publizierte einen Forschungsbericht über die Geschichte der Diakonie in der SBZ/DDR [406: Diakonie-Jahrbuch 1993, 125–128], dem jetzt der von I. HÜBNER und J.-C. KAISER herausgegebene Sammelband zur „Diakonie im geteilten Deutschland" [416: 1999] an die Seite zu stellen ist. 1993 erschien H.-M. LAUTERERS Arbeit über den Kaiserswerther Verband Deutscher Diakonissen-Mutterhäuser im Dritten Reich [306], 1995 M. HÄUSLERS Geschichte der Diakonenschaft [142]; 1999 veröffentlichte R. BOOKHAGEN eine Geschichte evangelischer Kinderpflege im Spannungsfeld von freier Volkswohlfahrt, nationalsozialistischer Volkswohlfahrt und christlicher Gemeinde zwischen 1918 und 1937 [262]. Einen gewissen Höhepunkt der wohl vom Diakonischen Werk sehr geförderten Diakoniegeschichtsschreibung bildete 1998 die Berliner Ausstellung im Deutschen Historischen Museum über „Einhundertfünfzig Jahre Innere Mission und Diakonie" [198: 1998]. Einblicke in die Entwicklung der Diakonie in diesem Zeitraum geben die Beiträge in dem von J.-C. KAISER herausgegebenen Band „Zum geschichtlichen Ort der Diakonie in Deutschland" [154: 1998].

1978 legte KURT NOWAK [325] eine historisch-systematische Arbeit zum Verhalten der beiden großen Kirchen zur NS-Sterilisierungs- und „Euthanasie"-Politik vor. Allerdings erfährt in dem gegenüber dem allgemeinen Überblick eher knapp geratenen Abschnitt über die Kirchen der katholische Bereich eine recht kursorische Behandlung. Die Kirchen waren nach NOWAK „Anwalt eines allgemeinen christlich-humanen Anliegens" [aaO., 130]. Eine breitere Öffentlichkeit erreichten die Arbeiten von ERNST KLEE, die wegen ihrer scharfen Kritik an Diakonie und Caritas den Anstoß zu zahlreichen Studien zum Verhalten einzelner Einrichtungen gaben [zum evangelischen Bereich vgl. den breiten Überblick in 293: JENNER/KLIEME; auch 108: HERRMANN/

Innere Mission, Eugenik und „Euthanasie"

KAISER/STROHM]. Diese bringen wichtige Erhellungen, sind aber häufig in ihrem Gesamturteil gegenüber den Anstaltsleitungen milde. MARTIN KALUSCHE konstatiert für das württembergische Stetten eine „ausgesprochen ablehnende Haltung" gegen die „Euthanasie", obwohl immerhin 328 Bewohner der Anstalten ermordet wurden [295: KALUSCHE, 370]. HANS-WALTER SCHMUHL [337] übt in seiner den Grundsätzen der historischen Sozialwissenschaft verpflichteten Gesamtstudie scharfe Krititk am Verhalten der Kirchen. Aus Furcht vor Schließung der Anstalten wurden in den meisten Fällen zumindest die schwächsten Patienten dem für die Transporte in die Tötungsanstalten verantwortlichen T 4-Apparat ausgeliefert. Eine breite, mit einem Dokumentenanhang versehene regionalgeschichtliche Studie hat UWE KAMINSKY [296] zum protestantischen Verhalten in der Rheinprovinz vorgelegt. Das „Ideal der Volkssittlichkeit", die größere Offenheit gegenüber der Eugenik und dem ökonomischen Krisendenken waren die Hauptvoraussetzungen für die Mitarbeit der rheinischen Diakonie am NS-Sterilisierungsprogramm. Die Lage der betroffenen Menschen war hingegen zweitrangig. Ihnen gegenüber erfuhr die Zwangssterilisation eine theologische Rechtfertigung. Die Mitwirkung der Verantwortlichen der Inneren Mission an dieser Politik schwächte „im Ergebnis den gesellschaftlichen Widerstand gegen die Euthanasieidee" [aaO., 527]. Durch die Auslieferung der nicht mehr bzw. am wenigsten leistungsfähigen Patienten an die Tötungsanstalten knüpfte die Innere Mission an die „rassistische[.] Wertehierarchie" [aaO., 528] der Nationalsozialisten an. KAISER/NOWAK/SCHWARTZ [7] haben 1992 eine Quellensammlung zum Thema vorgelegt, die zahlreiche Materialien bietet; nicht wenige Texte sind jedoch verkürzt wiedergegeben.

2.5 Kirche und Judentum

Zu den dunkelsten Kapiteln der Geschichte der Kirche im 20. Jahrhundert gehört ihr Schweigen zur Shoah. Als W. GERLACH 1970 eine Dissertation über die Stellung der BK zum Judentum vorlegte, fand sie „nicht die Billigung derer, die eine Veröffentlichung empfehlend zu vertreten hatten" [280: GERLACH, 1987, 9]. Dazu kam es erst 17 Jahre später. Inzwischen sind zahlreiche historische Arbeiten zu dem bis heute hoch emotionsgeladenen Themenkomplex [281: GOLDHAGEN, 1996] erschienen [vgl. z. B. 294: J.-C. KAISER/M. GRESCHAT, 1988], wie GOLDHAGENs These von der Präsenz eines spezifisch „eliminatorischen" Antisemitismus in der deutschen Gesellschaft und die Reaktionen darauf zeigen [277: FINKELSTEIN/BIRN, 1998; 286: HEIL, 1998].

2. Probleme, Arbeitsschwerpunkte und Desiderate

RÖHM/THIERFELDER bieten mit ihrem bisher fünfbändigen Werk „Juden – Christen – Deutsche" [332: 1990–1995] einen quellengesättigten Überblick für die Zeit zwischen 1933 und 1941. S. HERMLE [361: 1990] untersuchte die Haltung der evangelischen Kirche zur „Judenfrage" nach 1945. Sein Ergebnis, daß sich auch nach dem Zusammenbruch des NS-Regimes nur ganz wenige um die „wegen ihrer Rassezugehörigkeit verfolgten Christen kümmerten" [aaO., 366], unterstreicht eine regionalgeschichtliche Studie von G. LINDEMANN [308: 1998] zu Christen, insbesondere Pastoren jüdischer Herkunft in der Evangelisch-lutherischen Landeskirche Hannovers. Danach hat die evangelische Kirche nicht nur im Dritten Reich, sondern auch vor 1933 und nach 1945 die christliche Taufe und kirchliche Ordination nicht wirklich ernst genommen. Dieser Sachverhalt spielt bei der Diskussion um die Berechtigung der „Judenmission" durch die christliche Kirche eine gewichtige Rolle. Über die „Not und Verfolgung der Christen jüdischer Herkunft im Rheinland" hat S. LEKEBUSCH [307: 1995] eine Arbeit vorgelegt. Im Vorwort bezieht sich die Verfasserin ausdrücklich auf die Initiative der Landessynode der Evangelischen Kirche im Rheinland zur „Erneuerung des Verhältnisses von Christen und Juden" von 1980.

Mit dem Verhältnis des Katholizismus zur jüdischen Bevölkerung im Kaiserreich befaßt sich der aus der Bielefelder Schule WEHLERs hervorgegangene Historiker OLAF BLASCHKE [123]. Er kann zeigen, daß die Katholiken nach 1871 keineswegs dem erstarkenden Antisemitismus gegenüber resistent waren, der organisierte Katholizismus jedoch die Lösung der „Judenfrage" als Bestandteil einer umfassenden Rekatholisierungsstrategie für das Kaiserreich ansah.

Durch S. FRIEDLÄNDERS Buch über das „Dritte Reich und die Juden" [278: 1998] ziehen sich immer wieder Anklagen gegen die Kirchen. Daß „Judenchristen" mit Davidstern oftmals von den Gottesdiensten ausgeschlossen wurden und nur wenige einzelne Christen versuchten, etwas zugunsten konvertierter Juden zu tun, bleibt eine schwere Hypothek. Auch Christen partizipierten an Hitlers „Erlösungsantisemitismus" und dem Glauben an Blut und Volkstum.

2.6 Freikirchen und ökumenische Bewegungen

E. GELDBACH hat in seiner Überblicksdarstellung über „Freikirchen" [136: 1989] deren marginale Rolle in Deutschland geschildert [vgl. auch 156: H. KIRCHNER, 1987]. Gedemütigt und unterdrückt von den Landeskirchen, sahen sie vorübergehend Möglichkeiten einer Aufwertung und Bestandssicherung im NS-Staat. 1986 erschien die Arbeit von K. ZEHRER zu den Freikirchen im Dritten Reich [355], 1987 G. STEMMLERS Untersuchung zur Bischöflichen Methodistenkirche in der Weimarer Republik [246]; 1989 folgte H. STRAHMS „Bischöfliche Methodistenkirche im Dritten Reich" [347], 1991 A. STRÜBINDS Darstellung der Baptistengemeinden im selben Zeitraum [350]. In den unmittelbaren Nachkriegsjahren änderten sich kurzfristig die Kräfteverhältnisse zwischen den Freikirchen und den mächtigen Landeskirchen. 1945 benötigten die Kirchen dringend materielle Hilfe vom freikirchlichen amerikanischen Protestantismus. Obwohl die Landeskirchen ursprünglich nicht an eine Zusammenarbeit mit den Freikirchen gedacht hatten, mußten sie ihre Pläne nach den Vorgaben der Ökumene ändern: In dem Bittgesuch des kirchlichen „Wiederaufbauausschusses" an das Reconstruction Committee des Ökumenischen Rates der Kirchen Ende August 1945 wird in auffallender Gleichrangigkeit nur von den „Landes- und Freikirchen" gesprochen [vgl. 392: A. STRÜBIND, in: KZG 6 (1993), 187 ff.]. Ebenfalls auf Anregung der Weltökumene erfolgte 1948 die Gründung der „Arbeitsgemeinschaft christlicher Kirchen" (ACK). Ein Schwerpunkt der Arbeit von U. SCHULER zur Evangelischen Gemeinschaft (EG), die sich 1968 mit der Evangelisch-methodistischen Kirche vereinigt hat, liegt auf der Geschichte der EG im Nachkriegsdeutschland [212: 1998]. Mit ganz ähnlichen Problemen wie in den Großkirchen sahen sich diejenigen konfrontiert, die sich nach 1990 an die Aufklärung der Kontakte zwischen MfS und freikirchlichen Persönlichkeiten machten [vgl. 438: Forschungsbericht A. STRÜBIND, in: ZThG 2 (1997), 164 ff.]. Über historisch-theologische Forschungen aus dem Raum der Freikirchen informiert die Reihe Freikirchen-Forschung.

Einen guten Überblick über die Geschichte der etablierten ökumenischen Bewegungen – Missionskonferenzen, Weltkirchenkonferenzen (für Praktisches Christentum und für Glauben und Kirchenverfassung), Ökumenischer Rat der Kirchen (ÖRK), Anglikaner, Orthodoxe, Lutheraner, Römisch-katholische, bilaterale und multilaterale kirchliche Vereinbarungen – sowie über deren theologische und konfessionelle Leitgedanken bietet R. FRIELING [133: 1992]. Die Geschichte des unmittelbar vor dem ÖRK ebenfalls 1948 in Amsterdam gegründeten International Council of Christian Churches (ICC) ist noch nicht geschrieben; eine neuere, wissenschaftlichen Ansprüchen genügende Darstellung der Evangelischen Allianz im 20. Jahrhundert fehlt ebenfalls [122: BEYREUTHER, 1968]. Nicht viel besser steht es mit der Geschichte der deutschen Gemeinschaftsbewegung.

2. Probleme, Arbeitsschwerpunkte und Desiderate

Während es auch über die internationalen christlichen Jugendorganisationen nur ältere deutsche Literatur gibt [165: KUPISCH, 1964; vgl. aber 190: POTTER/WIESER, World Student Christian Federation], hat S. GROTEFELD über die internationale christliche Freundschafts- und Friedensarbeit einen instruktiven Aufsatz geschrieben [233: KZG 4 (1991), 46–73]. Das Verhältnis der evangelischen Kirchen zum Völkerbund beleuchtet JUTTA NEHRING [237: 1998]. Über „Luthertum und Ökumenische Bewegung für Praktisches Christentum 1919–1926" informiert die Studie von HANNS KERNER [234: 1983], über die ökumenische Bewegung für Praktisches Christentum W. WEISSE [249: 1991]. Zum Lutherischen Weltkonvent bzw. Lutherischen Weltbund sind die Studien von SCHMIDT-CLAUSEN [206: 1976] und CLIFFORD NELSON [186: 1982] erschienen; anläßlich des 50jährigen Jubiläums haben J. H. SCHJØRRING u. a. 1997 eine Überblicksgeschichte des Lutherischen Weltbundes [204] herausgebracht. Eine analoge Sammelarbeit gibt der ÖRK 2000 heraus, so daß frühere Überblicksdarstellungen [vgl. 222: W. A. VISSER 'T HOOFT, 1983] dann überholt sein dürften. Für das Verhältnis von ÖRK und Kirchen im Dritten Reich ist nach wie vor BOYENS grundlegend [263: 1969/73; vgl. 260: BESIER (Hrsg.), 2000]. Schon 1875/77 gegründet, ist der Reformierte Weltbund (RWB) der älteste weltweite konfessionelle Bund. 1970 vereinigte er sich mit dem 1891 gegründeten Internationalen Kongregationalistischen Rat zur World Alliance of Reformed Churches. Zum hundertjährigen Bestehen des RWB schrieb M. PRADERVAND [191] seine Geschichte. Der Vergewisserung über die gemeinsamen Grundlagen aller Christen dient die Darstellung der ökumenischen Gespräche über Schrift und Tradition aus der Feder Hubert Kirchners [158: KIRCHNER, Wort Gottes, 1998].

Bis weit in die 80er Jahre bezeichnete man das 20. Jahrhundert als das der Ökumene – trotz mancher Irritationen schon in den 70er Jahren [121: BEYERHAUS, 1996]. Doch seit Ende der 80er/Anfang der 90er Jahre kam es über dogmatischen und ethischen Fragen zu immer deutlicheren Differenzen [vgl. 221: L. VISCHER; 192: R. H. PRESTON, 1994] und 1998 beinahe zum Auseinanderbrechen des ÖRK. Viele evangelikale Kirchen gehören dem ÖRK nicht an, einige orthodoxe Kirchen haben ihn verlassen oder – wie die Russisch-Orthodoxe Kirche – bis zur Klärung theologischer Differenzen die Zusammenarbeit eingestellt.

Krise des ÖRK

2.7 Quantitative Kirchengeschichtsforschung

Anders als auf dem Felde der Religionssoziologie und der Praktischen Theologie liegen im Bereich der kirchlichen Zeitgeschichte quantitative Studien noch kaum vor.

U. v. HEHL 1996 legten U. v. HEHL u. a. (Bearb.) eine zweibändige Dokumentation [285] vor, in der alle gegen katholische Geistliche während der NS-Zeit aus politisch-religiösen Gründen ergriffenen Zwangsmaßnahmen biographisch und statistisch erfaßt sind. Quelleninformationen aus dem gesamten ehemaligen Deutschen Reich (Stichdatum: 31. 12. 1937) von mehr als 12 000 Fällen wurden über einen Erhebungsbogen aufgenommen, um das Material quantifizierend auswerten zu können. Die quantitativ erfaßten Konfliktfälle bezogen sich auf 26 276 registrierte Delikte und 38 291 Maßnahmen. Als Grundgesamtheit wurden alle in der NS-Zeit tätigen Weltgeistlichen und Ordensmitglieder definiert. „Von den Zwangsmaßnahmen des nationalsozialistischen Regimes waren reichsweit durchschnittlich gut ein Drittel des katholischen Weltklerus ... und ein Zehntel der Ordensleute betroffen..." [aaO., 73]. In allen Einzelheiten werden die Erfassungsprozeduren, statistischen Unsicherheiten sowie die inhaltlichen Raster, bezogen auf die Maßnahmen des Regimes, die Delikte des Klerus und die maßregelnden Instanzen des Regimes, beschrieben. Tabellen weisen das Datenmaterial zu den einzelnen Kategorien aus. Aus der Untersuchung gehen regionale Besonderheiten, auffällige Schwerpunkte des „Kirchenkampfes" (nämlich 1937/38 und 1941) und die Beteiligung der verschiedenen Dienststellen hervor. Es handelt sich um eine vorbildliche statistische Untersuchung.

B. MENSING Wie es mit der hohen „Anfälligkeit der evangelischen Pfarrerschaft für die NSDAP" [317: MENSING, 1998, 12] und ihrer „politischen Vorbildwirkung auf die evangelisch-kirchliche Bevölkerung" [ebd.] stand, ist im allgemeinen bekannt. MENSING wollte es in seiner regionalgeschichtlichen Studie für die Pfarrerschaft im rechtsrheinischen Bayern genauer nachweisen. Ob er dabei die bayerische Pfarrerschaft insgesamt oder nur die nationalsozialistisch organisierten Pfarrer als Grundgesamtheit definiert, wie Stichproben gezogen und wie die erhobenen Daten entsprechend ihrer unterschiedlichen Aussagekraft gewichtet wurden, läßt sich nicht oder nicht genau erkennen. Auf eine historisch-theologisch gewichtete Beurteilung des insgesamt unerfreulichen Befundes verzichtet Mensing – wohl weil der Theologe meint, mit dergleichen Überlegungen „den Rahmen einer geschichtswissenschaftlichen Studie" [aaO., 277] zu verlassen. Zweifel im Blick auf die

2.8 Religion in den Medien

Das für die Weimarer Republik neue Medium Rundfunk hat – mit R. SCHIEDER
kirchlichem Bezug – schon seit den 60er Jahren immer wieder das
Interesse historischer Forschung geweckt. Mit mentalitätsgeschichtlichen und diskursanalytischen Methoden untersucht ROLF SCHIEDER
[203: 1995; dort auch die ältere Literatur] die protestantische Rundfunkarbeit in der Weimarer Republik und im Dritten Reich. Er versteht
das Radio als „Modellfall von Modernisierung". Kirchliche Morgenfeiern standen von Anfang an in Konkurrenz zu sozialistischen [vgl.
SCHIEDER, 108 f.] bzw. nationalsozialistischen, mußten sich also, anders
als in der frühen Bundesrepublik, gegen weltanschauliche Konkurrenz
behaupten. Zu Beginn der Weimarer Zeit wurden Rundfunkpredigten
kirchlicherseits zunächst noch abgelehnt und demgegenüber die evangelische Pressearbeit gestützt [vgl. 8: KJ 1924, 456; 459 ff.; KJ 1925,
221 ff.; dagegen KJ 1930, 451]. Dibelius gehörte dann 1931 zu den bekanntesten Vertretern derjenigen, die auch für die Übertragung ganzer
Gottesdienste eintraten [203: SCHIEDER, 126 f.]. Das Radio könne „der
evangelischen Christenheit zu einem neuen Gemeinschaftsgefühl helfen" [aaO., 119].

Von seinem Forschungsansatz her fällt es Schieder schwer, die D. ALTMANNSPERGER
Arbeit von D. ALTMANNSPERGER über die evangelische Rundfunkarbeit
im westlichen Nachkriegsdeutschland [371: 1992] angemessen zu würdigen. In dessen Bemühen um theologische Kategorienbildung zur Beurteilung der Rundfunkarbeit vermag er nur den „Typus positioneller
Zeitgeschichtsschreibung" [203: SCHIEDER, 1994, 15] und den „Klerikalismus solcher Positionen" [ebd.] zu entdecken. ALTMANNSPERGER
zeigt, daß die Auseinandersetzungen um den Neubeginn des protestantischen Rundfunks nach 1945 tatsächlich von den theologischen und
ekklesiologischen Fronten bestimmt waren. Die von „Barmen" und
„Dahlem" geprägten Kirchenführer mißtrauten dem Verbandsprotestantismus, der sich einer Gleichschaltung der Publizistik nicht widersetzt hatte, und strebten eine durchgängige Verkirchlichung der medialen Kommunikation an. Auf landeskirchlicher Ebene konnten sich dennoch die Landespreßverbände behaupten und ihre Rundfunkarbeit im
alten Stil fortführen. Eine vergleichbare Arbeit für den katholischen
Rundfunk in der Bundesrepublik legte H. GLÄSSGEN [377: 1983] vor.
Über die Wahrnehmung der Kirchen im „Dritten Reich" durch die

M. HUTTNER Printmedien „Times" und „Manchester Guardian" hat MARKUS HUTTNER [291: 1995] eine materialreiche Arbeit vorgelegt, aus der hervorgeht, wie aufmerksam Teile der britischen Presse insbesondere den katholischen Kirchenkampf beobachteten und kommentierten.

2.9 Politische Religionen, Zivilreligionen und neue religiöse Bewegungen (1918–1998)

Säkularisierung in der Weimarer Republik

Die verschiedenen Kirchenaustritts-Wellen in den 20er Jahren waren von ihren absoluten Größenordnungen her – reichsweit gab es 1927 nur 3 Prozent Dissidenten [vgl. 219: STERNBERG, 1992, 173] – wenig dramatisch, subjektiv sorgten sie aber in den Kirchen für ständige Beunruhigung. Die höheren Austrittsraten zeigten – trotz erheblich weiterer Streuung als vor dem Krieg – eindeutige Konzentrationen auf wenige Gebiete. Noch immer hatten sie in den Großstädten ihren Herd. Nach der Revolution trat wieder eine allmähliche Beruhigung ein. Doch 1927 kam es erneut zu einem schweren Einbruch, der sich in der Folgezeit fortsetzte [8: KJ 1930, 82]. Jetzt waren nicht mehr nur die Städte betroffen [8: KJ 1929, 74].

Wie sehr die Säkularisierung [8: KJ 1930, 446 ff.] – trotz gesetzlicher Schutzbestimmungen – den christlichen Lebensrhythmus auflöste, geht aus der ständigen Klage über den „sterbenden Sonntag" und die Mißachtung der „Heilighaltung der Sonn- und Feiertage" hervor [243: SCHLÖSSER-KOST, 199 ff.]. Ende der 20er Jahre trat das moderne „Wochenende"-Phänomen mit der Flucht aus den Städten in die freie Natur hinzu [8: KJ 1929, 333]. Berlin-Brandenburg reagierte darauf mit der Berufung eines „Wochenendpfarrers".

Freidenker und Kirchenaustrittsbewegung

Nach dem Scheitern Kultusminister Hoffmanns (USPD), als Vorsitzender der freireligiösen Gemeinde von Berlin „einer der Vorkämpfer der Bewegung" [219: STERNBERG, 92], hatte das Komitee „Konfessionslos" im August 1919 seine Arbeit mit dem Ziel wieder aufgenommen, anderen Weltanschauungsgemeinschaften „Licht und Luft" zu verschaffen. Die eigentliche Führung im Kampf gegen die Volkskirche übernahm jedoch der „Bund der Konfessionslosen", da er sehr viel programmatischer allen „Bestrebungen der Aufklärung, Humanität und Gewissensfreiheit dienlich sein" [ebd.] wollte. Während diese Bewegungen zu Kriegszeiten vergeblich gegen die „Verfrommungsbestrebungen" seitens der Kirchen- und Heeresleitung zu Felde gezogen waren, erhielten sie durch den völligen Zusammenbruch und offenkundige Erleichterungen für die Form des Kirchenaustritts [25: HUBER/HUBER, IV, 151 ff.] neuen Auftrieb [8: KJ 1920, 329 ff.]. In Preußen genügte bis

2. Probleme, Arbeitsschwerpunkte und Desiderate

1920 eine schriftliche Erklärung, die ohne Bedenkfrist mit sofortiger Wirkung den Kirchenaustritt besiegelte und die finanziellen Verpflichtungen gegenüber der Kirche zum Ende des Kalendervierteljahres aufhob [vgl. 8: KJ 1921, 340]. Die Propaganda für den Kirchenaustritt wurde nach dem Krieg „erheblich vielschichtiger und bunter" [219: STERNBERG, 1992, 105]. Ein neues Element ist der Zusammenhang zwischen Feuerbestattung und Kirchenaustritt, den der „Verein der Freidenker für Feuerbestattung" seit 1922 von seinen neuen Mitgliedern verlangte [8: KJ 1921, 105 f.]. Mit der Parole „Heraus aus der Kirche" forderte der „Atheist", Organ der proletarischen Freidenker, zum Kirchenaustritt auf, wobei ihm und anderen Organisationen die Kirchensteuer ein besonderer Dorn im Auge war. Die Annahme, daß neben emotionalen und ideologischen Gründen auch die fakultativen Kirchensteuern auf Gemeindeebene – gerade die ärmeren Gemeinden waren besonders betroffen – ein wichtiges Motiv für den Kirchenaustritt bildeten, wie OSKAR SÖHNGEN behauptet [in: Pastoralblätter 1932/33, 10], liegt nahe, wenn man den zeitlichen Zusammenfall von Jahres-Austrittsgipfel und Zustellung der Steuerbescheide – beide im Monat September – berücksichtigt.

1922 errichteten die proletarischen Freidenker in Berlin eine Freidenkerschule [8: KJ 1923, 420]. Ersatzveranstaltungen wie die „proletarische Kindtaufe", die „Jugendweihe" oder „freidenkerische Grabredner" konnten sich in den 20ern nicht durchsetzen und fristeten eine Schattenexistenz [8: KJ 1929, 381]. Soweit sie auf kommunistischen Grundlagen basierten, erhielten Austritts-Propaganda und Alternativangebote massive Unterstützung aus der Sowjetunion [219: STERNBERG, 116 ff.]. Diese hätte freilich ohne die „stetig fortschreitende Entchristlichung aller Kulturgebiete" [K. ALGERMISSEN, Freidenkertum, Arbeiterschaft und Seelsorge, Mönchengladbach 1929, 35] nicht so wirkungsvoll greifen können. Die kulturellen Einbrüche reichten tief in den christlichen Lehrerstand hinein, wie die Klage über den Mangel an Kirchlichkeit selbst bei Religionslehrern zeigt [CW 42 (1928), Sp. 524 ff.]. Sie ist Ausdruck einer schweren Krise des staatlichen Religionsunterrichts (RU) und nur z.T. als Protest gegen die kirchliche Einsichtnahme in den staatlichen RU zu werten [219: STERNBERG, 120].

Die evangelische Kirche reagierte auf die Angriffe und Ersatzangebote mit volksmissionarischen Aktivitäten. In verschiedenen Bereichen wie z. B. dem Kindergottesdienst wurden neue Methoden und eine stärkere Beteiligung von Laienhelfern erprobt [8: KJ 1924, 12 ff.].

1922 fand im Johannesstift in Spandau die erste „Arbeitskonferenz für Evangelisation und Volksmission" statt. Hier wurden Schrif-

Volksmissionarische Aktivitäten der evangelischen Kirche

ten- und Jahrmarktsmission, Hausmission in Bibelstunden, Straßen- und Hofmission, Zeltmission in Großstädten, die Gründung von Missionsstationen und Stoßtrupps für „unverzagte Offensive" geplant. In den preußischen Provinzialkirchen wurden Spezialpfarrer für Jugendpflege, soziale Fragen, Apologetik oder Volksmission berufen [aaO., 430].

Die Apologetische Centrale in Berlin und andere apologetische Einrichtungen

Der Centralausschuß für Innere Mission begründete 1921 innerhalb der Volksmission eine eigene Abteilung unter der Leitung von Carl Schweitzer (bis 1932, dann Walter Künneth), die den Namen Apologetische Centrale (AC) erhielt und bis 1937 im Johannisstift in Berlin-Spandau arbeitete [189: M. PÖHLMANN, 1998, 34 ff.]. Seit Ende der 20er Jahre entwickelte sie sich zunehmend zu einer gesamtkirchlichen Einrichtung. Neben der Sammlung und Archivierung von Material über alle geistigen Strömungen und Weltanschauungen gehörte es zur Aufgabe der AC, in ganz Deutschland Kurse und Weltanschauungswochen durchzuführen und Laienschulung (Laienschulungskursus für Anfänger und Laienführer-Lehrgang für Fortgeschrittene) zu betreiben.

1932 wurde unter dem Vorsitz von Landesbischof Ludwig Ihmels (Dresden) die ökumenisch orientierte Luther-Akademie Sondershausen ins Leben gerufen. Sie stand unter der wissenschaftlichen Leitung von Carl Stange und bot jährlich Hochschulwochen zu theologischen Gegenwartsfragen an [184: MIKOSCH, 1993]. In Münster wurde ein „Kampfbund evangelischer Männer" ins Leben gerufen [219: STERNBERG, 1992, 201].

Mit großem Eifer warf sich die evangelische Kirche vor allem in den „Kampf gegen die Volkslaster" Trunksucht und „Unzucht"; andererseits betrieb sie eine „Förderung der christlichen Volksbildung" durch evangelisches Schrifttum. Alsbald wußte sie von der „neubelebten religiösen Jugendbewegung" unter Reichsjugendwart Erich Stange, von neuen Jugendgottesdiensten und Reformen des Konfirmandenunterrichts zu berichten [8: KJ 1924, 450 ff.; 1926, 541 f.]. 1931 trat die von der preußischen Generalsynode 1930 verabschiedete „Kirchliche Lebensordnung" in Kraft. Um zukünftigen Austritten entgegenzuwirken, bezeichnete sie es als eine „Verletzung kirchlicher Pflichten", wenn christliche Eltern ihre Kinder nicht taufen ließen oder nicht in den Religionsunterricht schickten oder junge Eheleute nicht um eine evangelische Trauung nachsuchten. Traf das jeweilige Presbyterium einen entsprechenden „Feststellungsbeschluß", wurden dem Betreffenden das aktive und passive Wahlrecht aberkannt; er verlor das Recht, Pate zu stehen, und das Recht auf die eigene kirchliche Bestattung. Oft genug bildete ein solcher Beschluß den letzten Anlaß, aus der Kirche auszutreten.

2. Probleme, Arbeitsschwerpunkte und Desiderate

Von Juni 1926 bis August 1927 untersuchte die „Soziale Arbeitsgemeinschaft Berlin-Ost (S.A.G.)" [vgl. 140: GROTEFELD, 1995, 73 ff.; 243: SCHLÖSSER-KOST, 1996, 92 ff.], die bereits vor dem Ersten Weltkrieg statistische Untersuchungen über die Kirchgangsfrequenz angestellt hatte, den Gottesdienstbesuch von zehn Gemeinden des Kirchenkreises Berlin-Stadt I auf dem Gebiet des politischen Bezirks Friedrichshain. G. DEHN hatte bereits 1923 eine Untersuchung über die „religiöse Gedankenwelt der Proletarierjugend" vorgelegt. Das Material gewann er aus nicht standardisierten Gruppeninterviews und Befragungen in Gestalt von Schüleraufsätzen. Dabei gelangte er zu dem Ergebnis, daß die traditionellen Gottesdienste, aber auch Konfirmandenunterricht und andere kirchliche Angebote aus dem kultisch-liturgischen und katechetischen Bereich die Jugendlichen aus dem Arbeitermilieu nicht ansprächen, ja zum größten Teil nicht einmal verstanden würden, weil alle diese Formen bürgerlichen Milieus entstammten. Auch eine 1927 veröffentlichte schriftliche Befragung (n=5000, Rücklauf: 10%) des Neuköllner Pfarrers PAUL PIECHOWSKI (1892–1966) unter der industriellen Arbeiterschaft hauptsächlich Berlins, aber auch Sachsens, Westfalens und des Rheinlandes, meinte deren Ablehnung des überlieferten Christentums belegen zu können, wobei erschreckend deutlich wurde, wie wenig Kenntnisse über die Bibel, die verschiedenen christlichen Bekenntnisse und die Aufgaben der Kirche in dieser Subkultur überhaupt noch vorhanden waren. Von daher gewann der Autor den Eindruck, die Kirche stünde „vor einem entscheidenden Wendepunkt ihrer Entwicklung". Trotz methodischer Probleme der drei zeitgenössischen Untersuchungen und einer Reihe unzulässiger Verallgemeinerungen der Ergebnisse, die z.T. auch damals schon erkennbar waren, mußte der Gesamtbefund für die Zeitgenossen doch alarmierend sein: Bei allen Unterschieden diagnostizierten die Untersuchenden eine breite Gleichgültigkeit gegenüber dem christlichen Glauben, die sich bisweilen in militante Ablehnung steigerte. Bald darauf erschienen auch Artikel über die „Unkirchlichkeit der Gebildeten" [Die Reformation 1928, Nr. 3], so daß die Illusion zerbrach, das Problem des Desinteresses an kirchlichen Dingen ließe sich schichtenspezifisch lokalisieren [vgl. G. JACOBI, Tagebuch eines Großstadtpfarrers, 5. Aufl. Berlin 1929]. Mehr als die Kirchenfeindschaft der Sozialisten traf die Haltung der Bürgerlichen, „die zwischen Gleichgültigkeit, Fremdheit und mehr oder weniger wohlwollender Duldung schwankt" [8: KJ 1932, 14], das Selbstverständnis des Protestantismus. Er sah darin „die große religiöse Not der Gegenwart" [aaO., 19].

Empirische Erhebungen zur kirchlichen Bindung in den 20er Jahren

Sekten und Synkretismus

Eine noch schwierigere Entwicklung als die freidenkerische Kirchenaustrittsbewegung brachte in der kirchlichen Beobachtung das „geile Emporschießen des religiösen Synkretismus ... ein mystisch verbrämter Aberglaube ... Okkultistische Probleme beschäftigen schon lange die gebildete Welt. Steiners Anthroposophie bringt einen neuen Gnostizismus [vgl. 113: J. BADEWIEN, 1985; 125: BRUMLIK, 1992, 347 ff.] auf ... Es wimmelt in den großstädtischen Zeitungen von Anzeigen phantastischer Bücher und Vorträge: Leben unsere Toten? Kann man ins Jenseits sehen? ‚Astrologen' erbieten sich ... in großen Zeitungen und besonders in Familienblättern die Nativität zu stellen." [8: KJ 1921, 342] In Vohwinkel (Kreis Wuppertal), Düsseldorf und Berlin traten Propheten mit messianischem Anspruch und mystischen Lehren auf; Tausende strömten ihnen zu, glaubten den Heilungsversprechen und feierten die Wundertäter als „Zweiten Christus" (so Roderich Müller-Czerny) oder „Abgesandten Nabobs" (so Kirberg, der „Jesus von Düsseldorf"). Neue christliche Sekten schossen aus dem Boden bzw. konnten sich aufgrund der Weimarer Reichsverfassung nun voll entfalten. Joseph Weißenberg eröffnete im Norden Berlins eine Praxis, die er „Heil-Institut J. Weißenberg, Heilmagnetiseur" nannte [196: RELLER, Handbuch rel. Gemeinschaften, 322]. Auf ihn geht die sog. „Johannische Kirche" zurück. Ein anderes Beispiel ist der aus Bayern stammende Pfarrer Friedrich Rittelmeyer, seit 1916 Pfarrer an der Neuen Kirche in Berlin. Zusammen mit Rudolf Steiner, dem Begründer der Anthroposophie, bot er Kurse für Theologiestudierende an. 1922 vollzog Rittelmeyer dann die erste „Menschenweihehandlung" und weihte 45 Personen zu Priestern der damit begründeten neuen „Christengemeinschaft" (CG). Der Berliner Pfarrer legte sein Amt nieder und wurde „Erzoberlenker" und geistiger Führer der CG [189: M. PÖHLMANN, 1998, 149 ff.]. „Die Zerrüttung und Verwirrung unserer Zeit", heißt es 1923 im Kirchlichen Jahrbuch, „wird von verschiedenen Sekten benutzt, um die Weltuntergangsstimmung in kommunistisch-chiliastischem Sinne zu fördern. Die Adventisten, die Neu-Apostolischen, vor allem aber die sog. ‚Internationale Vereinigung ernster Bibelforscher' treiben ihr flaches, aufreizendes Unwesen bis zur Zerrüttung des Volkes" [8: KJ 1923, 406; vgl. 219: STERNBERG, 1992, 226 ff.; 189: M. PÖHLMANN, 1998, 213 ff.]. Bis 1931 überließen die Reichsregierung und die Landesregierungen die Eindämmung der „Sekten" den Kirchen, weil sie keine rechtliche Handhabe zum Einschreiten besaßen. Erst die „Verordnung des Reichspräsidenten zur Bekämpfung politischer Ausschreitungen" von 1931 eröffnete dem Staat die Möglichkeit, direkt gegen „Sekten" vorzugehen, die „eine Religionsgemeinschaft des öffentlichen Rechts ... böswillig verächtlich"

2. Probleme, Arbeitsschwerpunkte und Desiderate 113

machten [279: D. GARBE, ⁴1999, 83]. Im November 1931 verbot der Freistaat Bayern die Zeugen Jehovas; andere Länder folgten 1932 nach. Schließlich erlebten in den 20er Jahren „deutschgläubige" und „völkisch-religiöse" Gruppen, Bünde und Bewegungen einen ungeahnten Aufschwung [219: STERNBERG, 1992, 219 ff.]. Das „deutsch-völkische" und „neugermanisch-religiöse" Umfeld der Zwischenkriegsjahre ist nahezu unübersehbar. Aus ihrem Glaubensgut zehrt der Nationalsozialismus (Thule-Gesellschaft), die „Deutsche Glaubensbewegung" geht aus einer entsprechenden Arbeitsgemeinschaft „deutschvölkisch-" und „neugermanisch-religiöser" Gruppen hervor, die Ende Juli 1933 in Eisenach gegründet wurde [340: SCHOLDER. I, 93 ff.]. Der ehemalige württembergische Pfarrer und Missionar Jakob Wilhelm Hauer [340: SCHOLDER I, 573 ff.; 129: DIERKS, 1986; 305: LÄCHELE/THIERFELDER, 1998, 61 ff.], seit 1927 ordentlicher Professor für Indologie und Religionsgeschichte in Tübingen und Herausgeber der Zeitschrift „Kommende Gemeinde", gehörte zu den Mitunterzeichnern des Gründungsaufrufs [H. Junginger, Von der philologischen zur völkischen Religionswissenschaft, Stuttgart 1999].

„Deutschgläubige" und „Völkisch-Religiöse"

Nicht die Völkischen, wohl aber einige Gruppen der proletarischen Freidenkerverbände wurden Anfang Mai 1932 durch Notverordnung der Reichsregierung verboten [8: KJ 1932, 54 ff.]. In der Begründung heißt es, die Gottlosenpropaganda sei dazu bestimmt, „durch Vorbereitung der bolschewistischen Revolution christliche Kultur und Sitte zu untergraben"; demgegenüber garantiere die Reichsverfassung „Glaubens- und Gewissensfreiheit" und stelle die Religionsfreiheit unter staatlichen Schutz.

Unter der Führung J. W. Hauers schlossen sich – gefördert von manchen NS-Kräften – Ende Juli 1933 in Eisenach die wichtigsten „deutschgläubigen" Gruppen zur „Arbeitsgemeinschaft Deutsche Glaubensbewegung" (ADG) zusammen. In ihr besaßen die deutsche Ideengeschichte und Deutschlands „Schicksal" Offenbarungsqualität. Kirchenaustritt galt als Voraussetzung der Mitgliedschaft in der ADG. „Die ADG sah sich in der Position der Verteidiger einer Frömmigkeit, die wohl Religion sein sollte, aber nicht Christentum" [320: NANKO, 1993, 247]. Wie das Schrifttum der Deutschgläubigen ausweist, erblickten sie in denen im christlichen Lager ihre Hauptgegner, die ihnen ideologisch am nächsten standen – den DC. Es ließ sich garnicht übersehen, daß das „weitgespannte[.] Geflecht ideengeschichtlicher Vorläuferschaften, aber auch zeitgenössischer Parallelerscheinungen [...] bis weit in den Bereich der evangelischen Landeskirchen hineinreichte[.]" [301: KROLL, 1998, 143].

Politische Religion im Dritten Reich

Die Deutsche Glaubensbewegung

Auf der Pfingsttagung in Scharzfeld (Südharz) im Mai 1934 erfolgte eine Umbildung der „Arbeitsgemeinschaft" zur „Deutschen Glaubensbewegung" (DG), die zu diesem Zeitpunkt etwa 20000 Mitglieder zählte [Germania Nr. 4 vom 25. 5. 1934]. Ein wesentlicher Grund für die Reorganisation war das – vergebliche – Bestreben, vom Staat als „dritte Konfession" mit Körperschaftsstatus anerkannt zu werden [320: NANKO, 1993, 218 ff.]. Infolge der Scharzfelder Beschlüsse trennten sich Freireligiöse, die Nordisch-religiöse Arbeitsgemeinschaft, die Nordische Glaubensbewegung sowie die Germanische Glaubensgemeinschaft von Hauers DG. Durch das damit besiegelte Scheitern der Sammlungsbewegung verloren die Völkisch-Religiösen jede Chance, gegenüber den Kirchen oder auch dem NS-Regime als starke Institution in Erscheinung zu treten.

Von der Tübinger Hauptgeschäftsstelle aus suchte die DG durch publizistisches Engagement, Lehrpläne, Radiosendungen und allerlei Materialien zur Feiergestaltung („Eheweihe") den Deutschglauben als „arteigene" Weltanschauung zu popularisieren. Eine ebenfalls in Tübingen ansässige Führerschule bemühte sich um die Ausbildung der Kader. Diese Instrumentarien waren dazu gedacht, Alternativen zur christlichen Religion zu bieten. Hauer und sein Stellvertreter Ernst von Reventlow (Potsdam) suchten eine von der NSDAP unabhängige religiöse Position zu halten, was aufgrund der NSDAP-Mitgliedschaft der meisten Mitglieder und ideologischer Gemeinsamkeiten – etwa in der Frage des Rassismus – außerordentlich schwer fiel. Außerdem behaupteten einige DG-Mitglieder immer wieder, „die von ihnen vertretenen Anschauungen seien die einzig rechte weltanschauliche Ergänzung der nationalsozialistischen Lehren" oder gar die „nationalsozialistische Religion" selbst.

NS-Bewegung und DG

Trotz der ideologischen Nähe und personellen Verflechtung mit der NSDAP und ihren Unter-Organisationen legte auch die NSDAP größten Wert auf eine klare Trennung zwischen Deutschgläubigen und Partei. Nach dem Eindruck der DG drohte ihr seitens der Partei des NS-Staates eine doppelte Gefahr: Einmal gab es das religiöse „Konkurrenzverhältnis Partei und DG", zum anderen betrachtete das Reichskirchenministerium die völkische Bewegung als Manövriermasse in seiner Befriedungspolitik gegenüber den Kirchen.

Ein weiteres Problem stellten für die DG die „Ludendorffer" dar. Der 1927 aus dem Dachverband völkischer Kriegsverbände hervorgegangene, „weltanschaulich gestraffte" Tannenbergbund des Generals und seiner Frau Mathilde von Kemnitz verlor mehr Mitglieder an die DG als diese an Ludendorff. Obwohl die DG nach eigenen Aus-

2. Probleme, Arbeitsschwerpunkte und Desiderate

sagen auf Angriffe verzichtete, suchten die „Ludendorffer" die Konfrontation. Ende März 1936 sah sich Hauer gezwungen, vom Vorsitz der DG zurückzutreten. Nach seinem und Reventlows Abgang übernahm die SS die Kontrolle über die DG und setzte sie im Kampf gegen die Kirchen ein. Die folgenden Monate waren durch Auflösungserscheinungen und Abspaltungen, begleitet von Diadochenkämpfen, gekennzeichnet. Auf Druck der NS-Stellen mußte sich die DG am 6. Mai 1938 in „Kampfring Deutscher Glaube" (Leiter: Wiedenhöft) umbenennen, von dem sich am 9. Dezember 1938 ein „Reichsring der gottgläubigen Deutschen" mit Schwerpunkt Schlesien abspaltete.

Von der großen Kirchenaustrittsbewegung der Jahre 1937/1938 [Statistik des Deutschen Reiches, Bd. 552, Heft 3, 1942, 6] – zwischen 1933 und 1936 waren die Austrittsraten stark zurückgegangen [ZIEGER, in: RGG³, Bd. 3, Sp. 1345] – profitierte keine der Organisationen. Vielmehr befanden sie sich 1938 wieder da, wo sie 1933 begonnen hatten. 1935 bestanden etwa 230 Ortsgemeinden [320: NANKO, 1993, 260].

Mitte Juni 1937 gründete sich die im September 1933 verbotene Ludendorff-Bewegung als „Bund für deutsche Gotteserkenntnis" neu [124: BORST, 1969], im selben Jahr wurde Artur Dinters 1927 gegründete „Deutsche Volkskirche e.V." verboten, nachdem schon seine Gesuche um Wiederaufnahme in die NSDAP aus den Jahren 1933 und 1937 abschlägig beschieden worden waren. Mathilde Ludendorff und ihr prophetisches Sendungsbewußtsein standen im Mittelpunkt der Ludendorff-Bewegung, deren Heilslehre darin bestand, sich eines im innersten Selbst erlebten Gottes zu vergewissern und sich diesen anzueignen. Erich Ludendorff, 1923 wortgewaltiger Mitverschwörer beim Hitlerputsch, trat zunehmend in den Hintergrund.

<small>Ludendorff und Dinter</small>

Auch Hitler-Jugend-Führer Baldur von Schirach [254: BÄRSCH, 1998, 162ff.] legte auf eine klare Distanz zwischen der DG und anderen völkischen Bewegungen einerseits und der HJ andererseits erheblichen Wert. Dabei vertrat er den für beinahe alle Parteigrößen charakteristischen Standpunkt, die Glaubensbewegung der deutschen Jugend sei die NSDAP. Nach diesem Verständnis sollte allein die NSDAP die Weltanschauung des deutschen Menschen ausmachen, also die Partei und ihre grundsätzlichen Äußerungen das Zentrum der deutschen Säkularreligion bilden. Ihr Gegenstand waren Volk, Führer und Vaterland in tief mystischer Vereinigung.

<small>Baldur von Schirach</small>

Die Nürnberger Reichsparteitage bildeten ein eigenständiges kultisches Element dieser politischen Religion. Hier wurden die mythisch überhöhte, geschlossene Volksgemeinschaft, Führerkult und Opfer-

<small>Nürnberger Reichsparteitage und andere Weihespiele</small>

bereitschaft für die Volksgemeinschaft anschaulich dargestellt [297: KAROW, 1997]. Leni Riefenstahls visualisierende Ausdrucksformen des Religiösen (in ihrem Film: Triumph des Willens, 1934–36) wie Richard Wagners Musikdramen als kultisch-nationale Weihespiele bedurften in ihrer unmittelbaren Gewalt keiner theoretischen Begleitung. Eine solche hätte die Faszination intensiven Erlebens nur gestört.

Die Einheit von Emotionen, Kognitionen und Verhalten

Diese emotionalen Elemente schaudernder Erregung im Rahmen der NS-Liturgie waren freilich nicht isoliert. Sie erfuhren durch ein nüchternes Wissenschafts-, Technik- und Fortschrittsdenken auf kognitiver Ebene eine wichtige Ergänzung. Beide Komponenten mobilisierten ein ebenso effektives wie opferbereites Handeln, dessen positive, an „Wunder" grenzende Ergebnisse zu einer wachsenden Stabilisierung des „volksgemeinschaftlichen" Verhaltens im Sinne der NS-Ideologie führten. Dazu trug auch die Vermischung rassemythischer Elemente mit „modernen" sozialstaatlichen Komponenten bei [327: RECKER, 1998]. Schließlich bereitete die konservative Philosophie eines Carl Schmitt [128: DAHLHEIMER, 1998] den Boden für eine „politische Theologie", die den Staat personalisierte und durch die Proklamation der religiös notwendigen „Unterscheidung von Freund und Feind" einerseits und eines tiefsitzenden Antijudaismus andererseits der NS-Ideologie die entsprechenden Kategorien an die Hand gab [139: GROSSHEUTSCHI, 1996]. Schmitts philosophisch abgeleitete Hochschätzung von Genie, Autorität, Wahn, irrationalen Affekten und einer unmittelbaren „mystischen Bildlichkeit" stützte auf hohem intellektuellen Niveau die „barbarische" Herrenmenschen-Lehre des Nationalsozialismus.

Abgrenzung der NSDAP und ihrer Gliederungen gegen alle Religionen

Ebenso wie gegenüber den Kirchen verfolgten NSDAP, HJ, SS und SA eine harte Abgrenzungsstrategie in bezug auf die Völkischen. Die Führer der NS-Gliederungen sollten weder Mitglieder in irgendeiner Kirche noch einer anderen „Glaubensbewegung" sein. Für die keiner Religionsgemeinschaft angehörenden, aber irgendwie gläubigen „Volksgenossen" wurde am 26. November 1936 durch Ministerialerlaß der Begriff „Gottgläubige" eingeführt, um den pejorativen Begriff „Dissident" zu ersetzen.

Weltanschauliche Polyzentrik

Das religiöse Durcheinander weltanschaulicher Polyzentrik im Kraftfeld des NS entsprach der polykratischen Struktur nationalsozialistischer Herrschaftsorganisation und sorgte wie diese für uneindeutige Verhältnisse [301: KROLL, 1998, 19 f.]. Aufgrund des Gegeneinanders der verschiedenen völkischen Bewegungen, wohldosierter Gunstbezeugungen und Abmahnungen ihnen wie den Kirchen gegenüber konnten sich auf seiten des nationalen Protestantismus lange Zeit illusionäre Selbsttäuschungen über die wahren Absichten des Regimes halten.

2. Probleme, Arbeitsschwerpunkte und Desiderate

Aus der „völkischen" Bewegung ging auch der 1929 von Alfred Rosenberg (1891–1946) [254: BÄRSCH, 1998] gegründete „Kampfbund für deutsche Kultur" hervor, dem Hauer im Mai 1933 beitrat [320: NANKO, 1993, 62]. Auch Rosenbergs Verhältnis zur NSDAP war von vornherein umstritten. Schon aus der frühen „Kampfzeit" datierten Vorbehalte gegen ihn. Die randständige Organisation konnte nur mit Hilfe der Partei Öffentlichkeitswirkung entfalten. Kontinuierliche Förderung hatte Rosenberg von seinem väterlichen Freund, Dietrich Eckart (1868–1924) [254: BÄRSCH, 1998, 45 ff.], dem völkischen Dichter und ersten Hauptschriftleiter des „Völkischen Beobachter" (VB), erfahren. 1923 übernahm er von ihm das VB-Hauptschriftleiteramt, seit 1937 fungierte er als Herausgeber des VB. Am 24. Januar 1934 wurde er mit der „Überwachung der gesamten geistigen und weltanschaulichen Schulung und Erziehung" der nationalsozialistischen Bewegung beauftragt. Neben Eckart übten die Schriften Houston Stewart Chamberlains und dessen eigenwillige Kant-Rezeption starken Einfluß auf Rosenberg aus, im Blick auf seine griechisch-germanische Kulturkreis- und Menschentums-Konzeption nahm er Anleihen bei Oswald Spengler vor [301: KROLL, 1998, 131]. Seinen Religionsbegriff leitete Rosenberg von der Mystik Meister Eckharts ab. Dem individuellen „Himmelreich in uns" korrespondiert eine kollektive Identität, wenn das „Volk eins mit sich selbst" [58: ROSENBERG, Mythus, 699] ist. Rosenberg sprach in seinem zuerst 1930 veröffentlichten „Mythus des 20. Jahrhunderts" die in typisch gnostischer Metaphorik [BÄRSCH, in 178: MAIER/SCHÄFER, Bd. 2, 238, Anm. 56] gehaltenen NS-Mythen aus, während die „eingeweihten" Führungszirkel des Nazi-Regimes und Hitler selbst sich meist bedeckt hielten, um mit ihren religiösen Vorstellungen in der Öffentlichkeit keine ideologischen Angriffsflächen zu bieten.

Obwohl der „Weltanschauungskampf" zwischen bekenntniskirchlichen Gruppen einerseits, völkischer Glaubensbewegung und nationalsozialistischem Mythos andererseits schon vor 1933 begonnen hatte [189: PÖHLMANN, 1998, 193 ff.], nahmen die Beteiligten auf kirchlicher Seite – allen voran der Leiter der Apologetischen Centrale (AC), Walter Künneth – erst seit 1937 den Sachverhalt ernst, daß es sich bei Rosenbergs Schriften nicht um Privatarbeiten handelte, sondern um Kernstücke der nationalsozialistischen Weltanschauung [292: IBER, 1987, 231 ff.]. Auch die Wechselbeziehung des Begriffs „positives Christentum" im Artikel 24 des Parteiprogramms einerseits und in Rosenbergs „Mythus" andererseits wurde erst 1937 deutlich gesehen [aaO., 266].

Margin notes: Alfred Rosenberg und der „Mythus des 20. Jahrhunderts"; Weltanschauungskampf der Kirchen mit dem NS

Die Apologetische Centrale im Dritten Reich

Zunächst stellten sich die AC und ihre Mitarbeiter ganz in den Dienst des neuen Reiches und der Reichskirche [52: KÜNNETH/SCHREINER, Die Nation vor Gott]. Doch trotz anfänglicher Zusammenarbeit mit der Gestapo [292: IBER, 1987, 122f. Anm. 89], der Reichskirchenregierung [189: PÖHLMANN, 1998, 201 ff.] und später dem Reichskirchenausschuß beeinträchtigten zwischen 1934 und 1937 die kirchenpolitischen Auseinandersetzungen um die AC sowie staatliche Verbote von Veranstaltungen und Publikationen deren apologetische Arbeit. Die ständigen Kontroversen banden auch die Kräfte ihres Leiters. Künneths Bemühungen, die AC aus dem Central-Ausschuß (CA) für Innere Mission herauszulösen und zu einer „apologetischen Reichszentrale" umzugestalten, scheiterten. Die AC litt ständig unter Geldmangel und war mehrfach von Schließung bedroht. Ihr Anschluß an den lutherischen BK-Flügel stieß im CA-Vorstand auf heftige Kritik. Auf seiten des CA distanzierte man sich immer demonstrativer von der AC, um aus der „Zwickmühle" der Mitverantwortlichkeit für deren Arbeit herauszukommen [aaO., 210]. 1936 intensivierte die AC ihre Schulungsarbeit für kirchliche Mitarbeiter durch die Eröffnung eines „Seminars für den volksmissionarischen Dienst der Kirche". Anfang Oktober 1937 wurde Künneths Erwiderung auf Rosenbergs „Protestantische Rompilger" von der Gestapo verboten [292: IBER, 1987, 233], doch im Monat darauf konnte er einen in der Nürnberger Sankt Lorenzkirche gehaltenen Vortrag in hoher Auflage publizieren [51: KÜNNETH, 1937]. Am 9. November 1937 teilte das Reichskirchenministerium dem preußischen EOK-Präsidenten mit, es habe die Gestapo darauf hingewiesen, daß die AC unter das Verbot illegaler Fortbildungsstätten falle [189: PÖHLMANN, 1998, 210]. Am 10. Dezember 1937 wurde die AC durch die Gestapo geschlossen [292: IBER, 1987, 178], im Jahr darauf ihr gesamtes Vermögen zugunsten des Preußischen Staates eingezogen.

Die Auseinandersetzung kirchlicher Apologeten mit Rosenbergs „Mythus"

Schon 1935 waren die großen Auseinandersetzungen kirchlicher Apologeten mit Rosenbergs „Mythus" erschienen [257: BAUMGÄRTNER, 206ff.]. Einigen ist die Faszination gegenüber der NS-Bewegung der frühen Jahre, die Künneth 1931 zu einem bedingten „Ja" veranlaßte, noch abzuspüren. 1932 ordnete Künneth die NS-Weltanschauung der breiten völkischen Religiosität zu [26: KLOTZ, 1932], deren Grundideen einen Artur Dinter mit Mathilde Ludendorff, der Deutschkirche und Rosenberg verbinden [340: SCHOLDER, I, 124ff.]. Der Grund für die entschiedene apologetische Auseinandersetzung mit Rosenbergs „Mythus" seit 1935 bestand vor allem darin, daß sich das völkische Gedankengut der Deutschgläubigen im Prozeß der NS-Milieubildung von einer eher sektiererischen Bewegung zu einer zwar wenig organisier-

2. Probleme, Arbeitsschwerpunkte und Desiderate

ten, aber doch mächtigen Zivilreligion entwickeln konnte. Der Geist dieses nordischen Mythus wurde auf „tausend Kanälen [...] der Seele unseres Volkes zugeführt" [50: KÜNNETH, 1936, VI] und übte seine „stetig erziehende Wirkung" aus. Die politisch-kulturelle Situation hatte eine Bündelung christentumskritischen Gedankenguts bewirkt, dessen Wurzeln bis weit ins 19. Jahrhundert zurückreichten. Demgegenüber hatte der in sich zerrissene, religiös erstarrte Protestantismus kaum mehr die Möglichkeit, Massen zu mobilisieren. Es dürfte kein Zufall sein, daß die intensive Diskussion um Rosenbergs „Mythus" erst richtig einsetzte, als in der BK – der einzigen reformatorischen Gegenbewegung auf biblisch-dogmatischer Grundlage mit religiöser Ausstrahlungskraft und Bindungsfähigkeit – Spaltungen und innere Auflösungserscheinungen offenkundig wurden. Dem „Helferkreis" der Dahlemer Gemeinde beispielsweise erschien die BK nur noch als ein „Trümmerhaufen" [333: SCHÄBERLE-KOENIGS, 1998, 261 ff.].

Für den Anhänger des „Lutherrats", Künneth, bedeutete die Abwehr gegen Rosenbergs „Mythus" nicht auch eine Ablehnung der NS-Rassepolitik. Am 19. Oktober 1936 schrieb er dem „Stellvertreter des Führers", Rudolf Heß, er habe während der ökumenischen Konferenz im schwedischen Sigtuna im Oktober 1935 „für ein neues Verständnis der nationalsozialistischen Weltpolitik und vor allem auch der nationalsozialistischen Rassepolitik gekämpft" [189: PÖHLMANN, 1998, 225, Anm. 189]. Im Frühjahr 1936 erweiterte die AC ihre Berliner Schulungsarbeit durch die Einrichtung von Seminarkursen, der „Lutherrat" und andere Landes- und Provinzialkirchen entsandten ihre jungen Theologen zu Evangelisch-Kirchlichen Rüstzeiten ins Johannesstift nach Spandau [aaO., 226]. Daneben bestimmten die publizistische Arbeit, Kleinschriften (u.a. Schulungsbriefe der AC für die Laienschulung) und Buchveröffentlichungen die Tätigkeit der AC. Mit ihrem weitgefaßten Engagement, insbesondere den „Berichte[n] zur Lage", stellte die AC ein ernsthaftes Konkurrenzunternehmen zu Rosenbergs „Kirchenpolitischem Archiv", bzw. seit November 1937 „Amt weltanschauliche Information" dar. Trotz verschiedener Erschwernisse leistete sie unter Künneths Führung mit kontroverspublizistischen Mitteln eine beachtliche Abwehrarbeit gegen die antichristliche, neuheidnische Propaganda.

Walter Künneth

Bis 1938 betonten dagegen die DC unterschiedlicher Färbung Übereinstimmungen zwischen Rosenbergs „Mythus" und ihrer Religion, um die gemeinsame NS-Plattform zu behaupten. Tatsächlich sind im Bereich der als „zweite Reformation" bezeichneten „Säuberungsmaßnahmen" des Christentums von Alttestamentlich-Jüdischem und

Die Deutschen Christen und Rosenbergs „Mythus"

der Transformation des „Entmythologisierten" zu „arteigener Frömmigkeit" bis in die Sprache hinein Parallelen feststellbar [301: KROLL, 1998, 141 ff.]. Erst nach 1937/38 lassen sich – im Gefolge der Zurückweisung durch den NS – mehr oder weniger verhaltene Abgrenzungen feststellen. Im emotionalen Zwiespalt zwischen Deutschsein und Evangelischsein suchten manche Theologen beides zu halten, indem sie allzu rigide Forderungen Rosenbergs ebenso abzumildern suchten wie die Ansprüche seitens der christlichen Glaubensgemeinschaft. Neben vorsichtigen Korrekturen und Abgrenzungen gegenüber einer politisch gleichsinnigen, aber religiös rivalisierenden Bewegung begegnet bei anderen eine Identifikation mit den Zielen Rosenbergs, die den eigenen Auftrag nur noch als Vorbereitung zu jener religiösen Neugestaltung versteht [257: BAUMGÄRTNER, 237].

Friedrich Grünagel Der liberale Kulturlutheraner Friedrich Grünagel (1901–1983), 1936 bei den DC ausgetreten, zeitweise kommissarischer theologischer Referent Zoellners in der Deutschen Evangelischen Kirchenkanzlei und Verfasser des Vorentwurfs für das „Wort zur kirchlichen Lage" vom 20. November 1936 [224: ZIEGERT, 1998, 330], versuchte sich in „Positive[r] Würdigung und immanente[r] Kritik" des Rosenbergschen Ansatzes.

Heinrich Forsthoff und die Akademie-Gründungen Grünagel war aus der Bildungsbewegung Ernst Fuchs' gekommen und hatte sich 1933 Heinrich Forsthoffs (1871–1942) „Evangelischem Akademie"-Konzept angeschlossen. Mit seiner Evangelischen Akademie an der Technischen Hochschule Aachen suchte Grünagel vor und nach der Zoellner-Episode (bis 1940) ein kulturlutherisch-neuprotestantisches Bildungskonzept zu verwirklichen, das natürlich der Bekennenden Kirche Barths, aber auch den DC und Rosenberg sehr kritisch begegnete. In dieser Haltung traf er sich ganz mit dem Düsseldorfer Propst und theologischen Führer der Landesgruppe Glaubensbewegung Deutsche Christen (GDC), Heinrich Forsthoff. Auf der Rechtsgrundlage des noch gültigen Erlasses des preußischen Wissenschaftsministeriums vom 25. Februar 1919 rief Forsthoff – neben Aachen – im Spätherbst 1933 universitär orientierte Akademie-Volkshochschulen in Essen, Köln, Düsseldorf, Dortmund und anderswo ins Leben [224: ZIEGERT, 1998, 307]. Die Aufgabe dieser religiös-kirchlichen Laien-Institute bestand in der volksmissionarisch gedachten Vermittlung einer interdisziplinären Lebenshermeneutik durch die Kirche als Kulturträger – jenseits der kirchlichen und weltanschaulichen Lager, aber in einer Schicksalsgemeinschaft mit Staat und Gesellschaft.

Antirömische Affekte im Protestantismus Neben der Affinität zum Völkisch-Deutschen bildete der „antirömische Affekt" in Rosenbergs Weltanschauung eine große Versuchung für den DC-nahen Protestantismus. Antirömisches Gedankengut, wie

2. Probleme, Arbeitsschwerpunkte und Desiderate

es im Evangelischen Bund gepflegt wurde, bot hier die ideologische Brücke zu gemeinsamer „Abwehr" gegen römisch-katholische Ansprüche [vgl. 224: ZIEGERT, 1998, 314f.].
Weder die Kirchenausschußpolitik noch der Kirchenwahlerlaß Hitlers vom 15. Februar 1937 entsprachen Rosenbergs religionspolitischem Konzept. Als auch das Wahlprojekt Mitte 1937 praktisch vom Tisch war, begann für den NS-Chefideologen eine neue Phase der Auseinandersetzung. Für Rosenberg bildeten auch die Nationalkirchler eine Nachhut der Kirchen und nicht die Vorhut der völkischen Welt- und Geschichtsauffassung. Insofern galt seine Ablehnung allen am Kirchenkampf beteiligten Gruppierungen. Mit dieser Argumentation zugunsten der „reinen völkischen Lehre" begab sich Rosenberg strukturell auf dieselbe Ebene wie der entschiedene BK-Flügel. Denn das völkische Weltanschauungskonglomerat, über dessen Verfügungsrecht und innere Konsistenz er so eifersüchtig wachte, war in Deutschland längst Bestandteil eines zivilreligiösen Konsenses geworden. Ein wesentliches Anliegen nahezu aller kirchenpolitischer Gruppierungen mit Ausnahme der radikalen Bekenntnisfront zielte auf eine synkretistische Rezeption völkischen Gedankengutes. Charakteristisch dafür, wie tief diese weltanschaulichen Elemente in die verschiedenen christlichen Subkulturen eingesunken waren, ist die Tatsache, daß die von außen wahrgenommene „Anlehnung an das NS-Regime" [184: MIKOSCH, 95] nach eigenem Verständnis nicht zutraf. In der Zurückweisung solcher weltanschaulicher Synthese-Konzepte hemmten Rosenberg und andere den ungehinderten Transport ihrer Weltanschauung in die Breite der Bevölkerung hinein. Indem sie so den überkommenen religiösen Sinn-Agenturen die offerierte Kooperation verweigerten, verhielten sie sich ähnlich „sektiererisch" wie ihr schärfster Antipode.

Darüber, ob es sich im italienischen Faschismus, im russischen Kommunismus und im deutschen Nationalsozialismus um „religionsähnliche Phänomene" [H. MAIER, in 176: LÜBBE, 1995, 97; vgl. 177: MAIER, 1995], um Religionen oder totalitäre Ideologien handelt, herrscht unter Historikern, Theologen und Sozialwissenschaftlern keine Einigkeit. Während für SCHOEPS daran kein Zweifel besteht, meint H. MOMMSEN, zu einer Religion gehöre ein klar strukturiertes dogmatisches Lehrgebäude [vgl. H. MOMMSEN, in 178: MAIER/SCHÄFER, Bd. 2, 1996, 173–181; SCHOEPS, in 260: BESIER, 2000]. Dieser Sachverhalt weist auf einen unklaren Religionsbegriff.

Nach dem Scheitern der Kirchenreform-Bewegung der späten 60er und frühen 70er Jahre verstärkte sich in der evangelischen Volkskirche der Eindruck großer Unsicherheit im Blick auf die zentralen

Zurückweisung aller Synthesekonzepte

Sind die politischen Religionen des 20. Jahrhunderts „Religion"?

Staat, Kirche und Gesellschaft in der Bundesrepublik Deutschland

Inhalte des christlichen Glaubens. Rückzugsbewegungen auf den Kernbereich, die von unterschiedlicher Seite empfohlen werden, könnten die „Arbeitsteilung zwischen Kirche und Staat" in der Bundesrepublik gefährden, wonach „den Kirchen die Pflege der Gesinnung der Bürger" überlassen blieb [vgl. R. SCHIEDER, in: KZG 8 (1995), 220–226, hier: 222]. Passen sich die Kirchen der säkularen Kultur jedoch an, um diese Entwicklung zu verhindern, verflüssigen sie sich immer weiter. Im Blick auf die Geschichte der Bundesrepublik wie der DDR wird zu untersuchen sein, inwieweit zivilreligiöse Phänomene vagierende christentumsgeprägte Potentiale enthalten [vgl. 394: W. VÖGELE, 1994], die in eine weiter gefaßte „Christentumsgeschichte" zu integrieren wären [vgl. NOWAK, in 444: DOERING-MANTEUFFEL/NOWAK, 1996, 67–71]. Auch religionsgeschichtliche Unternehmungen beschränkten sich bisher auf religiöse Phänomene aus den amtskirchlich oder vereinskirchlich organisierten Großkonfessionen. Darüber hinaus ist zu prüfen, ob der Gesamtkomplex bereits derart zerfasert ist, daß eine Religionsgeschichte Deutschlands unter Einschluß der Zivilreligionen und neueren religiösen Gruppierungen geschrieben werden müßte. Mit etwa 850 000 Mitgliedern weisen letztere heute rund dreimal so viele Anhänger auf wie die Freikirchen.

Allmähliche Auswanderung aus den „Volkskirchen"

Eine im Herbst 1997 veröffentlichte Umfrage des Instituts für Demoskopie in Allensbach vom Frühjahr 1993 [vgl. Allensbacher Berichte 1997/10, 5] unterstreicht die abnehmende Bedeutung klassischer Religiosität. Auf das Item: „Das gäbe es in meiner idealen Welt" rangiert Freiheit mit 97 Prozent der Respondenten an erster Stelle. „Religiosität" nimmt bei den insgesamt 17 Positionen den vorletzten Platz ein. Nur 45 Prozent der Befragten sind also der Auffassung, daß „Religiosität" für ihre „ideale Welt" von Bedeutung sei. Einer Umfrage vom Frühjahr 1998 zufolge, die von den beiden großkirchlichen Männerwerken in Auftrag geben wurde, hält sich fast jeder zweite deutsche Mann für areligiös [P. ZULEHNER/R. VOLZ, Männer im Aufbruch. Wie Deutschlands Männer sich selbst und wie Frauen sie sehen, 2. Aufl. Ostfildern 1999]. Nur noch 31 Prozent der befragten Protestanten „glauben den christlichen Gott im Sinne kirchlicher Lehre" [aaO., 207]. Kaum oder gar nicht mit ihrer Kirche verbunden sehen sich 51 Prozent der Protestanten [aaO., 208]. Der Gottesdiensbesuch spiegelt diese Haltung [KIRCHENAMT DER EKD/REFERAT STATISTIK (Hrsg.), Gottesdienstliches Leben in der evangelischen Kirche, Hannover 1998]. Nach einer empirischen Untersuchung von K.-P. JÖRNS [Die neuen Gesichter Gottes. Die Umfrage „Was die Menschen wirklich glauben" im Überblick, München 1997] erkennen nur noch zwei Drittel der von ihm

Innere Selbstsäkularisierung der Theologie

2. Probleme, Arbeitsschwerpunkte und Desiderate

befragten Gemeindepfarrer Jesus Christus das Gottesprädikat zu. Gar nur ein Drittel hält die Heilige Schrift noch für heilig und lediglich 43 Prozent glauben noch an die Allmacht Gottes. Mit der Degradierung des ewigen Gottessohnes zum bloßen Menschen Jesus korrespondiert der Zusammenbruch der christlichen Erlösungslehre: An die zentrale biblisch-theologische Aussage der Erbsünde glauben nur noch 13 Prozent der befragten Pfarrer. Mit einem Jüngsten Gericht rechnet nur noch ein Drittel dieser Pastoren. Richtig bemerkt JÖRNS, daß diese Ergebnisse die Frage aufwerfen, „wie die Kirchen mit der Diskrepanz zwischen dem, was sie lehren, und dem, was selbst die Glaubenslehrer und -lehrerinnen in Kirche und Gemeinde wirklich glauben, künftig umgehen wollen" [aaO., 210]. Jüngste Befragungen zum Pfarrerbild bestätigen ein zunehmendes Desinteresse junger Geistlicher an theologischen Fragen [Hessen-Nassau, 1998; Rheinland, 1998].

Neben dem Problem zweier unterschiedlicher – auch religiöser – Kulturen in Ost und West scheinen die Deutschen vor einer beide Landesteile betreffenden „seelischen Wende" zu stehen. Sie verweigern sich zunehmend den gesellschaftlich sanktionierten „Heils- und Gnadenanstalten" (Ernst Troeltsch), verabschieden sich – meist leise – aus der überkommenen Volkskirche und bringen diese zunehmend in Erklärungsnöte. Denn das seit 1919 bestehende Modell der „hinkenden Trennung" (U. STUTZ) von Staat und Kirche geht stillschweigend davon aus, daß die Mehrheit der Bevölkerung einer der beiden Großkirchen angehört [127: A. v. CAMPENHAUSEN, ³1996]. Doch seit 1969 ließ sich die allmähliche Auswanderung der Christen aus ihren Kirchen nicht mehr übersehen. Seither werden in der EKD etwa alle zehn Jahre offizielle kirchliche Umfragen vorgenommen, die das Denken, Fühlen und Handeln der Kirchenmitglieder erfassen wollen. Die Kirchen stehen also vor keiner politischen Bedrohung ihres öffentlich-rechtlichen Status, sondern müssen erleben, daß das Kirchenvolk ihnen wegläuft. Diese innere Auszehrung könnte die politischen Kräfte nötigen, über die Stellung der Kirchen in der Gesellschaft neu nachzudenken. Eine breitere öffentliche Diskussion wird jedoch bislang von den großen Volksparteien ebenso wie von den Verantwortlichen der Volkskirchen auch in strittigen Fragen wie der Militärseelsorge vermieden. In beiden kleinen möglichen wie faktischen Koalitionsparteien – in der FDP wie bei den Bündnis/Grünen – gibt es beachtliche politische Potentiale, die einer klaren Trennung von Staat und Kirche das Wort reden. In dem Maße, in dem die Kirchen aufgrund ihres Mitgliederschwunds an äußerer Macht verlieren, werden die liberalen und grünen Volkskirchen-Skeptiker an Einfluß gewinnen.

Trennung von Staat und Kirche?

II. Grundprobleme und Tendenzen der Forschung

Säkularreligion

Das Abnehmen der Anmutungskraft auf seiten der etablierten Religionsgemeinschaften ist ein Prozeß, dessen Entwicklung sich im 19. und 20. Jahrhundert ziemlich genau verfolgen läßt. Parallel dazu wuchs die emotionale Gewalt politischer Ersatzreligionen in Deutschland. Der übersteigerte Nationalismus, ein ungebrochener Personenkult (Bismarck, Hindenburg, Lenin, Hitler, Stalin), der Sozialismus und der Nationalsozialismus übernahmen als politische Bewegungen die Funktion religiöser Erweckungen und Heiligenverehrungen. Die Friedensbewegung der 80er Jahre, die Menschenrechtsbewegung und auch die Umweltbewegung tragen übrigens ebenfalls unverkennbar religiöse Züge. Die Tatsache, daß die Religionsgesellschaften sich diesen Bewegungen anschmiegten, ja mitunter behaupteten, sie seien die originären Schöpfer dieser Ideen, änderte nichts daran, daß sie in einer Art Trittbrettfahrer-Position verblieben.

Vergleich mit den USA

Anders als in Deutschland und anderen mehrheitlich evangelischen Ländern ist in den USA eine Versäulung der alten Mainline Churches zu Ungunsten neuer religiöser Bewegungen unterblieben. Man kann im Gegenteil feststellen, daß sich immer neue religiöse Denominationen bildeten, die z.t. freilich den alten Kirchen auch Mitglieder nehmen. Aufgrund dieser konkurrierenden Kirchengründungs-Dynamik wächst – im Unterschied zu Europa – die Zahl der Christen in Amerika ständig [R. FINKE/R. STARK, The Churching of America 1776–1990. Winners and Losers in our Religious Economy, New Brunswick 1992]. Das Christentum bestimmt die dortige Zivilreligion – also die minimale religiöse Konsensbildung einer Gesellschaft unter Absehung konfessioneller Unterschiede [175: LÜBBE, 1990, 323 ff.] – auf einem außerordentlich hohen Niveau.

Hierarchisierung von Religionen in Deutschland

In Deutschland suchen die großen Kirchen im Verein mit dem Staat die vertikale Struktur innerhalb der Religionen aus der Zeit des Staatskirchentums zu konservieren: Auf der obersten Stufe stehen die beiden Volkskirchen, deutlich darunter die Freikirchen, die noch in den 20er Jahren zu den „Sekten" zählten. Hier werden Baptisten, Methodisten, Quäker und andere eingeordnet. Unterhalb der Freikirchen rangieren die Sondergemeinschaften, weil sie – wie die Siebenten-Tags-Adventisten – Sonderlehren mit teilweise „sektiererischen Zügen" vertreten. Eine weitere Stufe abwärts rangieren die Sekten. Dazu werden die Neuapostolische Kirche, Zeugen Jehovas und Christian Science gerechnet. Noch weiter hinab geht es zu den esoterischen und neugnostischen Weltanschauungen und Bewegungen wie die Anthroposophie Rudolf Steiners. Auf der vorletzten Stufe der Religionsleiter befinden sich missionierende Religionen des Ostens, Neureligionen und sog.

2. Probleme, Arbeitsschwerpunkte und Desiderate

„Jugendreligionen". Dazu zählen Transzendentale Meditation, Hare Krishna und andere. Ganz zum Schluß kommen die „Psycho-Organisationen" wie Scientology und andere [vgl. 196: RELLER, Handbuch Religiöse Gemeinschaften, ⁴1993]. Mit dieser faktischen Hierarchisierung wird die in der Bundesrepublik verfassungsrechtlich garantierte Religionsfreiheit beträchtlich relativiert. Denn es gibt eben „Kirchen und andere" [FAZ vom 16. 8. 1997]. Die Kirchen stehen dem Staat nicht nur näher, weil sie den Rechtsstatus einer „Körperschaft des öffentlichen Rechtes" besitzen. Sie gelten als Religionsexperten schlechthin, wie z. B. die Berufung kirchlicher Sektenbeauftragter in die Enquete-Kommission zu „Sogenannten Sekten und Psychogruppen" des Deutschen Bundestags zeigt.

Die Frage der Neu-Definition dessen, was die in den demokratischen Verfassungen des Westens garantierte Religionsfreiheit umfaßt und was sie ausschließt, steht auf der europäischen Tagesordnung. Das zeigte der Amsterdamer EU-Gipfel zu Maastricht II im Zusammenhang mit der Diskussion, ob im Vertragswerk ein „Kirchenartikel" Platz haben solle [G. ROBBERS, Einführung in das deutsche Recht. 2. Aufl. Baden-Baden 1998, 147–157; A. BARDENHEWER (Bearb.), Vertrag von Amsterdam. Text und konsolidierte Fassung des EU- und EG-Vertrags, Baden-Baden 1997]. Anders als in Deutschland war es für Frankreich, das den religiösen Bereich ganz der privaten Sphäre zurechnet, undenkbar, in einen Vertrag zwischen Staaten die Anliegen der Religionsgemeinschaften aufzunehmen. Der Amsterdamer Kompromiß Mitte Juni 1997: eine Erklärung zur Schlußakte, die nach EKD-Amtsmeinung freilich in „ihrer Bedeutung hinter dem ursprünglich angestrebten ‚Kirchenartikel' zurückbleibt". Die von den Deutschen immerhin durchgesetzte Formulierung der Schlußerklärung lautet: „Die Europäische Union achtet den Status, den Kirchen und religiöse Vereinigungen oder Gemeinschaften in den Mitgliedsstaaten nach deren Rechtsvorschriften genießen, und beeinträchtigt ihn nicht." Erst durch eine Intervention der Belgier erhielt die Erklärung folgende Ergänzung: „Die Union achtet den Status von weltanschaulichen Gemeinschaften in gleicher Weise" [BARDENHEWER, aaO., 133].

Eine gute Zusammenfassung der staatskirchenrechtlichen Diskussion in Deutschland vor dem Hintergrund des europäischen Kontextes gibt A. HOLLERBACH [Religion und Kirche im freiheitlichen Verfassungsstaat. Bemerkungen zur Situation des deutschen Staatskirchenrechts im europäischen Kontext, Berlin/New York 1998]. Er bezeichnet das deutsche System „als mittlere, die Extreme vermeidende Lösung" [aaO., 28] mit einem gewissen Vorbildcharakter für Europa.

Maastricht II

Staatskirchenrecht

„Lebenskräftig ist es freilich nur, wenn es in der Gesellschaft Akzeptanz findet und wenn insbesondere die Kirchen in der Lage sind, den ihnen gebotenen Raum glaubwürdig auszufüllen" [ebd.]. Für HOLLERBACH wie für die Mehrheit der deutschen Staatskirchenrechtler besitzt die Sentenz E.-W. BÖCKENFÖRDES aus dem Jahr 1967 bleibende Bedeutung für das Verhältnis von Staat und Religion: „Der freiheitliche, säkularisierte Staat lebt von Voraussetzungen, die er selbst nicht garantieren kann" [E.-W. BÖCKENFÖRDE, Recht, Staat, Freiheit. Studien zur Rechtsphilosophie, Staatstheorie und Verfassungsgeschichte, Frankfurt/M. 1991, 112].

Die Enquete-Kommission des Deutschen Bundestages zu sog. Sekten und Psychogruppen

Etwa gleichzeitig mit der europäischen Absicherung des Rechtsstatus' der Groß- und etablierten Freikirchen unternahmen in Frankreich [vgl. 152: INTROVIGNE, 1998], Belgien und Deutschland parlamentarische Kommissionen eine kritische Sichtung der neuen religiösen Bewegungen sowie der vielfältigen Lebenshelfer und Sinndeuter. Mitte Juni 1998 legte die Enquete-Kommission zu sog. „Sekten und Psychogruppen" ihren Schlußbericht vor. Die von ihr in Auftrag gegebenen Forschungen und Gutachten zeigten übereinstimmend, daß die neuen religiösen und weltanschaulichen Bewegungen kaum höhere Gefahren bergen als das, was von vergleichbaren sozialen Kontexten auch ausgeht [373: Gutachtenband der Enquete-Kommission, 1998]. Dennoch beschloß die Kommissionsmehrheit gesetzgeberische Handlungsempfehlungen. Sie schlägt eine Änderung des Vereins- und Steuerrechts, die Verschärfung des Wucherparagraphen, die staatliche Förderung privater Beratungsstellen und ein Gesetz zur Lebensbewältigungshilfe vor; das Bundesverwaltungsamt soll einschlägige Daten sammeln und weitergeben. Im Abschlußbericht erscheinen einige wenige religiöse Gruppen – etwa 16 von über 600 –, mit denen sich die Kommission in nichtöffentlichen Anhörungen befaßt hat.

Im Sondervotum der Grünen wird kritisiert, daß die „gewerbliche Lebensbewältigungshilfe" gesetzlich geregelt werde, dieses Gesetz aber für die Amtskirchen und andere etablierte Organisationen keine Anwendung finden soll – selbst dann nicht, wenn diese, so die Grünen, „die gleichen Verfahren wie die erwähnten privaten Dienstleister anwenden" [373: Abschlußbericht der Enquete-Kommission, 380]. Dabei haben sich laut in Auftrag gegebener Untersuchung mehr als 80 Prozent der Nutzer unkonventioneller Lebenshilfeberatung zufrieden über die Anbieter geäußert [373: Gutachtenband, 356].

Nur 0,7 Prozent der Bevölkerung sind Mitglied einer der „Sog. Sekten und Psychogruppen" oder stehen einer der Gruppen nahe, gesellschaftliches Randphänomen also.

III. Quellen und Literatur

Die Abkürzungen entsprechen dem Abkürzungsverzeichnis der Historischen Zeitschrift. Darüber hinaus werden folgende Abkürzungen verwendet:

CW	Die Christliche Welt
DA	Deutschland Archiv
Diak(S)	Diakonie. Jahrbuch des Diakonischen Werks Stuttgart
EK	Evangelische Kommentare
EKL	Evangelisches Kirchenlexikon
ER	Ecumenical Review
EvErz	Der Evangelische Erzieher
EvTh	Evangelische Theologie
FAZ	Frankfurter Allgemeine Zeitung
GEP	Gemeinschaftswerk der Evangelischen Publizistik e.V.
GNN	Gesellschaft für Nachrichtenerfassung und Nachrichtenverbreitung
HDThG	Handbuch der Dogmen- und Theologiegeschichte
IKaZ	Internationale katholische Zeitschrift
JK	Junge Kirche
KJ	Kirchliches Jahrbuch
KoGe	Konfession und Gesellschaft
KuD	Kerygma und Dogma
KZG	Kirchliche Zeitgeschichte
LM	Lutherische Monatshefte
MEKGR	Monatshefte für evangelische Kirchengeschichte des Rheinlands
NZSTh	Neue Zeitschrift für Systematische Theologie und Religionsphilosophie
PTh/WPKG	Pastoraltheologie (Wissenschaft und Praxis in Kirche und Gesellschaft)
StZ	Stimmen der Zeit
SZ	Süddeutsche Zeitung
ThLZ	Theologische Literaturzeitung
ThR	Theologische Rundschau

TRE	Theologische Realenzyklopädie
VuF	Verkündigung und Forschung
WPKG	Wissenschaft und Praxis in Kirche und Gesellschaft
ZdZ	Die Zeichen der Zeit
ZEE	Zeitschrift für Evangelische Ethik
ZevKR	Zeitschrift für evangelisches Kirchenrecht
ZKTh	Zeitschrift für Katholische Theologie
ZThG	Zeitschrift für Theologie und Gemeinde
ZThK	Zeitschrift für Theologie und Kirche

A. Quellen

1. Übergreifende Sammlungen und Quellentexte, Quellenkunden

1. K. BARTH, Gesamtausgabe. Hrsg. v. H. Stoevesandt. Zürich 1971 ff.
2. M. GRESCHAT/H.-W. KRUMWIEDE (Hrsg.), Kirchen- und Theologiegeschichte in Quellen. Bd. V: Das Zeitalter der Weltkriege und Revolutionen. Neukirchen-Vluyn 1999.
3. H. G. HOCKERTS (Bearb.), Weimarer Republik, Nationalsozialismus, Zweiter Weltkrieg. 1919–1945. Darmstadt 1996.
4. H.-J. IWAND, Nachgelassene Werke. 6 Bde. Hrsg. von H. Gollwitzer u. a. München 1962–1974.
5. DERS., Christologie. Die Umkehrung des Menschen zur Menschlichkeit. Bearb. v. E. Lempp und E. Thaidigsmann. Gütersloh 1999.
6. H. JEDIN, Lebensbericht. Mit einem Dokumentenanhang. Hrsg. v. K. Repgen. 3. Aufl. Mainz 1988.
7. J.-C. KAISER/K. NOWAK/M. SCHWARTZ, Eugenik, Sterilisation, „Euthanasie". Politische Biologie in Deutschland 1895–1945. Eine Dokumentation. Berlin 1992.
8. KIRCHLICHES JAHRBUCH, begründet v. J. Schneider. Hrsg. v. H. Barth/W.-D. Hauschild/M. Kramer/H. Schultze. 46 (1919)–123 (1996).
9. W. LEICH, Wechselnde Horizonte. Mein Leben in vier politischen Systemen. Wuppertal 1992.
10. E. LOHSE, Erneuern und Bewahren. Evangelische Kirche 1970–1990. Göttingen 1993.

11. E. MÜLLER, Widerstand und Verkündigung. Fünfzig Jahre Erfahrungen in der Kirche und Gesellschaft 1933–1983. Stuttgart 1987.
12. M. ROHKRÄMER (Hrsg.), Freundschaft im Widerspruch. Der Briefwechsel zwischen Karl Barth, Josef L. Hromádka und Josef B. Souček 1935–1968. Zürich 1995.
13. G.-S. SCHMUTZLER, Gegen den Strom. Erlebtes aus Leipzig unter Hitler und der Stasi. Göttingen 1992.
14. A. SCHÖNHERR, ... aber die Zeit war nicht verloren. Erinnerungen eines Altbischofs. Berlin 1993.
15. P. TILLICH, Main Works/Hauptwerke. Hrsg. v. C.-H. Ratschow. 6 Bde. Berlin/New York 1987–1998.
16. L. VOLK (Hrsg.), Akten Kardinal Michael v. Faulhabers 1917–1945. 2 Bde. Mainz 1975/78.

2. Weimar

17. P. ALTHAUS, Religiöser Sozialismus. Grundfragen der christlichen Sozialethik. Gütersloh 1921.
18. DERS., Staatsgedanke und Reich Gottes. Langensalza 1923.
19. K. BARTH, Der Römerbrief. 1. Aufl. München 1919; 2., neubearb. Aufl. München 1922.
20. DERS., Die Kirchliche Dogmatik I/1. Zürich 1932.
21. R. BULTMANN, Die Geschichte der synoptischen Tradition. 10. Aufl. Göttingen 1995.
22. O. DIBELIUS, Das Jahrhundert der Kirche. Berlin 1926.
23. M. GRESCHAT (Hrsg.), Der deutsche Protestantismus im Revolutionsjahr 1918/19. Witten 1974.
24. E. HIRSCH, Deutschlands Schicksal. 3. Aufl. Göttingen 1925.
25. E. R. HUBER/W. HUBER (Hrsg.), Staat und Kirche im 19. und 20. Jahrhundert. Dokumente zur Geschichte des deutschen Staatskirchenrechts. Bd. IV: Staat und Kirche in der Zeit der Weimarer Republik. Berlin (West) 1988.
26. L. KLOTZ (Hrsg.), Die Kirche und das dritte Reich. Fragen und Forderungen deutscher Theologen. 2 Bde. Gotha 1932.
27. H.-W. KRUMWIEDE (Hrsg.), Evangelische Kirche und Theologie in der Weimarer Republik. Neukirchen-Vluyn 1990.
28. J. MOLTMANN (Hrsg.), Die Anfänge der Dialektischen Theologie. Bd.1 5. Aufl. München 1977/Bd. 2 4. Aufl. München 1987.
29. R. MORSEY (Bearb.), Die Protokolle der Reichstagsfraktion und des Fraktionsvorstandes der Deutschen Zentrumspartei 1926–1933. Mainz 1969.

30. DERS./K. RUPPERT (Bearb.), Die Protokolle der Reichstagsfraktion der Deutschen Zentrumspartei 1920–1925. Mainz 1981.
31. E. PRZYWARA, Wandlung. Ein Christenweg. Augsburg 1925.

3. Nationalsozialismus (auch Quellenkunden)

32. C. ABELE/H. BOBERACH (Bearb.), Inventar staatlicher Akten zum Verhältnis Staat und Kirchen 1933–1945. Hrsg. v. der evangelischen Arbeitsgemeinschaft für kirchliche Zeitgeschichte und der Kommission für Zeitgeschichte. 2 Bde. Kassel 1987.
33. W. ADOLPH, Geheime Aufzeichnungen aus dem nationalsozialistischen Kirchenkampf. 1935–1945. Bearb. v. U. v. Hehl. Mainz 1979.
34. K. BARTH, Theologische Existenz heute! Neu hrsg. u. eingel. v. H. Stoevesandt. München 1984.
35. DERS., Rechtfertigung und Recht. Zollikon 1938.
36. H. BOBERACH (Hrsg.), Berichte des SD und der Gestapo über Kirchen und Kirchenvolk in Deutschland 1934–1944. Mainz 1971.
37. D. BONHOEFFER, Werke. Hrsg. v. E. Bethge u. a. 17 Bde. München/ Gütersloh 1986–1998. Erg.-Bd.: So ist es gewesen. Briefe im Kirchenkampf 1933–1942. Hrsg. v. D. Andersen u. a. Gütersloh 1995.
38. D. BONHOEFFER/M. VON WEDEMEYER, Brautbriefe Zelle 92. Hrsg. v. R.-A. v. Bismarck u. U. Kabitz. 2. Aufl. München 1993.
39. G. BRAKELMANN (Hrsg.), Kirche im Krieg. Der deutsche Protestantismus am Beginn des II. Weltkriegs. München 1979.
40. H. BRAUN/C. NICOLAISEN (Bearb.), Verantwortung für die Kirche. Stenografische Aufzeichnungen und Mitschriften von Landesbischof Hans Meiser 1933–1955. Bd. I: Sommer 1933 bis Sommer 1935. Göttingen 1985; Bd. II: Herbst 1935 bis Frühjahr 1937. Göttingen 1993.
41. DOKUMENTE ZUR KIRCHENPOLITIK DES DRITTEN REICHES, Hrsg. i. A. der Evangelischen Arbeitsgemeinschaft für kirchliche Zeitgeschichte von G. Kretschmar. Bearb. v. C. Nicolaisen, Bd. I: Das Jahr 1933. München 1971; Bd. II: 1934/35. Vom Beginn des Jahres 1934 bis zur Errichtung des Reichsministeriums für die kirchlichen Angelegenheiten am 16. Juli 1935. München 1975; Bd. III: Von der Errichtung des Reichsministeriums für die kirchlichen Angelegenheiten bis zum Rücktritt des Reichskirchenausschusses (Juli 1935 – Februar 1937). Hrsg. v. der Evangelischen Arbeitsgemeinschaft für Kirchliche Zeitgeschichte. Bearb. v. G. Grünzinger und C. Nicolaisen. Gütersloh 1994.

A. Quellen

42. FÜRBITTE. Die Liste der Bekennenden Kirche 1935–1944. Im Auftrag der Evangelischen Arbeitsgemeinschaft für Kirchliche Zeitgeschichte bearb. v. G. Grünzinger und F. Walter. Göttingen 1996.
43. A. GOERTZ (Bearb.), Dokumentenverzeichnis 1933–1945 (Veröffentlichungen der Kommission für Zeitgeschichte, Reihe B: Forschungen, Bd. 50). Mainz 1990.
44. F. GOGARTEN, Die Selbständigkeit der Kirche, in: Deutsches Volkstum 15 (1933), 445–451.
45. M. GRESCHAT (Hrsg.), Zwischen Widerspruch und Widerstand. Texte zur Denkschrift der Bekennenden Kirche an Hitler (1936). München 1987.
46. M. HEIN (Hrsg.), Kirche im Widerspruch. Die Rundbriefe des Bruderbundes Kurhessischer Pfarrer und der Bekennenden Kirche Kurhessen-Waldeck 1933–1945. Darmstadt 1996.
47. D. HERBRECHT/I. HÄRTER/H. ERHART (Hrsg.), Der Streit um die Frauenordination in der Bekennenden Kirche. Quellentexte zu ihrer Geschichte im Zweiten Weltkrieg. Neukirchen-Vluyn 1997.
48. M. HOFMANN, Dokumentation zum Kirchenkampf in Hessen und Nassau, 9 Bde. Darmstadt 1974–1996.
49. INVENTAR ARCHIVALISCHER QUELLEN DES NS-STAATES. Die Überlieferung von Behörden und Einrichtungen des Reiches, der Länder und der NSDAP. Teil I: Reichszentralbehörden, regionale Behörden und wissenschaftliche Hochschulen für die zehn westdeutschen Länder sowie Berlin. Im Auftrag des Instituts für Zeitgeschichte bearb. v. H. Boberach. München/London/New York/ Paris 1991.
50. W. KÜNNETH, Antwort auf den Mythus. Die Entscheidung zwischen dem nordischen Mythus und dem biblischen Christus. Berlin 1936.
51. DERS., Evangelische Wahrheit. Ein Wort zu Alfred Rosenbergs Schrift „Protestantische Rompilger". Berlin 1937.
52. DERS./H. SCHREINER, Die Nation vor Gott. Zur Botschaft der Kirche im Dritten Reich, 5. Aufl. Berlin 1937.
53. P. LÖFFLER (Bearb.), Clemens August von Galen. Akten, Briefe und Predigten 1933–1946. 2 Bde. Mainz 1988.
54. C.-R. MÜLLER, Bekenntnis und Bekennen. Dietrich Bonhoeffer in Bethel (1933). Ein lutherischer Versuch. München 1989.
55. W. NIEMÖLLER (Hrsg.), Die zweite Bekenntnissynode der Deutschen Evangelischen Kirche zu Dahlem. Text – Dokumente – Berichte. Göttingen 1958.

56. DERS. (Hrsg.), Martin Niemöller, Briefe aus der Gefangenschaft: Konzentrationslager Sachsenhausen (Oranienburg). Bielefeld 1979.
57. G. VAN NORDEN, Der deutsche Protestantismus im Jahr der nationalsozialistischen Machtergreifung. Gütersloh 1979.
58. A. ROSENBERG, Der Mythus des 20. Jahrhunderts. Eine Wertung der seelisch-geistigen Gestaltenkämpfe unserer Zeit. 12. Aufl. München 1933.
59. H. RÜCKLEBEN/H. ERBACHER (Hrsg.), Die Evangelische Landeskirche in Baden im „Dritten Reich". Quellen zu ihrer Geschichte. 3 Bde. Karlsruhe 1991–1995.
60. G. SCHÄFER (in Verbindung mit R. Fischer) (Bearb.), Landesbischof D. Wurm und der nationalsozialistische Staat 1940–1945. Stuttgart 1968.
61. DERS., Die evangelische Landeskirche in Württemberg und der Nationalsozialismus. 6 Bde. Stuttgart 1971–1986.
62. W. SCHERFFIG, Junge Theologen im „Dritten Reich". Dokumente, Briefe, Erfahrungen. 3 Bde. Neukirchen-Vluyn 1989–1994.
63. B. STASIEWSKI (Bearb.), Akten deutscher Bischöfe über die Lage der Kirche 1933–1945. Bd. 1: 1933–1934. Mainz 1968; Bd. 2: 1934–1935. Mainz 1976; Bd. 3: 1935–1936. Mainz 1979.
64. L. VOLK (Bearb.), Akten deutscher Bischöfe über die Lage der Kirche 1933–1945. Bde. 4–6. Mainz 1981–85.
65. DERS., Kirchliche Akten über die Reichskonkordatsverhandlungen 1933. Mainz 1969.
66. R. WENTORF, Der Fall des Pfarrers Paul Schneider. Eine biographische Dokumentation. Neukirchen-Vluyn 1989.

4. Gesamtdeutschland nach 1945

67. K. BARTH, Christengemeinde und Bürgergemeinde. München 1946.
68. G. BESIER u.a. (Hrsg.), Kirche nach der Kapitulation. Das Jahr 1945 – eine Dokumentation. Bd. 1: Die Allianz zwischen Genf, Stuttgart und Bethel. Stuttgart 1989; Bd. 2: Auf dem Weg nach Treysa. Stuttgart 1990; Bd. 3: Der Kompromiß von Treysa. Die Entstehung der Evangelischen Kirche in Deutschland (EKD). Eine Dokumentation. Weinheim 1995.
69. J. E. CHRISTOPH (Hrsg.), Kundgebungen. Worte, Erklärungen und Dokumente der Evangelischen Kirche in Deutschland. Bd. 2: 1959–1969. Hannover 1994.

A. Quellen 133

70. L. GEISSEL, Unterhändler der Menschlichkeit. Erinnerungen. Stuttgart 1991.
71. M. GRESCHAT (Hrsg.), Die Schuld der Kirche. Dokumente und Reflexionen zur Stuttgarter Schulderklärung vom 18./19. Oktober 1945. München 1982.
72. W. HAMMER/U.-P. HEIDINGSFELD (Hrsg.), Die Konsultationen: ein Ausdruck der „besonderen Gemeinschaft" zwischen der Evangelischen Kirche in Deutschland und dem Bund der Evangelischen Kirchen in der DDR in den Jahren 1980 bis 1990; die Sitzungsniederschriften, ergänzendes Material und Erläuterungen. Frankfurt/M. 1995.
73. F. MERZYN (Hrsg.), Kundgebungen, Worte und Erklärungen der Evangelischen Kirche in Deutschland 1945–1959. Hannover o.J. (ND 1993).
74. C. NICOLAISEN/N. A. SCHULZE (Bearb.), Die Protokolle des Rates der EKD 1945–1948. Bd. 1: 1945–1946. Göttingen 1994; Bd. 2: 1947/48. Göttingen 1997.

5. *Westzonen und Bundesrepublik*

75. Christsein gestalten. Eine Studie zum Weg der Kirche. Hrsg. vom Kirchenamt im Auftrag des Rates der EKD, Gütersloh ⁴1987.
76. N. GREINACHER/H. HAAG (Hrsg.), Der Fall Küng. Eine Dokumentation. München/Zürich 1980.
77. H. KÜNG, Die Kirche. Freiburg 1967.
78. DERS., Unfehlbar? Eine Anfrage. Zürich 1970.
79. DERS., Christ sein. München 1974.
80. DERS., Kirche – gehalten in der Wahrheit? Zürich/Einsiedeln/Köln 1979.
81. DIE LAGE DER VERTRIEBENEN UND DAS VERHÄLTNIS DES DEUTSCHEN VOLKES ZU SEINEN ÖSTLICHEN NACHBARN. Eine evangelische Denkschrift, in: Die Denkschriften der Evangelischen Kirche in Deutschland. Bd. I/1: Frieden, Versöhnung und Menschenrechte. Hrsg. v. d. Kirchenkanzlei der EKD. Gütersloh 1978, 77–126.
82. J. B. METZ, Zur Theologie der Welt. Mainz 1968.
83. J. MOLTMANN, Theologie der Hoffnung. 12. Aufl. München 1985.
84. R. RENDTORFF/H. H. HENRIX, Die Kirchen und das Judentum. Dokumente von 1945 bis 1985. Paderborn-München 1988.
85. D. SÖLLE, Stellvertretung. Ein Kapitel Theologie nach dem „Tode Gottes". Stuttgart–Berlin 1965.

86. C. VOLLNHALS (Hrsg.), Entnazifizierung und Selbstreinigung im Urteil der evangelischen Kirche. Dokumente und Reflexionen 1945–1949. München 1989.

6. Sowjetische Besatzungszone und DDR

87. G. BARBERINI/M. STÖHR/E. WEINGÄRTNER (Hrsg.), Kirchen im Sozialismus. Kirche und Staat in den osteuropäischen sozialistischen Republiken. Frankfurt/M. 1977.
88. G. BESIER/S. WOLF (Hrsg.), „Pfarrer, Christen und Katholiken." Das Ministerium für Staatssicherheit und die Kirchen. 2. Aufl. Neukirchen-Vluyn 1992.
89. S. BRÄUER/C. VOLLNHALS (Hrsg.), „In der DDR gibt es keine Zensur". Die Evangelische Verlagsanstalt und die Praxis der Druckgenehmigung 1954–1989. Leipzig 1995.
90. C. DEMKE/M. FALKENAU/H. ZEDDIES (Hrsg. im Auftrag des Rates der Evangelischen Kirche in Deutschland), Zwischen Anpassung und Verweigerung. Dokumente aus der Arbeit des Bundes der Evangelischen Kirchen in der DDR. 2. Aufl. Leipzig 1995.
91. GEMEINSAM UNTERWEGS. Dokumente aus der Arbeit des Bundes der Evangelischen Kirchen in der DDR 1980–1987. Berlin (Ost) 1989.
92. H. GIENKE, Dome, Dörfer, Dornenwege. Lebensbericht eines Altbischofs. Rostock 1996.
93. F. HARTWEG (Hrsg.), SED und Kirche. Eine Dokumentation ihrer Beziehungen. Bd. 1: 1946–1967, bearb. v. J. Heise. Bd. 2: 1968–1989, bearb. v. H. Dohle. Neukirchen-Vluyn 1995.
94. M. HÖLLEN, Loyale Distanz? Katholizismus und Kirchenpolitik in SBZ und DDR. Ein historischer Überblick in Dokumenten. Bd. 1. Berlin 1994; Bd. 2. Berlin 1997; Bd. 3/1. Berlin 1998.
95. G. LANGE/U. PRUSS/F. SCHRADER/S. SEIFERT (Hrsg.), Katholische Kirche – Sozialistischer Staat DDR. Dokumente und öffentliche Äußerungen 1945–1990. 2. Aufl. Leipzig 1993.
96. J. PILVOUSEK (Bearb.), Kirchliches Leben im totalitären Staat. Seelsorge in der SBZ/DDR 1945–1976. Quellentexte aus den Ordinariaten und Bischöflichen Ämtern. Hildesheim 1994.
97. D. REIHER (Hrsg.), Kirchlicher Unterricht in der DDR von 1949–1990. Dokumentation eines Weges. Göttingen 1992.
98. U. SCHRÖTER/H. ZEDDIES (Hrsg.), Nach-Denken. Zum Weg des Bundes der Evangelischen Kirchen in der DDR. Frankfurt/M. 1995.

99. H. SCHULTZE, Das Signal von Zeitz. Reaktionen der Kirche, des Staates und der Medien auf die Selbstverbrennung von Oskar Brüsewitz 1976. Eine Dokumentation. Hrsg. in Verbindung mit F. W. Bäumer, S. Bräuer, R. Henkys, W. Krusche, M. Onnasch. 2. Aufl. Leipzig 1993.
100. DERS./W. ZACHHUBER, Spionage gegen eine Kirchenleitung: Detlef Hammer, Stasi-Offizier im Konsistorium Magdeburg. Gespräche, Dokumente, Recherchen, Kommentare. Magdeburg 1994.
101. SEKRETARIAT DES BUNDES DER EVANGELISCHEN KIRCHEN IN DER DDR (Hrsg.), Kirche als Lerngemeinschaft. Dokumente aus der Arbeit des Bundes der Evangelischen Kirchen in der DDR, Bischof D. Albrecht Schönherr zum 70. Geburtstag. Berlin (Ost) 1981.
102. R. STEINLEIN, Die gottlosen Jahre. Berlin 1993.
103. WEISSENSEER ARBEITSKREIS (Hrsg.), Wider die Resignation der Linken. Stimmen gegen Antikommunismus, Konterrevolution und Annexion. Köln 1994.
104. F. WINTER, Der Fall Defort. Drei Brandenburger Pfarrer im Konflikt. Eine Dokumentation. Berlin 1996.

B. Literatur

1. Bibliographien

105. Bibliographie zur Zeitgeschichte. Beilage der Vierteljahreshefte für Zeitgeschichte, 1953 ff.
106. Bibliographie zur Zeitgeschichte: 1955–1980. Hrsg. v. Institut für Zeitgeschichte. Bd. 2: Geschichte des 20. Jahrhunderts bis 1945. München 1982.
107. Bibliographie zur kirchlichen Zeitgeschichte, in: Kirchliche Zeitgeschichte 1 ff. (1988 ff.; jeweils in Heft 2).
108. V. HERRMANN/J.-C. KAISER/T. STROHM, Bibliographie zur Geschichte der deutschen evangelischen Diakonie im 19. und 20. Jahrhundert. Stuttgart/Berlin/Köln/Mainz 1997.
109. J. JESSEN, Bibliographie der Selbstzeugnisse deutscher Theologen, Tagebücher und Briefe. Frankfurt/M. 1984.

2. Übergreifende Literatur (einschließlich einzelner Titel zum Deutschen Kaiserreich)

110. ADENAUERSTUDIEN. Hrsg. v. R. Morsey und K. Repgen. Bd. I: Mit Beiträgen v. H. Maier, R. Morsey, E. Pikart und H.-P. Schwarz.

Mainz 1971; Bd. II: W. WAGNER, Die Bundespräsidentenwahl 1959. Mainz 1972; Bd. III: Untersuchungen und Dokumente zur Ostpolitik und Biographie. Mit Beiträgen v. K. Gotto, H. Krone, H. G. Lehmann, R. Morsey, J. Schwarz, W. Stump und W. Weidenfeld. Mainz 1974; Bd. IV: H. STEHKÄMPER, Konrad Adenauer als Katholikentagspräsident 1922. Form und Grenze politischer Entscheidungsfreiheit im katholischen Raum. Mainz 1977; Bd.V: H. OSTERHELD, „Ich gehe nicht leichten Herzens…". Adenauers letzte Kanzlerjahre – ein dokumentarischer Bericht. 2. Aufl. Mainz 1986.
111. F. v. AUER/F. SEGBERS (Hrsg.), Sozialer Protestantismus und Gewerkschaftsbewegung. Kaiserreich – Weimarer Republik – Bundesrepublik Deutschland. Köln 1994.
112. J. AUSSERMAIR, Konkretion und Gestalt. „Leiblichkeit" als wesentliches Element eines sakramentalen Kirchenverständnisses am Beispiel der ekklesiologischen Ansätze Paul Tillichs, Dietrich Bonhoeffers und Hans Asmussens unter ökumenischem Gesichtspunkt. Paderborn 1997.
113. J. BADEWIEN, Anthroposophie. Eine kritische Darstellung. Konstanz 1985.
114. M. BENAD (Hrsg.), Friedrich v. Bodelschwingh d.J. und die Betheler Anstalten. Frömmigkeit und Weltgestaltung. Stuttgart/Berlin/Köln 1997.
115. J. BENTLEY, Martin Niemöller. Eine Biographie. München 1985.
116. V. BERNING/H. MAIER (Hrsg.), Alois Dempf 1891-1982. Philosoph, Kulturtheoretiker, Prophet gegen den Nationalsozialismus. Weissenhorn 1992.
117. G. BESIER, Religion – Nation – Kultur. Die Geschichte der christlichen Kirchen in den gesellschaftlichen Umbrüchen des 19. Jahrhunderts. Neukirchen-Vluyn 1992.
118. DERS., Die evangelische Kirche in den Umbrüchen des 20. Jahrhunderts. 2 Bde. Neukirchen-Vluyn 1994.
119. DERS./E. LESSING (Hrsg.), Die Geschichte der Evangelischen Kirche der Union. Ein Handbuch. Bd. 3: Trennung von Staat und Kirche. Kirchlich-politische Krisen. Erneuerung kirchlicher Gemeinschaft (1918–1992). Leipzig 1999.
120. E. BETHGE, Dietrich Bonhoeffer. Theologe – Christ – Zeitgenosse. 6. Aufl. München 1989.
121. P. BEYERHAUS, Er sandte sein Wort. Theologie der christlichen Mission. Wuppertal 1996.
122. E. BEYREUTHER, Kirche in Bewegung. Geschichte der Evangelisation und Volksmission. Berlin 1968.

123. O. BLASCHKE, Katholizismus und Antisemitismus im Deutschen Kaiserreich. Göttingen 1997.
124. G. BORST, Die Ludendorff-Bewegung 1919–1961. Eine Analyse monologer Kommunikationsformen in der sozialen Zeitkommunikation. München 1969.
125. M. BRUMLIK, Die Gnostiker. Der Traum von der Selbsterlösung des Menschen. Frankfurt/M. 1992.
126. E. BUSCH, Karl Barths Lebenslauf. Nach seinen Briefen und autobiographischen Texten. 3. Aufl. München 1978.
127. A. V. CAMPENHAUSEN, Staatskirchenrecht. 3. Aufl. München 1996.
128. M. DAHLHEIMER, Carl Schmitt und der deutsche Katholizismus 1888–1936. Paderborn/München/Wien/Zürich 1998.
129. M. DIERKS, Jakob Wilhelm Hauer. 1881–1962. Leben – Werk – Wirkung. Heidelberg 1986.
130. A.-K. FINKE, Karl Barth in Großbritannien. Rezeption und Wirkungsgeschichte. Neukirchen-Vluyn 1995.
131. FRAUENFORSCHUNGSPROJEKT ZUR GESCHICHTE DER THEOLOGINNEN, GÖTTINGEN (Hrsg.), Querdenken. Beiträge zur feministisch-befreiungstheologischen Diskussion, Festschrift für Hannelore Erhart zum 65. Geburtstag. 2. Aufl. Pfaffenweiler 1993.
132. N. FRIEDRICH, „Die christlich-soziale Fahne empor!" Reinhard Mumm und die christlich-soziale Bewegung, Stuttgart/Berlin/Köln 1997.
133. R. FRIELING, Der Weg des ökumenischen Gedankens. Eine Ökumenekunde. Göttingen 1992.
134. H. FRITZ, Otto Dibelius. Ein Kirchenmann in der Zeit zwischen Monarchie und Diktatur. Göttingen 1998.
135. E. GATZ (Hrsg.), Kirche und Katholizismus seit 1945. Bd. 1: Mittel-, West- und Nordeuropa. Paderborn/München/Wien/Zürich 1998.
136. E. GELDBACH, Freikirchen – Erbe, Gestalt und Wirkung. Göttingen 1989.
137. M. GRESCHAT (Hrsg.), Gestalten der Kirchengeschichte. Bd. 9,3: Die neueste Zeit III. Stuttgart/Berlin/Köln/Mainz 1985.
138. DERS., Christentumsgeschichte. Bd. 2: Von der Reformation bis zur Gegenwart. Stuttgart 1997.
139. F. GROSSHEUTSCHI, Carl Schmitt und die Lehre vom Katechon. Berlin 1996.
140. S. GROTEFELD, Friedrich Siegmund-Schultze. Ein deutscher Ökumeniker und christlicher Patriot. Mit einem Vorwort v. Wolfgang Huber. Gütersloh 1995.

141. J. GÜSGEN, Die katholische Militärseelsorge in Deutschland zwischen 1920 und 1945. Ihre Praxis und Entwicklung in der Reichswehr der Weimarer Republik und der Wehrmacht des nationalsozialistischen Deutschlands unter besonderer Berücksichtigung ihrer Rolle bei den Reichskonkordatsverhandlungen. Köln/Wien 1989.
142. M. HÄUSLER, „Dienst an Kirche und Volk". Die Deutsche Diakonenschaft zwischen beruflicher Emanzipation und kirchlicher Formierung (1913–1947). Stuttgart/Berlin/Köln/Mainz 1995
143. W.-D. HAUSCHILD (Hrsg.), Profile des Luthertums. Biographien zum 20. Jahrhundert. Gütersloh 1998.
144. U. VON HEHL, Wilhelm Marx: 1863–1946. Eine politische Biographie. Mainz 1987.
145. G. HEINRICH (Hrsg.), Berlinische Lebensbilder. Bd. 5: Theologen. Berlin 1990.
146. J. HILDEBRANDT, Bevollmächtigt zum Brückenbau. Heinrich Grüber, Judenfreund und Trümmerpropst. Erinnerungen, Predigten, Briefe. Berlin 1991.
147. M. HÖLLEN, Heinrich Wienken, der unpolitische Kirchenpolitiker. Eine Biographie aus drei Epochen des deutschen Katholizismus. Mainz 1981.
148. G. HORNIG, Lehre und Bekenntnis im Protestantismus, in: HDThG. Bd. 3. 2. Aufl. Göttingen 1998, 71–287.
149. H. HÜRTEN, Kurze Geschichte des deutschen Katholizismus 1800–1960. Mainz 1986.
150. DERS., Deutsche Katholiken 1918–1945. Paderborn/München/Wien/Zürich 1992.
151. M. J. INACKER, Zwischen Transzendenz, Totalitarismus und Demokratie. Die Entwicklung des kirchlichen Demokratieverständnisses von der Weimarer Republik bis zu den Anfängen der Bundesrepublik (1918–1959). Neukirchen-Vluyn 1994.
152. M. INTROVIGNE, Schluß mit den Sekten! Die Kontroverse über „Sekten" und neue religiöse Bewegungen in Europa. Hrsg. v. H. Seiwert. Marburg 1998.
153. J. C. KAISER, Sozialer Protestantismus im 20. Jahrhundert. Beiträge zur Geschichte der Inneren Mission 1914–1945. München 1989.
154. DERS. (Hrsg.), Soziale Arbeit in historischer Perspektive. Zum geschichtlichen Ort der Diakonie in Deutschland. Festschrift für Helmut Talazko zum 65. Geburtstag. Stuttgart/Berlin/Köln 1998.
155. E. KELLER, Conrad Gröber, 1872–1948. Erzbischof in schwerer Zeit. 2. Aufl. Freiburg 1982.

156. H. KIRCHNER (Hrsg.), Freikirchen und konfessionelle Minderheiten. Ein Handbuch. Berlin (Ost) 1987.
157. DERS., Das Papsttum und der deutsche Katholizismus (1870–1958). Leipzig 1992.
158. DERS., Wort Gottes, Schrift und Tradition. Göttingen 1998.
159. W. KLÄN, Die Evangelische Kirche Pommerns in Republik und Diktatur. Geschichte und Gestaltung einer preußischen Kirchenprovinz 1914–1945. Köln/Weimar/Wien 1995.
160. G. KLEIN, Der Volksverein für das katholische Deutschland 1890–1933: Geschichte, Bedeutung und Untergang. Paderborn 1996.
161. R. KOEBLER, Schattenarbeit. Charlotte von Kirschbaum – die Theologin an der Seite Karl Barths. Köln 1987.
162. B. KREBS, Nationale Identität und kirchliche Selbstbehauptung: Julius Bursche und die Auseinandersetzungen um Auftrag und Weg des Protestantismus in Polen. Neukirchen-Vluyn 1993.
163. M. KROEGER, Friedrich Gogarten: Leben und Werk in zeitgenössischer Perspektive. Bd. 1. Stuttgart/Berlin/Köln/Mainz 1997.
164. R.-U. KUNZE, Theodor Heckel: 1894–1967. Eine Biographie. Stuttgart/Berlin/Köln/Mainz 1997.
165. K. KUPISCH, Studenten entdecken die Bibel. Die Geschichte der Deutschen Christlichen Studenten-Vereinigung. Hamburg 1964.
166. A. LANGNER, Katholische und evangelische Sozialethik im 19. und 20. Jahrhundert. Beiträge zu ideengeschichtlichen Entwicklungen im Spannungsfeld von Konfession, Politik und Ökumene. Paderborn 1998.
167. G. LAUTENSCHLÄGER, Joseph Lortz (1887–1975). Weg, Umweg und Werk eines katholischen Kirchenhistorikers. Würzburg 1987.
168. W. LEHMANN, Hans Asmussen. Ein Leben für die Kirche. Göttingen 1988.
169. E. LESSING, Kirche, Recht, Ökumene. Studien zur Ekklesiologie. Bielefeld 1982.
170. DERS., Zwischen Bekenntnis und Volkskirche. Der theologische Weg der Evangelischen Kirche der altpreußischen Union (1922–1953) unter besonderer Berücksichtigung ihrer Synoden, ihrer Gruppen und der theologischen Begründungen. Bielefeld 1992.
171. M. M. LICHTENFELD, Georg Merz – Pastoraltheologe zwischen den Zeiten. Leben und Werk in Weimarer Republik und Kirchenkampf als theologischer Beitrag zur Praxis der Kirche. Gütersloh 1997.
172. A. LIEDHEGENER, Christentum und Urbanisierung. Katholiken und Protestanten in Münster und Bochum 1830–1933. Paderborn 1997.

173. K. E. LÖNNE, Politischer Katholizismus im 19. und 20. Jahrhundert. Frankfurt/M. 1986.
174. H. LUDWIG/W. SCHROEDER (Hrsg.), Sozial- und Linkskatholizismus. Erinnerung – Orientierung – Befreiung. Frankfurt/M. 1990.
175. H. LÜBBE, Religion nach der Aufklärung. 2. Aufl. Graz 1990.
176. DERS. (Hrsg.), Heilserwartung und Terror. Politische Religionen des 20. Jahrhunderts. Düsseldorf 1995.
177. H. MAIER, Politische Religionen. Die totalitären Regime und das Christentum. Freiburg 1995.
178. DERS./M. SCHÄFER (Hrsg.), „Totalitarismus" und „Politische Religionen". Konzepte des Diktaturvergleichs. 2 Bde. Paderborn 1996.
179. G. MARON, Papsttum und Päpste in der Neuzeit, in: ThR 60 (1995), 404–429.
180. A. MEIER, Hermann Ehlers: Leben in Kirche und Politik. Bonn 1991.
181. K. MEIER, Volkskirche 1918–1945. Ekklesiologie und Zeitgeschichte. München 1982.
182. DERS., Evangelische Kirche in Gesellschaft, Staat und Politik 1918–1945. Berlin (Ost) 1987.
183. DERS., Kirchliche Zeitgeschichte, in: ThR 64 (1999), 38–83; 153–196.
184. H. MIKOSCH, Systematisch-theologische Überlegungen zur Zeit- und Wirkungsgeschichte der Luther-Akademie (Sondershausen) unter besonderer Berücksichtigung ihrer wissenschaftlichen Leiter Carl Stange und Rudolf Hermann von 1932–1962. Diss. theol. Jena 1993.
185. J. MÜLLER-KENT, Vermächtnis für die Zukunft. Gespräche mit Helmut Gollwitzer und Kurt Scharf. München 1989.
186. E. C. NELSON, The Rise of World Lutheranism. An American Perspective. Philadelphia 1982.
187. K. NOWAK, Geschichte des Christentums in Deutschland. Religion, Politik und Gesellschaft vom Ende der Aufklärung bis zur Mitte des 20. Jahrhunderts. München 1995.
188. W. PHILIPPS, Wilhelm Zoellner – Mann der Kirche in Kaiserreich, Republik und Drittem Reich. Bielefeld 1985.
189. M. PÖHLMANN, Kampf der Geister. Die Publizistik der „Apologetischen Centrale" (1921–1937). Stuttgart/Berlin/Köln 1998.
190. P. POTTER/T. WIESER, Seeking and Serving the Truth. The first hundred years of the World Student Christian Federation. Geneva 1997.

191. M. Pradervand, A Century of Service. A History of the World Alliance of Reformed Churches. 1875–1975. Grand Rapids 1975.
192. R. H. Preston, Confusions in Christian Social Ethics. Problems of Geneva and Rome. Grand Rapids 1994.
193. H. Prolingheuer, Der Fall Karl Barth. Chronographie einer Vertreibung. Neukirchen-Vluyn 1977.
194. Ders., Kleine politische Kirchengeschichte. Fünfzig Jahre evangelischer Kirchenkampf von 1919 bis 1969. Köln 1984.
195. H.-J. Reese, Bekenntnis und Bekennen. Vom 19. Jahrhundert zum Kirchenkampf der nationalsozialistischen Zeit. Göttingen 1974.
196. H. Reller (Hrsg.), Handbuch religiöse Gemeinschaften. Freikirchen, Sondergemeinschaften, Sekten, Weltanschauungen, missionierende Religionen des Ostens, Neureligionen, Psycho-Organisationen. 4. Aufl. Gütersloh 1993.
197. E. H. Robertson, Dietrich Bonhoeffer: Leben und Verkündigung. Göttingen 1989.
198. U. Röper (Hrsg.), Die Macht der Diakonie. Einhundertfünfzig Jahre Innere Mission und Diakonie 1848–1998. Berlin 1998.
199. J. Rohls, Protestantische Theologie der Neuzeit, Bd. 2: Das 20. Jahrhundert. Tübingen 1997.
200. G. Ruhbach (Hrsg.), Die Kirchliche Hochschule Bethel 1905–1980. Bielefeld 1980.
201. P. Sänger/D. Pauly (Hrsg.), Hans-Joachim Iwand – Theologie in der Zeit. Lebensabriß und Briefdokumentation. Bibliographie. München 1992.
202. K. Schatz, Zwischen Säkularisation und Zweitem Vatikanum. Der Weg des deutschen Katholizismus im 19. und 20. Jahrhundert. Frankfurt/M. 1988.
203. R. Schieder, Religion im Radio. Protestantische Rundfunkarbeit in der Weimarer Republik und im Dritten Reich. Stuttgart/Berlin/Köln 1995.
204. J. H. Schjørring/P. Kumari/N. Hjelm (Hrsg.), Vom Weltbund zur Gemeinschaft. Geschichte des Lutherischen Weltbundes 1947–1997. Hannover 1997.
205. D. Schmidt, Martin Niemöller. Eine Biographie. Erw. Neuausgabe. Stuttgart 1983.
206. K. Schmidt-Clausen, Vom Lutherischen Weltkonvent zum Lutherischen Weltbund. Geschichte des Lutherischen Weltkonventes (1923–1947). Gütersloh 1976.

207. K. SCHOLDER, Die Kirchen zwischen Republik und Gewaltherrschaft. Gesammelte Aufsätze. Hrsg. v. K. O. v. Aretin und G. Besier. Berlin (West) 1988.
208. DERS./D. KLEINMANN (Hrsg.), Protestantische Profile. Lebensbilder aus 5 Jahrhunderten. Königstein/Ts. 1983.
209. M. SCHREIBER, Martin Niemöller. Reinbek b. Hamburg 1997.
210. H.-W. SCHROEDER, Die Christengemeinschaft. Entstehung, Entwicklung, Zielsetzung. Stuttgart 1990.
211. W. SCHROEDER, Katholizismus und Einheitsgewerkschaft. Der Streit um den DGB und der Niedergang des Sozialkatholizismus in der Bundesrepublik bis 1960. Bonn 1992.
212. U. SCHULER, Die Evangelische Gemeinschaft. Missionarische Aufbrüche in gesellschaftspolitischen Umbrüchen. Stuttgart 1998.
213. C. SCHWÖBEL, Martin Rade. Das Verhältnis von Geschichte, Religion und Moral als Grundproblem seiner Theologie. Gütersloh 1980.
214. J. SEIM, Hans-Joachim Iwand. Eine Biographie. Gütersloh 1999.
215. DERS., Iwand-Studien. Köln 1999.
216. S. SELINGER, Charlotte von Kirschbaum und Karl Barth. A Study in Biography and the History of Theology. University Park 1998.
217. W. SIMPFENDÖRFER, Ernst Lange. Versuch eines Porträts. Berlin 1997.
218. B. STASIEWSKI (Hrsg.), Adolf Kardinal Bertram. Sein Leben und Wirken auf dem Hintergrund der Geschichte seiner Zeit. Bd. 1: Beiträge. Köln/Weimar/Wien 1992; Bd. 2: Schrifttum. Köln/Weimar/Wien 1994.
219. J. STERNBERG, Kirchenaustritte in Preußen 1847 bis 1933 im Lichte der kirchlichen Publizistik als Anfrage an die evangelische Kirche. Bochum 1992.
220. R. STUPPERICH, Otto Dibelius. Ein evangelischer Bischof im Umbruch der Zeiten. Göttingen 1989.
221. L. VISCHER, The Vision of a Responsible Society after Fifty Years, in: ER 50 (1998), 472–479.
222. W. A. VISSER 'T HOOFT, Ursprung und Entstehung des Ökumenischen Rates der Kirchen. Frankfurt/M. 1983.
223. M. J. WECHT, Jochen Klepper, ein christlicher Schriftsteller im jüdischen Schicksal. Düsseldorf 1998.
224. R. ZIEGERT, Kirche ohne Bildung. Die Akademiefrage als Paradigma der Bildungsdiskussion im Kirchenprotestantismus des 20. Jahrhunderts. 2. Aufl. Frankfurt/M./Berlin/Bern/New York/Paris/Wien 1998.

225. W.-D. ZIMMERMANN, Kurt Scharf. Ein Leben zwischen Vision und Wirklichkeit. Göttingen 1992.

3. Weimar

226. H. ASSEL, Der andere Aufbruch. Die Lutherrenaissance – Ursprünge, Aporien und Wege: Karl Holl, Emanuel Hirsch, Rudolf Hermann. Göttingen 1994.
227. F.-M. BALZER, Klassengegensätze in der Kirche. Erwin Eckert und der Bund der Religiösen Sozialisten Deutschlands. 3. Aufl. Bonn 1993.
228. DERS./G. WENDELBORN, „Wir sind keine stummen Hunde". Heinz Kappes (1893–1988). Christ und Sozialist in der Weimarer Republik. Bonn 1994.
229. G. BESIER, Krieg – Frieden – Abrüstung. Die Haltung der europäischen und amerikanischen Kirchen zur Frage der deutschen Kriegsschuld 1914–1933. Ein kirchenhistorischer Beitrag zur Friedensforschung und Friedenserziehung. Göttingen 1982.
230. D. R. BORG, The Old-Prussian Church and the Weimar Republic. A Study in Political Adjustment, 1917–1927. Hannover/London 1984.
231. G. BRAKELMANN, Evangelische Kirchen in sozialen Konflikten der Weimarer Zeit: das Beispiel des Ruhreisenstreiks. Bochum 1986.
232. E. ESCHEBACH, Volkskirche im Zwiespalt. Die Generalsynode der Evangelischen Kirche der altpreußischen Union in der Weimarer Republik. Frankfurt/M./Bern/New York/Paris 1991.
233. S. GROTEFELD, Friedensförderung durch internationale Freundschaftsarbeit der Kirchen von 1919 bis 1933. Das Beispiel der Deutschen Weltbundvereinigung, in: KZG 4 (1991), 46–73.
234. H. KERNER, Luthertum und Ökumenische Bewegung für Praktisches Christentum 1919–1926. Gütersloh 1983.
235. S.-R. KIM, Die Vorgeschichte der Trennung von Staat und Kirche in der Weimarer Verfassung von 1919. Eine Untersuchung über das Verhältnis von Staat und Kirche in Preußen seit der Reichsgründung von 1871. Hamburg 1996.
236. H. LUDWIG/W. SCHROEDER (Hrsg.), Sozial- und Linkskatholizismus. Erinnerung – Orientierung – Befreiung. Frankfurt/M. 1990.
237. J. NEHRING, Evangelische Kirche und Völkerbund. Nationale und internationale Positionen im deutschen Protestantismus zwischen 1918/19 und 1927. Hamburg 1998.

238. K. Nowak, Evangelische Kirche und Weimarer Republik. Zum politischen Weg des deutschen Protestantismus zwischen 1918 und 1932. 2. Aufl. Göttingen/Weimar 1988.
239. U. Peter, Der „Bund der religiösen Sozialisten" in Berlin von 1919 bis 1933. Geschichte – Struktur – Theologie und Politik. Frankfurt/M. 1995.
240. W. Pyta, Dorfgemeinschaft und Parteipolitik 1918–1933. Die Verschränkung von Milieu und Parteien in den protestantischen Landgebieten Deutschlands in der Weimarer Republik. Düsseldorf 1996.
241. C. Rauh-Kuehne, Katholisches Milieu und Kleinstadtgesellschaft. Ettlingen 1918–1939. Sigmaringen 1991.
242. S. Samerski, Die Katholische Kirche in der Freien Stadt Danzig 1920–1933. Katholizismus zwischen Libertas und Irredenta. Köln/Weimar/Wien 1991.
243. K. Schlösser-Kost, Evangelische Kirche und Soziale Frage 1918–1933. Die Wahrnehmung sozialer Verantwortung durch die rheinische Provinzialkirche. Köln 1996.
244. M. Schwartz, Konfessionelle Milieus und Weimarer Eugenik, in: HZ 261 (1995), 403–448.
245. S. A. Stehlin, Weimar and the Vatican: 1919–1933. German-Vatican Diplomatic Relations in the Interwar Years. Princeton 1983.
246. K. Stemmler, Eine Kirche in Bewegung. Die bischöfliche Methodistenkirche im Deutschen Reich während der Weimarer Republik. Stuttgart 1987.
247. K. Tanner, Die fromme Verstaatlichung des Gewissens. Zur Auseinandersetzung um die Legitimität der Weimarer Reichsverfassung in Staatsrechtswissenschaft und Theologie der zwanziger Jahre. Göttingen 1989.
248. W. Vogel, Katholische Kirche und nationale Kampfverbände in der Weimarer Republik. Mainz 1989.
249. W. Weisse, Praktisches Christentum und Reich Gottes. Die ökumenische Bewegung Life and Work 1919–1937. Göttingen 1991.
250. J. R. C. Wright, „Über den Parteien". Die politische Haltung der evangelischen Kirchenführer 1918–1933. Göttingen 1977.
251. R. Ziegert (Hrsg.), Die Kirchen und die Weimarer Republik. Neukirchen-Vluyn 1994.

4. Nationalsozialismus

252. G. ABRATH, Subjekt und Milieu im NS-Staat. Die Tagebücher des Pfarers Hermann Klugkist Hesse, 1936–1939. Analyse und Dokumentation. Göttingen 1994.
253. A. AICHELIN, Paul Schneider. Ein radikales Glaubenszeugnis gegen die Gewaltherrschaft des Nationalsozialismus. Gütersloh 1994.
254. C.-E. BÄRSCH, Die politische Religion des Nationalsozialismus. München 1998.
255. K. A. BAUER (Hrsg.), Predigtamt ohne Pfarramt? Die „Illegalen" im Kirchenkampf. Neukirchen-Vluyn 1993.
256. F. BAUMGÄRTEL, Wider die Kirchenkampf-Legenden. Neuendettelsau 1958.
257. R. BAUMGÄRTNER, Weltanschauungskampf im Dritten Reich. Die Auseinandersetzung der Kirchen mit Alfred Rosenberg. Mainz 1977.
258. J. BECKMANN u. a., Dann werden die Steine schreien. 50 Jahre Theologische Erklärung Barmen. Bielefeld 1983.
259. D. L. BERGEN, Twisted Cross. The German Christian Movement in the Third Reich. Chapel Hill/London 1996.
260. G. BESIER (Hrsg.), Zwischen „nationaler Revolution" und militärischer Aggression. Transformationen in Kirche und Gesellschaft unter der konsolidierten NS-Gewaltherrschaft (Herbst 1934 bis Herbst 1939), München 2000.
261. DERS./G. RINGSHAUSEN (Hrsg.), Bekenntnis, Widerstand, Martyrium. Von Barmen 1934 bis Plötzensee 1944, Göttingen 1986.
262. R. BOOKHAGEN, Die evangelische Kinderpflege und die Innere Mission in der Zeit des Nationalsozialismus. Mobilmachung der Gemeinden. Göttingen 1999.
263. A. BOYENS, Kirchenkampf und Ökumene. Bd. 1: 1933–1939. Darstellung und Dokumentation. München 1969; Bd. 2: 1939–1945. Darstellung und Dokumentation unter besonderer Berücksichtigung der Quellen des Ökumenischen Rates der Kirchen. München 1973.
264. K. D. BRACHER, Zur Widerstandsproblematik in „Rechtsdiktaturen", in: Ders./M. Funke/H.-P. Schwarz (Hrsg.), Deutschland zwischen Krieg und Frieden. Beiträge zur Politik und Kultur im 20. Jahrhundert. Fschr. Hans-Adolf Jacobsen. Düsseldorf 1991, 117–129.
265. DERS./M. FUNKE/H.-A. JACOBSEN (Hrsg.), Nationalsozialistische Diktatur 1933–1945. Eine Bilanz. Bonn 1983 (Düsseldorf 1983).

266. G. BRAKELMANN/M. ROSOWSKI (Hrsg.), Antisemitismus. Von religiöser Judenfeindschaft zur Rassenideologie. Göttingen 1989.
267. C. R. BROWNING, Ganz normale Männer. Das Reserve-Polizeibataillon 101 und die „Endlösung" in Polen. Reinbek b. Hamburg 1993 [Bonn ²1999].
268. E. BRZOSKA (Hrsg.), Ein Tedeum für Kardinal Bertram. Adolf Kardinal Bertram, Vorsitzender der Deutschen Bischofskonferenz im Bündnis mit dem Heiligen Stuhl während des Kirchenkampfes 1933–1945. Köln 1981.
269. U. BÜTTNER (Hrsg.), Die Deutschen und die Judenverfolgung im Dritten Reich. Werner Jochmann zum 70. Geburtstag. Hamburg 1992
270. DIES./M. GRESCHAT, Die verlassenen Kinder der Kirche. Der Umgang mit Christen jüdischer Herkunft im „Dritten Reich". Göttingen 1998.
271. A. BURGSMÜLLER u. a. (Hrsg.), Vorträge und Voten aus dem Theologischen Ausschuß der Evangelischen Kirche der Union: Barmen I und VI. 2 Bde. Neukirchen-Vluyn 1993/1994; Barmen II. Neukirchen-Vluyn 1974; Barmen III. 2 Bde. Neukirchen-Vluyn 1980/1981; Barmen V. Neukirchen-Vluyn 1986.
272. E. BUSCH, Unter dem Bogen des einen Bundes. Karl Barth und die Juden 1933–1945. Neukirchen-Vluyn 1996.
273. A. DOERING-MANTEUFFEL/J. MEHLHAUSEN (Hrsg.), Christliches Ethos und der Widerstand gegen den Nationalsozialismus in Europa. Tübinger Symposion zur kirchlichen Zeitgeschichte. Stuttgart/Berlin/Köln/Mainz 1995.
274. R. P. ERICKSEN, Theologen unter Hitler. Das Bündnis von evangelischer Dogmatik und Nationalsozialismus. München/Wien 1986.
275. T. FANDEL, Konfession und Nationalsozialismus. Evangelische und katholische Pfarrer in der Pfalz 1930–1939. Paderborn 1997.
276. H. FAULENBACH, Ein Weg durch die Kirche. Heinrich Josef Oberheid. Köln 1992.
277. N. G. FINKELSTEIN/R.B. BIRN, Eine Nation auf dem Prüfstand. Die Goldhagen-These und die historische Wahrheit. Hildesheim 1998.
278. S. FRIEDLÄNDER, Das Dritte Reich und die Juden. München 1998.
279. D. GARBE, Zwischen Widerstand und Martyrium. Die Zeugen Jehovas im „Dritten Reich". 4. Aufl. München 1999.
280. W. GERLACH, Als die Zeugen schwiegen. Bekennende Kirche und die Juden. Berlin (West) 1987.
281. D. J. GOLDHAGEN, Hitlers willige Vollstrecker. Ganz gewöhnliche Deutsche und der Holocaust. Berlin 1996.

282. G. GRÜNZINGER-SIEBERT (Bearb.), Arbeiten zur Geschichte des Kirchenkampfes. Registerband: Dokumente, Institutionen, Personen. Göttingen 1984.
283. P. GÜRTLER, Nationalsozialismus und evangelische Kirchen im Warthegau. Trennung von Staat und Kirche im nationalsozialistischen Weltanschauungsstaat. Göttingen 1958.
284. W.-D. HAUSCHILD/G. KRETSCHMAR/C. NICOLAISEN (Hrsg.), Die lutherischen Kirchen und die Bekenntnissynode von Barmen. Referate des internationalen Symposiums auf der Reisensburg. Göttingen 1984.
285. U. VON HEHL u.a. (Bearb.), Priester unter Hitlers Terror. Eine biographische und statistische Erhebung. Im Auftrag der Deutschen Bischofskonferenz unter Mitwirkung der Diözesanarchive. 2 Bde. Mainz 1996.
286. J. HEIL (Hrsg.), Geschichtswissenschaft und Öffentlichkeit. Der Streit um Daniel J. Goldhagen. Frankfurt/M. 1998.
287. R. E. HEINONEN, Anpassung und Identität. Theologie und Kirchenpolitik der Bremer Deutschen Christen 1933–1945. Göttingen 1978.
288. K. HERBERT, Der Kirchenkampf. Historie oder bleibendes Erbe? Frankfurt/M. 1985.
289. H. G. HOCKERTS, Die Sittlichkeitsprozesse gegen katholische Ordensangehörige und Priester 1936/37. Eine Studie zur nationalsozialistischen Herrschaftstechnik und zum Kirchenkampf. Mainz 1971.
290. W. HÜFFMEIER/M. STÖHR (Hrsg.), Barmer Theologische Erklärung 1934–1984. Geschichte – Wirkung – Defizite. Vorträge und Podiumsgespräch des Barmen-Symposiums in Arnoldshain vom 9.–11. April 1983. Bielefeld 1984.
291. M. HUTTNER, Britische Presse und nationalsozialistischer Kirchenkampf. Eine Untersuchung der „Times" und des „Manchester Guardian" von 1930 bis 1939. Paderborn/München/Wien/Zürich 1995.
292. H. IBER, Christlicher Glaube oder rassischer Mythus. Die Auseinandersetzung der Bekennenden Kirche mit Alfred Rosenbergs „Der Mythus des 20. Jahrhunderts". Frankfurt/M. u. a. 1987.
293. H. JENNER/J. KLIEME (Hrsg.), Nationalsozialistische Euthanasieverbrechen und Einrichtungen der Inneren Mission. Eine Übersicht. Reutlingen 1997.
294. J.-C. KAISER/M. GRESCHAT (Hrsg.), Der Holocaust und die Protestanten. Analysen einer Verstrickung. Frankfurt/M. 1988.

295. M. KALUSCHE, „Das Schloß an der Grenze". Kooperation und Konfrontation mit dem Nationalsozialismus in der Heil- und Pflegeanstalt für Schwachsinnige und Epileptische Stetten i.R. Heidelberg 1997.
296. U. KAMINSKY, Zwangssterilisation und Euthanasie im Rheinland. Evangelische Erziehungsanstalten sowie Heil- und Pflegeanstalten 1933–1945. Köln 1995.
297. Y. KAROW, Deutsches Opfer. Kultische Selbstauslöschung auf den Reichsparteitagen der NSDAP. Berlin 1997.
298. B. KLAPPERT/G. VAN NORDEN (Hrsg.), Tut um Gottes willen etwas Tapferes! Karl Immer im Kirchenkampf. Neukirchen-Vluyn 1989.
299. H. KÖHLER/D. HENZE/D. HERBRECHT/H. ERHART, Dem Himmel so nah – dem Pfarramt so fern. Erste evangelische Theologinnen im geistlichen Amt. Neukirchen-Vluyn 1996.
300. E. KONUKIEWITZ, Hans Asmussen. Ein lutherischer Theologe im Kirchenkampf. Gütersloh 1984.
301. F.-L. KROLL, Utopie als Ideologie. Geschichtsdenken und politisches Handeln im Dritten Reich. Paderborn 1998.
302. D. KUESSNER, Geschichte der Braunschweigischen Landeskirche 1930–1947 im Überblick, in: JbNdsKiG 79 (1981), 61–203.
303. J. KUROPKA (Hrsg.), Clemens August Graf von Galen. Neue Forschungen zu Leben und Wirken des Bischofs von Münster. 2. Aufl. Münster 1993.
304. R. LÄCHELE, Ein Volk, ein Reich, ein Glaube. Die „Deutschen Christen" in Württemberg 1925–1960. Stuttgart 1994.
305. DERS./J. THIERFELDER (Hrsg.), Wir konnten uns nicht entziehen. 30 Porträts zu Kirche und Nationalsozialismus in Württemberg. Stuttgart 1998.
306. H.-M. LAUTERER, Liebestätigkeit für die Volksgemeinschaft. Der Kaiserswerther Verband deutscher Diakonissenmutterhäuser in den ersten Jahren des NS-Regimes. Göttingen 1994.
307. S. LEKEBUSCH, Not und Verfolgung der Christen jüdischer Herkunft im Rheinland. Köln 1995.
308. G. LINDEMANN, „Typisch jüdisch". Die Stellung der Ev.-luth. Landeskirche Hannovers zu Antijudaismus, Judenfeindschaft und Antisemitismus 1919–1949. Berlin 1998.
309. P. MASER (Hrsg.), Der Kirchenkampf im deutschen Osten und in den deutschsprachigen Kirchen Osteuropas. Göttingen 1992.
310. J. MEHLHAUSEN (Hrsg.), ... und über Barmen hinaus. FSchr. für Carsten Nicolaisen zum 4. April 1994. Göttingen 1995.

311. K. MEIER, Die Deutschen Christen. Das Bild einer Bewegung im Kirchenkampf des Dritten Reiches. 3. Aufl. Göttingen 1967.
312. DERS., Kirche und Judentum. Die Haltung der evangelischen Kirche zur Judenpolitik des Dritten Reiches. Göttingen 1968.
313. DERS., Der evangelische Kirchenkampf. Bd. 1: Der Kampf um die Reichskirche. 2. Aufl. Göttingen 1984; Bd. 2: Gescheiterte Neuordnungsversuche im Zeichen staatlicher „Rechtshilfe". 2. Aufl. Göttingen 1984; Bd. 3: Im Zeichen des Zweiten Weltkriegs. Göttingen 1984.
314. DERS., Kreuz und Hakenkreuz. Die evangelische Kirche im Dritten Reich. München 1992.
315. DERS., Die Theologischen Fakultäten im Dritten Reich. Berlin/ New York 1996.
316. K.-H. MELZER, Der Geistliche Vertrauensrat. Geistliche Leitung für die Deutsche Evangelische Kirche im Zweiten Weltkrieg? Göttingen 1991.
317. B. MENSING, Pfarrer und Nationalsozialismus. Geschichte einer Verstrickung am Beispiel der Evangelisch-Lutherischen Kirche in Bayern. Göttingen 1998.
318. C.-R. MÜLLER, Dietrich Bonhoeffers Kampf gegen die nationalsozialistische Verfolgung und Vernichtung der Juden. Bonhoeffers Haltung zur Judenfrage im Vergleich mit Stellungnahmen aus der evangelischen Kirche und Kreisen des deutschen Widerstandes. München 1990.
319. K.-J. MÜLLER (Hrsg.), Der deutsche Widerstand 1933–1945. Paderborn 1986.
320. U. NANKO, Die deutsche Glaubensbewegung. Eine historische und soziologische Untersuchung. Marburg 1993.
321. P. NEUMANN, Die Jungrefomatorische Bewegung. Göttingen 1971.
322. C. NICOLAISEN, Der Weg nach Barmen. Die Entstehungsgeschichte der Theologischen Erklärung von 1934. Neukirchen-Vluyn 1985.
323. W. NIESEL, Kirche unter dem Wort. Der Kampf der Bekennenden Kirche der altpreußischen Union 1933–1945. Göttingen 1978.
324. G. V. NORDEN/V. WITTMÜTZ (Hrsg.), Evangelische Kirchen im Zweiten Weltkrieg. Köln 1991.
325. K. NOWAK, „Euthanasie" und Sterilisierung im „Dritten Reich". Die Konfrontation der evangelischen und katholischen Kirche mit dem Gesetz zur Verhütung erbkranken Nachwuchses und der „Euthanasie"-Aktion. 2. Aufl. Göttingen 1980.

326. DERS., Evangelische Kirche und Widerstand im Dritten Reich. Kirchenhistorische und gesellschaftsgeschichtliche Perspektiven, in: GWU 38 (1987), 352–364.
327. K. A. RECKER, „Wem wollt Ihr glauben?" Bischof Berning im Dritten Reich. Paderborn/München/Wien/Zürich 1998.
328. K. REUMANN, Kirche und Nationalsozialismus. Beiträge zur Geschichte des Kirchenkampfes in den evangelischen Landeskirchen Schleswig-Holsteins. Neumünster 1988.
329. A. RINNEN, Kirchenmann und Nationalsozialist. Siegfried Lefflers ideelle Verschmelzung von Kirche und Drittem Reich. Weinheim 1995.
330. R. RITTNER (Hrsg.), Barmen und das Luthertum. Hannover 1984.
331. E. RÖHM, Sterben für den Frieden. Spurensicherung: Hermann Stöhr (1898–1940) und die ökumenische Friedensbewegung. Stuttgart 1985.
332. DERS./J. THIERFELDER, Juden, Christen, Deutsche 1933–1945. Bd. 1; 2/1 und 2; 3/1 und 2. Stuttgart 1990–1995.
333. G. SCHÄBERLE-KÖNIGS, Und sie waren täglich einmütig beieinander. Der Weg der Bekennenden Gemeinde Berlin/Dahlem 1937–1943 mit Helmut Gollwitzer. Gütersloh 1998.
334. B. SCHELLENBERGER, Katholische Jugend und Drittes Reich. Eine Geschichte des Katholischen Jungmännerverbandes 1933–1939 unter besonderer Berücksichtigung der Rheinprovinz. Mainz 1975.
335. J. SCHMÄDEKE/P. STEINBACH (Hrsg.), Der Widerstand gegen den Nationalsozialismus. Die deutsche Gesellschaft und der Widerstand gegen Hitler. 3. Aufl. München 1994.
336. J. SCHMIDT, Martin Niemöller im Kirchenkampf. Hamburg 1971.
337. H.-W. SCHMUHL, Rassenhygiene, Nationalsozialismus, Euthanasie. Von der Verhütung zur Vernichtung „lebensunwerten Lebens". Göttingen 1987.
338. T. M. SCHNEIDER, Reichsbischof Ludwig Müller. Eine Untersuchung zu Leben, Werk und Persönlichkeit. Göttingen 1993.
339. U. SCHNEIDER, Die Bekennende Kirche zwischen „freudigem Ja" und antifaschistischem Widerstand. Eine Untersuchung des christlich motivierten Widerstandes gegen den Faschismus unter besonderer Berücksichtigung der Bekennenden Kirche in Kurhessen-Waldeck und Marburg. Kassel 1986.
340. K. SCHOLDER, Die Kirchen und das Dritte Reich. Bd. 1: Vorgeschichte und Zeit der Illusionen: 1918–1934. 2. Aufl. Frankfurt/M./Berlin (West) 1986; Bd. 2: Das Jahr der Ernüchterung 1934. Barmen und Rom. 2. Aufl. Frankfurt/M./Berlin (West) 1988.

B. Literatur

341. M. SCHREIBER, Friedrich Justus Perels. Ein Weg vom Rechtskampf der Bekennenden Kirche in den politischen Widerstand. München 1989.
342. L. SIEGELE-WENSCHKEWITZ (Hrsg.), Christlicher Antijudaismus und Antisemitismus. Theologische und kirchliche Programme Deutscher Christen. 2. Aufl. Frankfurt/M. 1995.
343. DIES./C. NICOLAISEN (Hrsg.), Theologische Fakultäten im Nationalsozialismus. Göttingen 1993.
344. M. SMID, Deutscher Protestantismus und Judentum 1932/33. München 1990.
345. H.-J. SONNE, Die politische Theologie der Deutschen Christen. Einheit und Vielfalt deutsch-christlichen Denkens, dargestellt anhand des Bundes für deutsche Kirche, der Thüringer Kirchenbewegung „Deutsche Christen" und der Christlich-deutschen Bewegung. Göttingen 1982.
346. A. STEIN, Die Denkschrift des Altpreußischen Bruderrates „Von rechter Kirchenordnung", in: Zur Geschichte des Kirchenkampfes. Gesammelte Aufsätze II. Göttingen 1971, 164–196.
347. H. STRAHM, Die bischöfliche Methodistenkirche im Dritten Reich. Stuttgart/Berlin/Köln 1989.
348. C. STROHM, Theologische Ethik im Kampf gegen den Nationalsozialismus. Der Weg Dietrich Bonhoeffers mit den Juristen Hans von Dohnanyi und Gerhard Leibholz in den Widerstand. München 1989.
349. T. STROHM/J. THIERFELDER (Hrsg.), Diakonie im „Dritten Reich". Neuere Ergebnisse zeitgeschichtlicher Forschung. Heidelberg 1990.
350. A. STRÜBIND, Die unfreie Freikirche. Der Bund der Baptistengemeinden im Dritten Reich. 2. Aufl. Wuppertal 1995.
351. J. THIERFELDER, Das Kirchliche Einigungswerk des württembergischen Landesbischofs Theophil Wurm. Göttingen 1975.
352. H. E. TOEDT, Komplizen, Opfer und Gegner des Hitlerregimes. Zur „inneren Geschichte" von protestantischer Theologie und Kirche im „Dritten Reich". Hrsg. v. J. Dinger u. D. Schulz. Gütersloh 1997.
353. L. VOLK, Katholische Kirche und Nationalsozialismus. Ausgewählte Aufsätze. Hrsg. v. D. Albrecht. Mainz 1987.
354. R. WEIS, Würden und Bürden. Katholische Kirche im Nationalsozialismus. Freiburg 1994.
355. K. ZEHRER, Evangelische Freikirchen und das „Dritte Reich". Göttingen 1986.

5. Gesamtdeutschland nach 1945

356. G. BESIER/G. SAUTER, Wie Christen ihre Schuld bekennen. Die Stuttgarter Erklärung 1945. Göttingen 1985.
357. A. BOYENS, Geteilter Friede. Anmerkungen zur Friedensbewegung in den 80er Jahren, in: KZG 8 (1995), 440–509.
358. V. CONZEMIUS/M. GRESCHAT/H. KOCHER (Hrsg.), Die Zeit nach 1945 als Thema kirchlicher Zeitgeschichte. Referate der internationalen Tagung in Hüningen/Bern (Schweiz) 1985. Göttingen 1988.
359. W.-D. HAUSCHILD, Konfessionelles Selbstbewußtsein und kirchliche Identitätsangst. Zur Gründung der Vereinigten Evangelisch-Lutherischen Kirche Deutschlands im Jahre 1948, in: J. Jeziorowski (Hrsg.), Kirche im Dialog. 40 Jahre VELKD. Hannover 1988, 19–47.
360. M. HECKEL, Die Vereinigung der evangelischen Kirchen in Deutschland. Tübingen 1990.
361. S. HERMLE, Evangelische Kirche und Judentum – Stationen nach 1945. Göttingen 1990.
362. H. KREMSER, Der Rechtsstatus der evangelischen Kirchen in der DDR und die neue Einheit der EKD. Tübingen 1993.
363. M. LOTZ, Evangelische Kirche 1945–1952. Die Deutschlandfrage. Tendenzen und Positionen. Stuttgart 1992.
364. H. LUDWIG, Die Entstehung des Darmstädter Wortes, Beiheft zu JK, Heft 8/9, 1977.
365. DERS./H. PROLINGHEUER/A. SCHÖNHERR, In die Irre gegangen? Das Darmstädter Wort in Geschichte und Gegenwart. Berlin 1997.
366. H. NOORMANN, Protestantismus und politisches Mandat 1945–1949. Bd. 1: Grundriß; Bd. 2: Dokumente und Kommentare. Gütersloh 1985.
367. H. SCHROETER, Kirchentag als vor-läufige Kirche. Der Kirchentag als eine besondere Gestalt des Christseins zwischen Kirche und Welt. Stuttgart/Berlin/Köln 1993.
368. A. SMITH-VON OSTEN, Von Treysa 1945 bis Eisenach 1948. Zur Geschichte der Grundordnung der Evangelischen Kirche in Deutschland. Göttingen 1981.
369. J. THIERFELDER, Die Kirchenpolitik der vier Besatzungsmächte und die evangelische Kirche nach der Kapitulation 1945, in: GG 18 (1992), 6–21.

6. Westzonen und Bundesrepublik

370. M. AHME, Der Reformversuch der EKD 1970–1976. Vorgeschichte, Verlauf, Ergebnisse. Stuttgart 1990.
371. D. ALTMANNSPERGER, Der Rundfunk als Kanzel? Die evangelische Rundfunkarbeit im Westen Deutschlands 1945–1949. Neukirchen-Vluyn 1992.
372. G. BESIER, „Selbstreinigung" unter britischer Besatzungsherrschaft. Die Evangelisch-lutherische Landeskirche Hannovers und ihr Landesbischof Marahrens 1945–1947. Göttingen 1986.
373. DEUTSCHER BUNDESTAG, REFERAT ÖFFENTLICHKEITSARBEIT (Hrsg.), Abschlußbericht der Enquete-Kommission „Sogenannte Sekten und Psychogruppen". Bonn 1998. DEUTSCHER BUNDESTAG, ENQUETE-KOMMISSION „SOGENANNTE SEKTEN UND PSYCHOGRUPPEN" (Hrsg.), Forschungsprojekte und Gutachten. Hamm 1998.
374. A. DOERING-MANTEUFFEL, Katholizismus und Wiederbewaffnung. Die Haltung der deutschen Katholiken gegenüber der Wehrfrage 1948–1955. Mainz 1981.
375. J. FOSCHEPOTH, Im Schatten der Vergangenheit. Die Anfänge der Gesellschaften für Christlich-Jüdische Zusammenarbeit. Göttingen 1993.
376. Ö. FOSS, Politische Diakonie? Das Hilfswerk der Evangelischen Kirchen in Deutschland und der Versuch, nach dem Zusammenbruch des Dritten Reiches eine gesellschaftsorientierte Diakonie zu verwirklichen. Frankfurt/M./Bern/New York 1986.
377. H. GLÄSSGEN, Katholische Kirche und Rundfunk in der Bundesrepublik Deutschland. 1945–1962. Berlin (West) 1983.
378. M. GRESCHAT, Die Kirchenpolitik Frankreichs in seiner Besatzungszone, in: ZKiG 109 (1998), 216–236; 363–387.
379. T. GROSSMANN, Zwischen Kirche und Gesellschaft. Das Zentralkomitee der deutschen Katholiken 1945–1970. Mainz 1991.
380. K. HERBERT, Kirche zwischen Aufbruch und Tradition. Entscheidungsjahre nach 1945. Stuttgart 1989.
381. W. HUBER (Hrsg.), Protestanten in der Demokratie. Positionen und Profile im Nachkriegsdeutschland. München 1990.
382. K. JÜRGENSEN, Die Stunde der Kirche. Die Evangelisch-Lutherische Landeskirche Schleswig-Holsteins in den ersten Jahren nach dem 2. Weltkrieg. Neumünster 1976.
383. D. KOCH, Heinemann und die Deutschlandfrage. München 1972.
384. J. KÖHLER/D. V. MEHLIS (Hrsg.), Siegerin in Trümmern. Die Rolle

der katholischen Kirche in der deutschen Nachkriegsgesellschaft. Stuttgart 1998.
385. J. MÜLLER-KENT, Militärseelsorge im Spannungsfeld zwischen kirchlichem Auftrag und militärischer Einbindung. Analyse und Bewertung von Strukturen und Aktivitäten der ev. Militärseelsorge unter Berücksichtigung sich wandelnder gesellschaftlicher Rahmenbedingungen. Hamburg 1990.
386. G. VAN NORDEN/H. FAULENBACH, Die Entstehung der Evangelischen Kirche im Rheinland in der Nachkriegszeit (1945–1952). Köln 1998.
387. H. PROLINGHEUER, Wir sind in die Irre gegangen. Die Schuld der Kirche unterm Hakenkreuz, nach dem Bekenntnis des „Darmstädter Wortes" von 1947. Köln 1987.
388. N. PRONAY/K. WILSON (Hrsg.), The Political Re-Education of Germany & her Allies after World War II. London 1985.
389. A. PÜTTMANN, Ziviler Ungehorsam und christliche Bürgerloyalität. Konfession und Staatsgesinnung in der Demokratie des Grundgesetzes. Paderborn 1994.
390. B. VAN SCHEWICK, Die katholische Kirche und die Entstehung der Verfassungen in Westdeutschland 1945–1950. Mainz 1980.
391. K. STEUBER, Militärseelsorge in der Bundesrepublik Deutschland. Eine Untersuchung zum Verhältnis von Staat und Kirche. Mainz 1972.
392. A. STRÜBIND, Freikirchen und Ökumene in der Nachkriegszeit, in: KZG 6 (1993), 187–211.
393. J. F. TENT, Mission on the Rhine. Reeducation and Denazification in American-Occupied Germany. Chicago/London 1982.
394. W. VÖGELE, Zivilreligion in der Bundesrepublik Deutschland. Gütersloh 1994.
395. J. VOGEL, Kirche und Wiederbewaffnung. Die Haltung der Evangelischen Kirche in Deutschland in den Auseinandersetzungen um die Wiederbewaffnung der Bundesrepublik 1949–1956. Göttingen 1978.
396. C. VOLLNHALS, Evangelische Kirche und Entnazifizierung 1945–1949. Die Last der nationalsozialistischen Vergangenheit. München 1989.
397. M. WELKER, Kirche ohne Kurs? Aus Anlaß der EKD-Studie „Christsein gestalten". Neukirchen-Vluyn 1987.
398. J. M. WISCHNATH, Kirche in Aktion. Das Evangelische Hilfswerk 1945–1957 und sein Verhältnis zu Kirche und Innerer Mission. Göttingen 1986.

7. Sowjetische Besatzungszone und DDR

399. F.-M. BALZER/C. STAPPENBECK (Hrsg.), Sie haben das Recht zur Revolution bejaht. Christen in der DDR, ein Beitrag zu 50 Jahre „Darmstädter Wort". Bonn 1997.
400. P. BEIER, Die „Sonderkonten Kirchenfragen". Sachleistungen und Geldzuwendungen an Pfarrer und kirchliche Mitarbeiter als Mittel der DDR-Kirchenpolitik (1955–1989/90). Göttingen 1997.
401. G. BESIER, Der SED-Staat und die Kirche. Bd. 1: Der Weg in die Anpassung [1945–1968]. München 1993; Bd. 2: Die Vision vom „Dritten Weg": 1969–1990. Berlin/Frankfurt/M. 1995; Bd. 3: Höhenflug und Absturz: 1983–1991. Berlin/Frankfurt/M. 1995.
402. T. BOESE, Die Entwicklung des Staatskirchenrechts in der DDR von 1945 bis 1989. Unter besonderer Berücksichtigung des Verhältnisses von Staat, Schule und Kirche. Baden-Baden 1994.
403. B. BOHLEY, Die Humus-Schicht der Demokratie war zu dünn, in: KZG 9 (1996), 164–186.
404. R. BRAUCKMANN/C. BUNZEL, Rückblick. Die evangelische Kirche des Görlitzer Kirchengebiets, die Einflußnahme des MfS und der DDR-Staat 1970–1994. Görlitz 1995.
405. DEUTSCHER BUNDESTAG (Hrsg.), Materialien der Enquete-Kommission „Aufarbeitung von Geschichte und Folgen der SED-Diktatur in Deutschland" (12. Wahlperiode des Deutschen Bundestages). 9 Bde. in 18 Teilbänden. Baden-Baden 1995.
406. J. FELDMANN, Geschichte der Diakonie in der sowjetischen Besatzungszone und der ehemaligen DDR von 1945–1989. Ein Forschungsbericht, in: Diak(S) 1993, 125–128.
407. C. FISCHER, Wir haben euer Gelöbnis vernommen. Konfirmation und Jugendweihe im Spannungsfeld. Ein Beispiel für den Einfluß gesellschaftlicher Verhältnisse auf praktisch-theologische Argumentationen in der DDR (1949–1978). Leipzig 1998.
408. R. F. GOECKEL, The Lutheran Church and the East German State. Political Conflict and Change under Ulbricht and Honecker. Ithaca/London 1990; deutsch: ders., Die evangelische Kirche und die DDR. Konflikte, Gespräche und Vereinbarungen unter Ulbricht und Honecker. Leipzig 1995.
409. M. G. GOERNER, Die Kirche als Problem der SED. Strukturen kommunistischer Herrschaftsausübung gegenüber der evangelischen Kirche 1945 bis 1958. Berlin 1997.
410. D. GRANDE/B. SCHÄFER, Zur Kirchenpolitik der SED. Auseinandersetzungen um das Katholikentreffen 1983–1987. Leipzig 1994.

411. U. HAESE, Katholische Kirche in der DDR. Geschichte einer politischen Abstinenz. Düsseldorf 1998.
412. U. HAHN, Annehmen und frei bleiben. Landesbischof Johannes Hempel im Gespräch. Hannover 1996.
413. B. HALLBERG, Die Jugendweihe. Zur deutschen Jugendweihetradition. 2. Aufl. Göttingen 1979.
414. K.-D. HENKE/R. ENGELMANN (Hrsg.), Aktenlage. Die Bedeutung der Unterlagen des Staatssicherheitsdienstes für die Zeitgeschichtsforschung. Berlin 1995.
415. H.-D. HERTRAMPF, 30 Jahre Pfarrer in der DDR. Eine DDR-Geschichte. Schkeuditz 1995.
416. I. HÜBNER/J.-C. KAISER (Hrsg.), Diakonie im geteilten Deutschland. Zur diakonischen Arbeit unter den Bedingungen der DDR und der Teilung Deutschlands. Stuttgart/Berlin/Köln 1999.
417. G. KAISER/E. FRIE (Hrsg.), Christen, Staat und Gesellschaft in der DDR. Frankfurt/New York 1996.
418. C. KLESSMANN, Zur Sozialgeschichte des protestantischen Milieus in der DDR, in: GG 19 (1993), 29–53.
419. F. KLIER, Aktion „Störenfried". Die Januar-Ereignisse von 1988 im Spiegel der Staatssicherheit, in: H. J. Schädlich (Hrsg.), Aktenkundig. Reinbek b. Hamburg 1993, 91–153.
420. R. MAU, Eingebunden in den Realsozialismus? Die Evangelische Kirche als Problem der SED. Göttingen 1994.
421. H. MÜLLER-ENBERGS/H. SCHMOLL/W. STOCK, Das Fanal. Das Opfer des Pfarrers Brüsewitz und die Evangelische Kirche. Frankfurt/M./Berlin 1993 (Münster ²1999).
422. E. NEUBERT, Vergebung oder Weißwäscherei? Zur Aufarbeitung des Stasi-Problems in den Kirchen. Freiburg 1993.
423. DERS., Geschichte der Opposition in der DDR. 2. Aufl. Berlin 1998.
424. D. POLLACK, Kirche in der Organisationsgesellschaft. Zum Wandel der gesellschaftlichen Lage der DDR. Stuttgart/Köln/Mainz 1994.
425. U. POPPE/R. ECKERT/I.-S. KOWALCZYK (Hrsg.), Zwischen Selbstbehauptung und Anpassung. Formen des Widerstandes und der Opposition in der DDR. Berlin 1995.
426. T. RAABE, SED-Staat und katholische Kirche. Politische Beziehungen 1949–1961. Paderborn 1995.
427. T. RENDTORFF (Hrsg.), Protestantische Revolution? Kirche und Theologie in der DDR: Ekklesiologische Voraussetzungen, politi-

scher Kontext, theologische und historische Kriterien. Vorträge und Diskussionen eines Kolloquiums in München, 26.–28. 3. 1992. Göttingen 1993.
428. W. RICHTER (Hrsg.), Unfrieden in Deutschland. Weißbuch – Kirche im Sündenfall. Berlin 1995.
429. S. RINK, Der Bevollmächtigte. Propst Grüber und die Regierung der DDR. Stuttgart/Berlin/Köln 1996.
430. K. ROSSBERG, Das Kreuz mit dem Kreuz. Ein Leben zwischen Staatssicherheit und Kirche. Berlin 1996.
431. R. VON SASS, Der „Greifswalder Weg". Die DDR-Kirchenpolitik und die Evangelische Landeskirche Greifswald 1980 bis 1989. Schwerin 1998.
432. B. SCHÄFER, Staat und katholische Kirche in der DDR. Köln 1998.
433. J. J. SEIDEL, „Neubeginn" in der Kirche? Die evangelischen Landes- und Provinzialkirchen in der SBZ/DDR im gesellschaftspolitischen Kontext der Nachkriegszeit (1945–1953). Göttingen 1989.
434. DERS., Aus den Trümmern 1945. Personeller Wiederaufbau und Entnazifizierung in der evangelischen Kirche der Sowjetischen Besatzungszone Deutschlands. Einführung und Dokumente. Göttingen 1996.
435. C. SENGENSPEICK-ROOS, Das ganz Normale tun. Widerstandsräume in der DDR-Kirche. Berlin 1997.
436. A. SILOMON, Synode und SED-Staat. Die Synode des Bundes der Evangelischen Kirchen in der DDR in Görlitz vom 18. bis 22. September 1987. Göttingen 1997.
437. F. STENGEL, Die theologischen Fakultäten in der DDR als Problem der Kirchen- und Hochschulpolitik des SED-Staates bis zu ihrer Umwandlung in Sektionen 1970/71. Leipzig 1998.
438. A. STRÜBIND, Kennwort: „Herbert aus Halle". Ein Forschungsbericht über die Verbindungen zwischen Baptisten und dem Ministerium für Staatssicherheit in der DDR, in: ZThG 2 (1997), 164–201.
439. W. THUMSER, Kirche im Sozialismus. Geschichte, Bedeutung und Funktion einer ekklesiologischen Formel. Tübingen 1996.
440. C. VOLLNHALS (Hrsg.), Die Kirchenpolitik von SED und Staatssicherheit. Eine Zwischenbilanz. Berlin 1996.
441. G. WENDELBORN, Kompendium für Neuere und Neuste Kirchengeschichte 1958–1969. Rostock/Berlin (Ost) 1988.

8. Methodenfragen der Geschichtsschreibung

442. G. BESIER/H. G. ULRICH, Von der Aufgabe kirchlicher Zeitgeschichte – ein diskursiver Versuch, in: EvTh 51 (1991), 169–182.
443. G. BESIER, Kirchen und SED-Staat. Forschungsansätze und methodologische Probleme aus der Sicht der kirchlichen Zeitgeschichte, in: G. Baadte/A. Rauscher (Hrsg.), Religion, Recht und Politik. Graz 1997, 115–136.
444. A. DOERING-MANTEUFFEL/K. NOWAK (Hrsg.), Kirchliche Zeitgeschichte. Urteilsbildung und Methoden. Stuttgart/Berlin/Köln 1996.
445. G. EBELING, Heiliger Geist und Zeitgeist. Identität und Wandel in der Kirchengeschichte, in: ZThK 87 (1990), 185–205.
446. A. GESTRICH/P. KNOCH/H. MERKEL (Hrsg.), Biographie – sozialgeschichtlich. Sieben Beiträge. Göttingen 1988.
447. C. GREMMELS/H. PFEIFER, Theologie und Biographie. Zum Beispiel Dietrich Bonhoeffer. München 1983.
448. W. HÄRLE/R. PREUL (Hrsg.), Lebenserfahrung. Marburger Jahrbuch Theologie 3. Marburg 1990.
449. S. HAUERWAS, Selig sind die Friedfertigen. Ein Entwurf christlicher Ethik. Hrsg. v. R. Hüttner. Neukirchen-Vluyn 1995.
450. DERS., Geschichte als Schicksal. Wie in Amerika aus der „Rechtfertigung aus Glauben" Anthropologie und Geschichte wurde, in: M. Beintker/E. Maurer/H. Stoevesandt/H. G. Ulrich (Hrsg.), Rechtfertigung und Erfahrung. FSchr. Gerhard Sauter. Gütersloh 1995, 269–286.
451. A. HEITMANN, Selbst Schreiben. Eine Untersuchung der dänischen Frauenautobiographik. Frankfurt/M. 1994.
452. H. HEMPELMANN, „Erkenntnis aus Glauben". Notwendigkeit und Wissenschaftlichkeit von Kirchengeschichte und Kirchlicher Zeitgeschichte als theologische Disziplinen, in: KZG 10 (1997), 263–304.
453. G. JÜTTEMANN/H. THOMAE (Hrsg.), Biographie und Psychologie. Berlin (West) 1987.
454. G. A. LINDBECK, Christliche Lehre als Grammatik des Glaubens. Religion und Theologie im postliberalen Zeitalter. Mit einer Einleitung v. H. G. Ulrich u. R. Huetter. Gütersloh 1994.
455. D. W. LOTZ, A Changing Historiography: From Church History to Religious History, in: ders. (Hrsg.), Altered Landscapes. Christianity in America, 1935–1985. Grand Rapids 1989, 312–339.

456. J. MEHLHAUSEN, Zur Methode kirchlicher Zeitgeschichtsforschung, in: EvTh 48 (1988), 508–521.
457. K. MEIER, Neuere Konzeptionen der Kirchenkampfhistoriographie, in: ZKiG 99 (1988), 63–86.
458. T. ODEN, On not whoring after the Spirit of the Age, in: O. Guinness/J. Seel (Hrsg.), No God, but God. Chicago 1992.
459. T. R. PHILLIPS/D. L. OKHOLM, The Nature of Confession. Evangelicals and Postliberals in Conversation. Downers Grove 1996.
460. A. V. PLATO, Einleitung zum Schwerpunkt: Oral History in der Sowjetunion, in: Bios 3 (1990), 1–7.
461. DERS., History als Erfahrungswissenschaft. Zum Stand der „mündlichen Geschichte" in Deutschland, in: Bios 4 (1991), 97–119.
462. H. PROLINGHEUER, Wider die „Träume von einer besseren Vergangenheit". Antwort an Wolfgang Schweitzer, in: JK 49 (1988), 553–560.
463. G. RINGSHAUSEN/H. G. ULRICH, Zur Verständigung über Zeitgeschichte, in: KZG 5 (1992), 94–98.
464. G. SAUTER, Einführung in die Eschatologie. Darmstadt 1995.
465. DERS., Zugänge zur Dogmatik. Elemente theologischer Urteilsbildung. Göttingen 1998.
466. DERS., Zum Kontext deutscher evangelischer Theologie in den dreißiger Jahren – und zum Problem seines kontextuellen Verständnisses heute, in: F. Hauschildt (Hrsg.), Text und Kontext in Theologie und Kirche. Hannover 1989, 64–95.
467. W. SCHWEITZER, Legenden und Antilegenden zum Kirchenkampf 1933–1945, in: JK 49 (1988), 253–262.
468. L. SIEGELE-WENSCHKEWITZ, Ist Ethik eine Kategorie der Historiographie? Zum 20. Todestag von Ernst Wolf am 11. September 1991, in: EvTh 51 (1991), 155–168.
469. W. SPARN (Hrsg.), Wer schreibt meine Lebensgeschichte? Biographie, Autobiographie, Hagiographie und ihre Lebenszusammenhänge. Gütersloh 1990.
470. R. STAATS, Die zeitgenössische Theologenautobiographie als theologisches Problem, in: VuF 39 (1994), 62–81.
471. R. V. THADDEN, Kirchengeschichte als Gesellschaftsgeschichte, in: GG 9 (1983), 598–614.
472. W. VOGES (Hrsg.), Methoden der Biographie- und Lebenslaufforschung. Opladen 1987.
473. C. VOLLNHALS, Kirchliche Zeitgeschichte nach 1945. Schwerpunkte, Tendenzen, Defizite, in: J.-C. Kaiser/A. Doering-Man-

teuffel (Hrsg.), Christentum und politische Verantwortung. Kirchen im Nachkriegsdeutschland. Stuttgart/Berlin/Köln 1990, 176–191.

474. H. VORLÄNDER (Hrsg.), Oral history: mündlich erfragte Geschichte. Acht Beiträge. Göttingen 1990.

475. WO STEHT DIE „EVANGELISCHE THEOLOGIE"? Ein Briefwechsel zwischen Helmut Gollwitzer und Klaus Scholder, in: EvTh 44 (1984), 193–205.

9. Archivführer

476. H. OTTE (Hrsg.), Handbuch des kirchlichen Archivwesens, I: Die zentralen Archive in der evangelischen Kirche. Neustadt a.d. Aisch 1997.

477. C. STACHE, Das Evangelische Zentralarchiv in Berlin und seine Bestände. Berlin 1992.

[Stand: Juli 1998]

Nachtrag (Auswahl)

P. BEIER, Missionarische Gemeinde in sozialistischer Umwelt. Die Kirchentagskongreßarbeit in Sachsen im Kontext der SED-Kirchenpolitik (1968–1975). Göttingen 1999.

G. BESIER/A. BOYENS/G. LINDEMANN, Nationaler Protestantismus und Ökumenische Bewegung. Kirchliches Handeln im Kalten Krieg (1945–1990). Berlin 1999.

J. CORNWELL, Pius XII. Der Papst, der geschwiegen hat. München 1999.

M. HUTTNER, Totalitarismus und säkulare Religionen. Bonn 1999.

H. OELKE, Hanns Lilje. Ein Lutheraner in der Weimarer Republik und im Kirchenkampf. Stuttgart/Berlin/Köln 1999.

H. ROGGELIN, Franz Hildebrandt. Ein lutherischer Dissenter im Kirchenkampf und Exil. Göttingen 1999.

T. SAUER, Westorientierung im deutschen Protestantismus? Vorstellungen und Tätigkeit des Kronberger Kreises. München 1999.

A. SILOMON, „Schwerter zu Pflugscharen" und die DDR. Die Friedensarbeit der evangelischen Kirchen in der DDR im Rahmen der Friedensdekaden 1980–1983. Göttingen 1999.

A.-S. VULETIĆ, Christen jüdischer Herkunft im Dritten Reich. Verfolgung und organisierte Selbsthilfe 1933–1939. Mainz 1999.

Register

Aachen 120
ABELE, CHRISTIANA 63
Abendmahl, 31, 35, 41 f.
Abgrenzungspolitik 51, 55
ABRATH, GOTTFRIED 95
Adel 8
ADENAUER, KONRAD 8, 37–39, 72
Administratoren, Apostolische 57
Adolph, Walter 98
Adventisten 112
Agrarregionen 62
AHME, MICHAEL 71
AICHELIN, ALBRECHT 97
Akademien, ev. 38, 120
Akademien, kath. 38
Akademiker 38
Akademikerverband, kath. 14
Albertz, Heinrich 38
ALGERMISSEN, KONRAD 109
Allensbach (Institut für Demoskopie) 122
Allied Religious Affairs Committee 33
Alpirsbach 39
Alte Kirche 11
Altes Testament 24 f.
ALTHAUS, PAUL 17 f.
ALTMANNSPERGER, DIETER 107
Altpreußische Landeskirche/Ev. Kirche der Altpreußischen Union 1, 23, 36, 46, 59–61, 70 f.
– Bekenntnissynode 30
– Bruderräte 32 f., 36
– Bruderrat 27, 33
– Ev. Oberkirchenrat 3 f., 7, 36, 118
– Generalsynode 4, 22, 24, 60, 110
– Kirchensenat 36
– Provinzialkirchen 36, 110
Altreich 29
Amery, Carl 37 f.
Amsterdam 104, 125
Amt, kirchl. 31
Amtsverständnis 22
Analogia fidei 31
ANDERSEN, DOROTHEA 93
Anglikaner 104
Angloamerikaner XII, 33
Anhalt 30, 36, 46, 49
– Landessynode 4
Anknüpfung 21
Anthropologie 78
Anthroposophie 112, 124
Antifaschismus 65
Antijudaismus 28, 30, 40, 65, 116, 119 f.
Antiliberalismus 8, 14, 60
Antimodernisteneid 43
Antisemitismus 27 f., 30, 40, 65, 94, 102 f.
Antiwestliche Ressentiments 6, 60
Apartheid 83
Apologetik, christl. 110, 118
Apologetische Centrale 110, 117–119
Arbeiterbewegung 40, 62, 79, 109
Arbeiterschaft 111
Arbeitervereine/-bewegung, kath. 9, 12
Arbeitsgemeinschaft Christlicher Kirchen (ACK) 35, 104
Arbeitsgemeinschaft Deutsche Glaubensbewegung 113
Arbeitskreis „Christen, Staat und Gesellschaft in der DDR" 77
Archive 72–74, 77 f., 95
ARETIN, KARL OTMAR VON 83
„Arierparagraph" 23–25, 65, 103
Arnoldshainer Konferenz 41 f.
Arnoldshainer Thesen 41
Asmussen, Hans 31, 37, 83, 94 f.
ASSEL, HEINRICH 17, 94
Astrologie 112
Atheismus 45 f., 75
Atomwaffen 38 f., 83
Aufklärung 16, 21, 59 f., 88, 91, 108
Ausreisebewegung DDR 54
Außenpolitik 5, 24 f.
AUSSERMAIR, JOSEF 95
Aussöhnung 40
Autobiographien 92, 99 f.

BAADTE, GÜNTER 80
BACKES, UWE 74
Baden 10, 64
– Landessynode 4
BADEWIEN, JAN 112
BÄRSCH, CLAUS-EKKEHARD 115, 117
BAIER, HELMUT 59
BALZER, FRIEDRICH-MARTIN 61, 68, 80
Baptisten 104, 124
BARBERINI, GIOVANNI 44
Barcelona 17
BARDENHEWER, ANGELA 125
Barmer Theologische Erklärung 25, 27, 31 f., 66 f., 74, 82 f., 87, 100 f., 107
BARTH, HANS-MARTIN 89
BARTH, KARL 14–16, 18–21, 24 f., 30 f., 33, 39 f., 42, 45, 50, 52, 64, 83 f., 93 f., 120
Barth, Willi 48
Barth-Schule 87
Basel 33
Basisgemeinden 42
BAUER, KARL-ADOLF 69
BAUMGÄRTEL, FRIEDRICH 63
BAUMGÄRTNER, RAIMUND 118, 120
Baumgarten, Otto 2, 45
Bayerische Volkspartei 9
Bayern 2, 8 f., 25, 64, 106 f., 112 f.
BECKMANN, JOACHIM 84
Befriedungspolitik 28, 114
Behörde des Bundesbeauftragten für die Unterlagen des Staatssicherheitsdienstes der ehemaligen DDR (BStU) 74–76
Beichte 72
BEIER, PETER 77 f.
BEINTKER, MICHAEL 91
Bekennen, christl. 100
Bekennende Kirche XI, 25–28, 30–32, 46, 64–67, 70, 84, 90, 96, 102, 117–121
Bekenntnis, christl. 24, 31 f., 86, 100, 111
Bekenntnis, luth. 35, 96
Bekenntnisbewegung „Kein anderes Evangelium" 39
Bekenntnistreue 88
Belgien 125 f.
Bellmann, Rudi 54
BENAD, MATTHIAS 101
Benediktinerorden 10

Bengsch, Alfred 57
BENTLEY, JAMES 95
Beratergruppe BEK-EKD 56
BERGEN, DORIS L. 65
Bergpredigt 18
Berlin 17 f., 26, 30, 37, 46, 50, 57, 61, 73, 76, 79, 83, 87, 92, 108, 101, 111 f.
– Bruderrat 27 f., 31
Berlin-Brandenburg 46, 50, 55. 76, 96
Berlin-Dahlem 119 – vgl. auch Reichsbekenntnissynoden
Berliner Bischofskonferenz 57 f.
Berliner Erklärung 56
Berliner Ordinarienkonferenz 57
BERNING, VINCENT 99
Berning, Wilhelm 98
Bertram, Adolf Johannes 32, 98
Besatzungsmächte 32, 34, 36
Besatzungszeit 63, 103 f., 107
Besatzungszonen/-politik 71
– amerikanische 33
– britische 33
– französische 33 f.
– sowjetische 35, 46, 57
– westl. XI
BESIER, GERHARD 60, 67 f., 70 f., 74, 77, 80, 86–88, 94, 97, 100, 105, 121
Bestandssicherung, kirchl. 66
Bestattung 109
Bethel 23, 29
BETHGE, EBERHARD 63, 81–83, 93, 97
Beuron 10
BEYERHAUS, PETER 105
BEYREUTHER, ERICH 104
Bibel/Heilige Schrift 14–16, 25, 32, 83, 89, 105, 111, 119, 123
Bibelwissenschaft 39 f., 43
Bielefelder Schule 80, 103
Bildungsarbeit, kath. 12
Bildungsbürgertum 5, 8, 11, 111 f.
Biographien 92–99, 101
Biographietheorie 92
BIRN, RUTH BETTINA 102
Bischofsamt, ev. 46, 50
Bismarck, Otto von 124
BISMARCK, RUTH-ALICE VON 93
Bistümer 43
BK-Kirchengeschichtsschreibung 62 f., 69, 82, 87, 90 f.
BLASCHKE, OLAF 103
BLESSING, WERNER K. 86

Bloch, Ernst 42
BOBERACH, HEINZ 63
Bochum 62
Bodelschwingh, Friedrich von 23, 29, 33, 96
BÖCKENFÖRDE, ERNST-WILHELM 126
Böll, Heinrich 38
BOESE, THOMAS 79
BOHLEY, BÄRBEL 75 f.
Bonhoeffer, Dietrich 17 f., 24, 30, 52, 63, 81, 93, 95
Bonhoeffer, Karl 17
Bonhoeffer-Gesellschaften 93
Bonn 8, 24, 71
BOOKHAGEN, RAINER 101
BORG, DANIEL R. 61
Bormann, Martin 29
BORST, GERT 115
Bousset, Wilhelm 2
BOYENS, ARMIN 65 f., 97, 105
BRACHER, KARL DIETRICH 24 f., 66, 82
BRÄUER, SIEGFRIED 79
BRAKELMANN, GÜNTER 61, 66, 69
Brandt, Willy 40
BRAUCKMANN, ROLAND 76
Braune, Paul Gerhard 29
Brauns, Heinrich 9
Braunschweig 28, 70
Bremen 1
Breslau 30
Browning, Christopher R. 80
Bruderräte 26 f., 33 f., 36, 40, 50, 62 f., 67, 69 f., 83 f., 95, 101
Bruderschaften, kirchl. 83
Brüning, Heinrich 10 f.
Brüsewitz, Oskar 53, 79
BRUMLIK, MICHA 112 f.
Brunner, Emil 21
BRUNOTTE, HEINZ 39, 66 f.
BRZOSKA, EMIL 98
BÜHRIG, MARGA 99
Bündnis 90/Die Grünen 123, 126
Bürgertum 11, 48, 111
– kath. 62
– protest. 40
Büro Grüber 30
BÜTTNER, URSULA 67
BULTMANN, RUDOLF 15, 21, 39 f., 91
Bund der Ev. Kirchen in der DDR 42, 52–56, 73, 77 f., 84 f.
– Bundessynode 77
– Ordnung 52
– Synode Dresden 1972 53

– Synode Greifswald 1984 54
– Synode Görlitz 1987 55, 77
– Synode Eisenach 1989 56
Bund der Konfessionslosen 108
Bund für deutsche Gotteserkenntnis 115
Bundesländer 72
Bundesregierung 39 f.
Bundesrepublik Deutschland XII, 37 f., 41, 45, 48, 51 f., 63, 70–72, 92, 107 f., 122, 125
Bundestag, Deutscher 39
Bundesverteidigungsministerium 39
Bundesverwaltungsamt 126
Bundeswehr 39
BUNZEL, CHRISTOPH 76
Burg Rothenfels 11
Burgfrieden 1939 29
Bursche, Julius 97
BUSCH, EBERHARD 93 f.
Buße 16
Bußtag 30

Calvin, Jean 16
CAMPENHAUSEN, AXEL VON 123
Caritas 101
Centralausschuß für Innere Mission 32, 110, 118
Chamberlain, Houston Stewart 117
Chiliasmus 112
Christen/-innen jüdischer Herkunft 30, 66 f., 99, 103
Christengemeinschaft 112
Christentum 15, 44 f., 62, 67 f., 72, 80, 111, 113, 124
Christentumsgeschichte 59 f., 81, 122
Christentumskritik 119
Christian Science 124
Christlich Demokratische Union (CDU) 37, 40
– Sozialausschüsse 37
Christlich Demokratische Union (DDR) 47 f., 57, 70, 73, 78
Christlich Soziale Union (CSU) 37, 40
Christliche Friedenskonferenz (CFK) 50, 80, 83
Christliche Welt 15
Christlicher Weltstudentenbund 105
Christlich-Soziale Partei/Bewegung 2, 61
Christologie 14 f., 17, 19–21, 24, 31, 123

CHRISTOPH, JOCHEN E. 71
Christozentrismus 18, 25
„Christsein gestalten" 87
Codex Iuris Canonici 43
CONZEMIUS, VICTOR 71, 99
CORNWELL, JOHN 83
Cottbus 50

DAHLHEIMER, MANFRED 116
Danzig 62
Darmstädter Wort 35, 51 f., 67 f., 83 f.
Das Schwarze Korps 30
DDR-Opposition 54, 58, 75–77
DDR-Staatsbürgerschaft 51, 85
DDR-Verfassung 1949 47
DDR-Verfassung 1968 51 f.
Defort, Wolfgang 79
DEHN, GÜNTHER 99, 111
Delp, Alfred 30
Demke, Christoph 56 f.
Demokratie, parlamentarische 2 f., 8, 37
- und Christentum XII, 60, 71 f.
Demokratie: Innerkirchlich 3
Demokratiekritik 6, 8, 17 f., 67
Dempf, Alois 13, 99
Denominationen 21
Desbuquois, Gustave 28 f.
Deutsche Bischofskonferenz 43 f.
Deutsche Christen XI, 22–28, 30, 46, 64 f., 67, 82–84, 89, 96 f., 113, 119–121
- vgl. auch Glaubensbewegung Deutsche Christen
Deutsche Demokratische Partei 2 f., 5, 10
Deutsche Demokratische Republik XII, 44 f., 47–58, 63–65, 68, 72–80, 84 f., 87, 90, 93, 100 f., 122
- Außenpolitik 50
- Religionspolitik XII
- Sicherheitspolitik 50
Deutsche Ev. Kirche (DEK) 23, 25, 118
- Deutsche Ev. Kirchenkanzlei 30, 120
- Geistlicher Vertrauensrat 30, 69
- Kirchliches Außenamt 34, 97
Deutsche Glaubensbewegung/ Deutschglaube 92, 113–115
Deutsche Katholikentage 12
- Frankfurt/M. 1921 12
- München 1922 8, 12
- Magdeburg 1928 12
Deutsche Kommunistische Partei 44
„Deutsche Theologie" 17, 87
Deutsche Volkskirche e. V. 115
Deutsche Volkspartei 2 f., 5, 10
Deutscher Bundestag
- Enquete-Kommission SED-Diktatur 87
- Enquete-Kommission zu „sogenannten Sekten und Psychogruppen" 125 f.
Deutscher Evangelischer Kirchenausschuß (DEKA) 3, 6 f., 23
- Rechtsausschuß 7
Deutscher Evangelischer Kirchenbund 7
Deutscher Evangelischer Kirchentag 6, 37, 40, 48
- Dresden 1919 7
- Stuttgart 1921 7
- Königsberg 1927 6
- Leipzig 1954 48
- Berlin 1961 40
- Hamburg 1981 44
- Hannover 1983 42, 44
Deutscher Liturgischer Kongreß 41
Deutsches Historisches Museum 101
Deutsches Reich 38, 61 f.
„Deutsches Volkstum" 19
Deutschkirche 22, 118 f.
Deutschnationale 67
Deutschnationale Volkspartei (DNVP) 2 f., 5, 10
- Katholikenausschuß 8
Devisenprozesse 26, 28
Diakonenschaft 101
Diakonie 5, 29, 48, 90, 100–102
Diakonisches Werk der EKD 32, 49, 101
Dialektik 14 f., 20
Dialektische Theologie – vgl. Wort-Gottes-Theologie
Diaspora, kath. 57
DIBELIUS, OTTO 7, 23, 30, 35, 37, 39 f., 46, 96, 107
DIEM, HERMANN 99
DIEPHOUSE, DAVID J. 91
DIERKS, MARGARETE 113
Differenzierungspolitik 47
Diktaturenvergleich 68, 75
Dinter, Artur 115, 118
Diözesen 13
Dirks, Walter 37 f., 72

Döpfner, Julius 43, 57
DOERING-MANTEUFFEL, ANSELM 63, 68, 72, 74, 81, 85f., 90f., 122
Dogma, christl. 65
Dogmatik 16, 105, 121f.
DOHLE, HORST 65f., 73f.
Dohnanyi, Hans von 93
Dortmund 120
Dostojewski, Fjodor Michajlowitsch 14
Drei-Staaten-Theorie 57
Dresden 54, 110
Dritte Welt 42
Dritter Weg 38, 71
Dryander, Ernst von 8
Düsseldorf 112, 120

EBELING, GERHARD 88
Eberswalde 50
Eckart, Dietrich 117
edition ost 80
Eheverständnis 72
Ehlers, Hermann 37f., 95
Eichsfeld 57
Eigenständigkeit, kirchl. 24
Eingabenpolitik 29f., 58
Einheit, deutsche 71
Einheitsgewerkschaft 61
Einigungsbestrebungen, kirchliche 5–7
Einigungswerk, kirchl. 32f., 69
Eisenach 113
– „Entjudungsinstitut" 64f.
– Kirchenversammlung 35
Ekklesiologie 17, 22, 24f., 33, 42, 52, 56, 64, 74, 79, 85, 87, 89, 95f., 107
Ekklesiologie, kath. 11, 43f., 69, 88f.
Elberfelder Konferenz 6
Elert, Werner 18
Elitenaustausch 87
Emanzipation 11
Emigration 98f.
ENGELMANN 75
England 34
Entchristlichung 27, 72, 109
Entente 61
Entkonfessionalisierung 27
Entmythologisierung 39, 91
Entnazifizierung 34, 36, 70f.
Entpolitisierung 16
Entpolitisierung, kath. 12f.
Entspannungspolitik 40, 51, 57
Episkopat, deutsches 8f., 12f., 23, 25, 32, 34. 41, 62f., 75, 98

Eppler, Erhard 40f.
Erbsünde 123
Ereignisgeschichte 73
Erfurt 57
ERHART, HANNELORE 69
ERICKSEN, ROBERT P. 68
Erlangen 37
Erlösungsantisemitismus 103
Erlösungslehre, christl. 123
Ermächtigungsgesetz 24f., 82f.
Erneuerung, kultisch-liturgische 31
Ersatzriten 114
Erste Vorläufige Kirchenleitung (VKL) 26f.
Erster Weltkrieg 6f., 14, 16, 19, 34, 108, 111
Erstes Gebot 27, 31
Erweckungsbewegung 16
Erziehung 16
ESCHEBACH, ERIKA 60
Esoterik XII, 112, 124
Essen 120
Ethik, politische 18f., 31, 42, 51, 56, 60, 71f., 82, 85, 91, 93
Ethik, theol. 16, 44, 90, 105
Ettlingen 62
Eugenik 5f., 102
Europa 38, 42, 72
Europäische Union 125f.
„Euthanasie" 29, 101f.
Ev. Kirchentag Berlin (Ost) 1987 55
Ev. Kirchentag Leipzig 1989 56
Evangelikale 39, 42, 89, 105
Evangelisation 109f.
Evangelische Allianz 104
Evangelische Arbeitsgemeinschaft für Kirchliche Zeitgeschichte 63f., 77f., 81
Evangelische Gemeinschaft 104
Evangelische Kirche der Union (EKU) 36, 50, 73, 100
Evangelische Kirche in Deutschland (EKD) 35f., 38, 40, 42, 47–49, 51f., 71, 77–79, 84, 87, 123, 125
– Bruderrat 35
– Grundordnung 35, 41f.
– Kirchenamt 122
– Kirchenkanzlei 39
– Kirchenkanzlei DDR 50, 52
– Rat 34f., 40, 50, 71
– Strukturreform 42
– Synode 39, 41
– – Berlin-Weißensee 1950 38, 40

– – Berlin 1957 49
– – Berlin 1958 39, 49
– – Fürstenwalde 1967 51
„Evangelische Theologie" 83 f.
Evangelische Verlagsanstalt 79
Evangelische Woche 37
Evangelischer Bund 121
Evangelisch-kirchliche Konferenz 26
Evangelium 51, 90
Existenz 21
Existenzphilosophie 21, 39, 43
Existentialtheologie 91

Faith and Order 22, 104
Fakultäten, theol. 40, 68 f., 79
Falcke, Heino 53, 55
Familienpolitik 72
FANDEL, THOMAS 69
Faschismus 121
Faschismusbegriff 67, 70
FAULENBACH, HEINER 88, 96 f.
Faulhaber, Michael 8, 12, 25, 28
Fehrenbach, Konstantin 9 f.
FELDMANN 101
Feuerbestattung 108
Feurich, Walter 50
FINK, HEINRICH 87
FINKE, ANNE-KATHRIN 94
FINKE, ROGER 124
FINKELSTEIN, NORMAN G. 102
FISCHER, CHRISTIAN 79
FLEISCH, PAUL 99
Flüchtlingshilfe 98
Forck, Gottfried 56
Formgeschichte 15
Forsthoff, Heinrich 120
Fortschrittsdenken 116
FOSCHEPOTH, JOSEF 71
Fränkel, Hans-Joachim 53
Frankfurt/M. 35, 41
Frankfurt/Oder 73
Frankfurter Hefte 38, 72
Frankreich 5, 10, 61, 125 f.
Frauenbewegung 76
Freiburg 98
Freidenker 1, 108 f., 111–113
Freidenkerverband (DDR) 56
Freie Demokratische Partei (FDP) 123
Freie Deutsche Jugend (FDJ) 48
Freiheit 122
Freiheit, christl. 44
Freikirchen 35, 103 f., 122, 124, 126

Freikirchen-Forschung 104
Freireligiöse 114
FRIE, EWALD 77
Friedensbewegung 44, 55, 76, 105, 124
Friedensfrage 38, 56
Friedenswerkstatt 55
FRIEDLÄNDER, SAUL 103
FRIEDRICH, NORBERT 61
FRIELING, REINHARD 104
Frings, Joseph 36, 43
FRITZ, HARTMUT 96
Frömmigkeit, kath. 12
Fuchs, Ernst 120
Führerkult 27, 115 f.
Führerprinzip 18, 23
Fürstenenteignung 5
Fuldaer Bischofskonferenz 32, 57
Funktionalismus 59 f., 68, 73 f., 90

Galen, Clemens August Graf von 29, 36, 98
Gallikanismus 10
GARBE, DETLEF 112 f.
GATZ, ERWIN 72, 75
Gauck, Joachim 74
Gebet 72, 76
Gebetsliturgie 1938 30
Geheimdienste 74
Geheime Staatspolizei 27 f., 118
GEISSEL, LUDWIG 99
Geist von 1914 23
GELDBACH, ERICH 103
Gemeinde(n), christl. 10–13, 39, 43, 96, 101, 123
Gemeindeprinzip 33
Gemeinsame Synode 43
Gemeinschaftsbewegung 104
Gemeinschaftsgedanke 10–12, 18, 107
Gemeinschaftswerk der evangelischen Publizistik 78
Gemeinwohlethik 60
Genf 34
Gerechtigkeit 52, 55
Gerechtigkeit Gottes 14
Gericht Gottes 17
GERLACH, WOLFGANG 102
Germanische Glaubensgemeinschaft 114
GERSTENMAIER, EUGEN 37, 99
Gesamtdeutsche Volkspartei (GVP) 40
Geschichte 14–16, 19–21

Register

Geschichtswissenschaft 85
Gesellschaft für christlich-jüdische Zusammenarbeit 40
Gesellschaftsbezug 85
Gesellschaftsgeschichte 81, 86
Gesellschaftspolitik 12
Gesetz 21
Gesetz zur Sicherung der DEK 26
GESTRICH, ANDREAS 92
Gewerkschaften, kath. 9, 12, 61 f.
Gewissen 18, 90
Gewissensfreiheit 3, 43, 52, 108, 113
GIENKE, HORST 56, 99
Gießen 81
GLÄSSGEN, HEINZ 107
Glaube, christl. 14 f., 20, 25, 86, 111, 122
Glaubensbewegung Deutsche Christen 23, 120
Glaubensfreiheit 3, 52, 113
Glaubenskongregation 43 f.
Gleichschaltung, kirchl. 25
Gnade Gottes 17–19
GNN-Verlag 80
Gnosis 117, 124
Gnostizismus 112
Godesberger Erklärung 28
GOECKEL, ROBERT F. 73
Görlitz 53, 76
GOERNER, MARTIN GEORG 73 f.
GOERTZ, ARND 63
Götting, Gerald 70
Göttinger Frauenforschungsprojekt 69
GOGARTEN, FRIEDRICH 15, 19–21, 42, 94
GOLDHAGEN, DANIEL JONAH 102
GOLLWITZER, HELMUT 31, 83–85, 95, 100
Gorbatschow, Michail S. 55
Gottesbild 122
Gottesdienst 31, 42, 53, 107, 111
Gottesdienstbesuch 62, 122
Gotteslehre 14–16, 18, 19, 27, 110, 123
Gott-ist-tot-Theologie 42
„Gottlosenpropaganda" 113
GRAF, FRIEDRICH WILHELM 68, 87
GRANDE, DIETER 75
Gregor XVI. 8
Greifswald 56, 76
GREMMELS, CHRISTIAN 92
Grenzen, kirchl. 5

Greschat, Martin 60, 67, 71, 81 f., 85, 91 f., 102
Grisebach, Eberhard 17
Gröber, Conrad 98
Großbritannien 33, 94
Große Koalition 40
GROSSE, HEINRICH W. 78
Großgrundbesitzer 62
GROSSHEUTSCHI, FELIX 116
Großkirche(n) 3, 41, 45, 122–124, 126
GROSSMANN, THOMAS 72
Großstädte 108, 110, 112
GROTEFEND, STEFAN 98, 105, 111
Grotewohl, Otto 47, 49 f.
GRÜBER, HEINRICH 30, 47, 49, 99
Grünagel, Friedrich 120
GRÜNZINGER, GERTRAUD 63 f.
Grundgesetz 37, 72, 125
Grundrechte 10
Grundsätze Kerrl 28
Guardini, Romano 10 f., 13 f., 41
GÜSGEN, JOHANNES 60
Gundlach, Gustav 28 f.
Gurian, Waldemar 11
Gysi, Klaus 54, 74

Haecker, Theodor 13
Haenisch, Konrad 1
HAESE, UTE 75
Häftlingsfreikauf 49
HÄRLE, WILFRIED 92
HÄUSLER, MICHAEL 101
HAHN, UDO 100
HALLBERG, BO 79
Hamburg 1, 37
Hammer, Detlef 79
HAMMER, KARL 59
HAMMER, WALTER 79
Hannover 25 f., 28–30, 33 f., 37, 103
Hans-Iwand-Gesellschaft 95 f.
Hare Krishna 125
HARNACK, ADOLF VON 15, 45
Hartl, Albert 26
Hartmann, Felix 8 f.
HARTWEG, FRÉDÉRIC 74
Hauer, Jakob Wilhelm 113–115, 117
HAUERWAS, STANLEY 89–91
Hauptabteilung Verbindung zu den Kirchen (DDR) 47, 49
HAUSCHILD, WOLF-DIETER 71, 92 f., 100
HAUSCHILDT, FRIEDRICH 88

HECKEL, MARTIN 79
Heckel, Theodor 34, 88, 97
Heer, Friedrich 37f.
HEHL, ULRICH VON 98, 106
Heidegger, Martin 21, 39, 43
HEIDINGSFELD, UWE-PETER 79
HEIL, JOHANNES 102
Heiliger Geist 14f.
Heilsgeschichte 19, 86
Heimatvertriebene 38, 41, 57
HEIN, MARTIN 70
Heinemann, Gustav 37, 40, 95
HEINONEN, REIJO E. 64
HEINRICH, GERD 92
HEISE, JOACHIM 74
HEITMANN, ANNEGRET 92
Hempel, Johannes 54, 100
HEMPELMANN, HEINZPETER 90
HENKE, KLAUS-DIETMAR 75
HENKYS, REINHARD 87
HENRIX, HANS HERMANN 71
HERBERT, KARL 64, 70f., 84
HERBRECHT, DAGMAR 69
Herbstrevolution 1989 56, 58, 73, 79f., 90
Hermann, Rudolf 17
Hermeneutik 15, 21
HERMLE, SIEGFRIED 71, 103
HERRMANN, VOLKER 101
HERRMANN, WILHELM 15
HERTRAMPF, HANS-DIETER 80
Herwegen, Ildefons 11
Herzensfrömmigkeit 18
Heß, Rudolf 119
Hesse, Hermann Klugkist 95
Hessen-Nassau 64, 123
HILDEBRAND, KLAUS 80, 86
HILDEBRANDT, JÖRG 99
Hilfswerk der EKD 32, 101
HILLGRUBER, ANDREAS 86
Hindenburg, Paul von 9, 124
HIRSCH, EMANUEL 17–19
Hirschauer, Gerd 37f.
Hirschmann, Hans 43
Historikerstreit 86
Historische Kritik 20
Historische Sozialwissenschaft 80, 102
Historischer Jesus 20
Historisierung 88, 96
Historismus 15, 89
Hitler, Adolf 23, 26f., 29f., 67f., 103, 117, 119, 121, 124

– Regierungserklärung 23. 3. 1933 23
Hitler-Jugend 115f.
Hitlerputsch 1923 115
Hochhuth, Rolf 63
HOCKERTS, HANS GÜNTER 63
HÖLLEN, MARTIN 75, 98
Hoffmann, Adolph 1f., 108
Hoffnung 86, 89
HOFMANN, MARTIN 64
Hofprediger 8
Hoher Meißner 11
Holl, Karl 17, 94
Holl-Schule 17–19
Hollerbach, Alexander 125f.
Holveck 33
HOLZEM, ANDREAS 91
Honecker, Erich 48, 53f., 56
HORNIG, GOTTFRIED 94
Hromádka, Josef L. 30, 94
HUBER, ERNST RUDOLF 59, 108
HUBER, WOLFGANG 59, 92, 108
HÜBNER, INGOLF 101
HÜFFMEIER, WILHELM 100
HÜRTEN, HEINZ 59–61
Humanität 101, 108
Husserl, Edmund 43
HUTTNER, MARKUS 108

IBER, HARALD 117f.
Ideengeschichte 61, 77
Ideologie(n) 49, 115, 121
Ideologiekritik 64, 66
Ihmels, Ludwig 110
Immer, Karl 95
Imperialismus 66
INACKER, MICHAEL J. 71
Index verbotener Bücher 43
Individualismus 43, 72
Individuum 92
Industriegesellschaft 53
Initiativgruppen 55f.
Inkarnation 16
Innenpolitik 5
Innere Mission und Hilfswerk der EKD 32
Innere Mission – vgl. Diakonie
Institut für vergleichende Staat-Kirche-Forschung 77
Institutionengeschichtsschreibung 60, 90
„Intakte" Landeskirchen 26f.
Intentionalismus 68

International Council of Christian
  Churches 104
Internationaler Kongregationalistischer
  Rat 105
Internationalismus 19
Intratextuelle Theologie 89–91
INTROVIGNE, MASSIMO 126
Irrationalismus 14
Israel 40
Italien 121
Iwand, Hans Joachim 83, 95 f.

Jacob, Günter 50
JACOBI, GERHARD 111
JACOBS, MANFRED 60
Jäger, August 23
JÄNICKE, JOHANNES 99
Jalta 33
Jedin, Hubert 99
Jena 54
JENNER, HARALD 101
JESSE, EKKEHARD 74
JESSEN, JENS 92, 99
Jesuiten 43
Jesus von Nazareth 15, 24
JÖRNS, KLAUS-PETER 122 f.
Johannes Paul II. 58
Johannesstift Berlin-Spandau 109 f., 119
Johannische Kirche 112
Johnsen, Helmuth 28
Judendeportation 30
Judenfeindschaft 30
Judenmission 103
Judensternverordnung 30, 103
Judenverfolgung 25, 27–30, 47, 63, 66 f., 93 f., 98, 119
– vgl. auch Shoah
Jüdisch-christliches Verhältnis 40, 71, 83, 94, 102 f.
JÜNGEL, EBERHARD 87
Jüngstes Gericht 123
JÜRGENSEN, KLAUS 71
JÜTTEMANN, GERD 92
Jugend 54, 111
Jugendarbeit, kirchl. 11, 110
Jugendbewegung 11 f.
– ev. 110
– kath. 11 f.
Jugendorganisationen, christl. 105
„Jugendreligionen" 125
Jugendvereine, kath. 11
Jugendweihe 48 f., 79, 109

„Jung-Lutheraner" 18
Junge Gemeinde 48
Jungreformatorische Bewegung 24, 82
Juniaufstand 1953 48

Kaas, Ludwig 10
KABITZ, ULRICH 93
Kähler, Martin 17, 20
Kairos 20
KAISER, GERT 77
KAISER, JOCHEN-CHRISTOPH 5, 63, 81, 85, 90 f., 101 f.
Kaiserreich 8, 103
Kaiserswerther Verband 66, 101
Kalter Krieg XII, 35, 38, 48, 71
KALUSCHE, MARTIN 102
KAMINSKY, UWE 102
Kampfbund ev. Männer 110
Kampfbund für deutsche Kultur 117
Kampfring Deutscher Glaube 115
Kant, Immanuel 117
Kanzelabkündigungen 28, 47
Kapitalismuskritik 6, 38, 44, 83
Kapler, Hermann 23
KAROW, YVONNE 115 f.
Kassel 7
Kasualien 53
Katechismus (kath. 1992) 43
Katholikenfeindschaft 120
Katholische Aktion 9, 12 f.
Katholische Jugend Deutschlands 11
Katholisierung 7
Katholizismus XI, 4 f., 7 f., 9, 22, 24 f., 28, 31, 35, 37 f., 41–43, 52, 55, 57 f., 60, 61 f., 64, 69, 71 f., 75, 98 f., 101, 103 f., 107 f.
– politischer 13 f., 24
– religiös-kultureller 13 f.
– sozialer 13 f.
Katholizismus: Klerikalisierung 10, 14
KELLER, ERWIN 98
Kemnitz, Mathilde von 114 – vgl. auch Ludendorff, Mathilde
Kerrl, Hanns 26, 28
KERRNER, HANNS 105
Kießl, Franz Xaver 8
Kierkegaard, Søren Aabye 14
Kiesinger, Kurt Georg 40
KIM, SUN-RYOL 60
Kindergottesdienst 109
Kinderpflege 101

Kirberg 112
Kirche im Pluralismus 87
Kirche im Sozialismus 51 f., 79, 85
Kirchenausschußpolitik 121
Kirchenaustritte XI, 110, 113, 123
Kirchenaustrittsbewegung 1, 108 f., 111 f., 115
Kirchenbegriff 7
Kirchenbesuch 32, 111
Kirchenerneuerung/Kirchenreform 37, 41–44, 71
Kirchenfeindschaft 6, 111
Kirchenführer, protest. 28, 40, 87, 93
Kirchengemeinde 109
Kirchengemeinschaft 42
„Kirchengeschäfte" 49
Kirchenkampf (DDR) 48
Kirchenkampf 25 f., 32 f., 59, 63 f., 67, 70, 84 f., 90, 94 f., 99, 107 f., 115, 121
Kirchenkampfforschung 62–70, 84, 88
Kirchenleitungen, protest. 39 f., 42, 44–47, 49, 54, 75–77, 96
Kirchenmitgliederbefragungen 123
Kirchenmusik 11
Kirchenpolitik 4, 24, 57, 63 f., 82, 87, 93, 118
Kirchenprovinz Sachsen 53, 79
Kirchenrecht 26, 79
Kirchenreform 121 f.
Kirchensteuern 3, 49, 109
Kirchenverfassungen 4
Kirchenwahlen 1933 23
Kirchenwahlerlaß 1937 121
Kirchenzucht 110
Kirchliche Hochschulen 68
Kirchliche Zeitgeschichte (KZG) 68, 85
Kirchliches Jahrbuch 112
Kirchlich-Theologische Sozietät Württemberg 92
KIRCHNER, HUBERT 103, 105
Kirschbaum, Charlotte von 94
KLÄN, WERNER 70
KLAPPERT, BERTOLD 95
KLEE, ERNST 101
KLEIN, GOTTHARD 61
KLEINMANN, DIETER 92
Kleinschmidt, Karl 80
Klepper, Hanni 98
Klepper, Jochen 98
Klepper (Stein), Renate 98

Klerus, kath. 8, 24, 69, 106
KLESSMANN, CHRISTOPH 100
KLIEME, JOACHIM 101
KLIER, FREYA 75 f.
KLOTZ, LEOPOLD 118
Knecht, Günter 73
KOCH, DIETHER 81, 93, 95E
Koch, Günther 63
Koch, Karl 96
KOCKA, JÜRGEN 86
KÖHLER, HEIKE 69
KÖHLER, JOACHIM 72
KÖHLER, OSKAR 14
Köln 8, 120
König, Franz 43
Königsberg 23
Königsteiner Erklärung 43
Körperschaft des öffentlichen Rechts XI, 3, 7, 29, 47, 112–114, 123, 125
Kötzschke, Hermann 28
Kogon, Eugen 37 f., 72
Kommende Gemeinde 113
Kommission für Zeitgeschichte 63, 72
Kommission für Zeitgeschichte e.V. 63
Kommunion 11
Kommunismus 40, 61, 109, 112 f., 121
Kommunistische Partei der Sowjetunion (KPdSU) 48
Kommunistische Partei Deutschlands (KPD) 46
Konferenz der Ev. Kirchenleitungen in der DDR (KKL) 46, 50–53, 56 f.
– Vorstand 53 f.
Konfession und Gesellschaft 85, 91
Konfessionalismus 9
Konfessionsdifferenzen 124
Konfessionslose 108, 116
Konfessionsverhältnis 38
Konfirmandenunterricht 79, 110 f.
Konfirmation 49
Konkordate 7
Konservative Revolution 6
Konservativismus XI, 2, 9, 89
Konsultationsgruppe BEK-EKD 56, 79
Kontextuelle Theologie 44, 87 f.
KONUKIEWITZ, ENNO 94 f.
Konversionen, Protestantismus-Katholizismus 31
Konzentrationslager 27 f., 31, 47, 97
– Dachau 97

- Sachsenhausen 28
Konziliarer Prozeß 55
Korrelation 20
KREBS, BERND 97
KREMSER, HOLGER 79
Kreuz Christi 16
Kreyssig, Lothar 50
Kriegsdienstverweigerung 38, 54, 97
Kriegsflüchtlinge 34
Kriegsschuldfrage – Erster Weltkrieg 5, 34
Krisendenken 14, 19
Kritik, wissenschaftl. 16
„Kritische" Theologie 44
KROEGER, MATTHIAS 94
KRÖTKE, WOLF 93
KROLL, FRANK-LOTHAR 113, 116 f., 120
Kronberger Kreis 38
Krummacher, Friedrich Wilhelm 50
KRUMWIEDE, HANS-WALTER 59
Kühlewein, Julius 30
KÜNG, HANS 43 f.
KÜNNETH, WALTER 24, 37, 99, 110, 117–119
KUESSNER, DIETRICH 70
Kultur XI, 19, 41, 45, 83, 113, 117, 122
Kultur, politische 72
Kultur-/Wertekrise 5, 60
Kulturideale 65
Kulturkatholizismus 13 f.
Kulturkritik 60
Kulturprotestantismus 13, 15–17, 45, 59 f., 84–86, 120
Kulturtheologie 44 f., 60, 86 f., 101
Kulturwende, kath. 13 f.
Kunst, Hermann 39, 49
KUNZE, ROLF-ULRICH 88, 96
KUPISCH, KARL 105
Kurhessen-Waldeck 70
Kurie 8, 12, 24
KUROPKA, JOACHIM 98

LÄCHELE, RAINER 64, 92, 113
La-Farge, John 28 f.
Laien 5, 10, 12 f., 22, 25, 37, 39, 42 f., 51, 109 f., 119
Landbevölkerung 62, 108
Landesherrliches Kirchenregiment XI, 1
Landeskirchen, ev. XI, 1, 3 f., 6 f., 23, 25, 39, 49, 67, 70, 103, 107, 113, 119 f.

Landeskirchen, luth. 35, 93
Landeskirchenausschüsse 27
Landessynoden 4
Lange, Ernst 42
LANGE, GERHARD 75
LANGNER, ALBRECHT 13, 61
Lateinamerika 83
Lausanne
– Kirchenkonferenz 1927 2
LAUTENSCHLÄGER, GABRIELE 99
LAUTERER, HEIDE-MARIE 66, 90, 101
Lebenshilfeberatung 126
Lebenslaufforschung 92
Lebensordnung, kirchl. 110
Lebensordnungen 18
Leffler, Siegfried 88
LEHMANN, WOLFGANG 95
Lehniner Erklärung 51 f.
Lehre, kirchl. 31
Leibholz, Gerhard 93
LEICH, WERNER 54, 99
Leipzig 73, 81, 87, 90
Leitkultur 13
LEKEBUSCH, SIGRID 103
LEMPP, EBERHARD 96
Lenin, Wladimir Iljitsch 124
LESSING, ECKHARD 60, 100
Leuenberger Konkordie 42
Liberalismus 43, 59, 88 f.
– polit. 4
– theol. 4, 45, 60, 82, 89, 91, 94
LICHTENFELD, MANACNUC MATTHIAS 96
Liebesgebot 27
Liebknecht, Karl 55
Liedgut, kirchl. 11
LIEDHEGENER, ANTONIUS 62
Life and Work 21 f., 104 f.
LILJE, HANNS 38, 99
LINDBECK, GEORGE A. 89–91
LINDEMANN, GERHARD 71, 103
Linkskatholizismus 37 f., 62, 72
Linksprotestantismus 50, 56, 83 f.
Liturgik 111
Liturgische Bewegung 10 f., 41
Loccumer Erklärung 56
LÖFFLER, PAUL 98
LÖNNE, KARL-EUGEN 61
LOEWENICH, WALTER VON 99
LOHSE, EDUARD 99
London 34
Lortz, Joseph 98 f.
Lotz, Gerhard 47

LOTZ, MARTIN 71
Lubac, Henri 41
Ludendorff, Erich 114 f.
Ludendorff, Mathilde 115, 118
Ludwig III. 8
LUDWIG, HARTMUT 68
LUDWIG, HEINER 62
LÜBBE, HERMANN 121, 124
Lübeck 30
Luftkrieg 32, 34
Luther, Martin 16–18
Luther-Akademie Sondershausen 17, 110
Luther-Gesellschaft 17
Lutherischer Weltbund 105
Lutherischer Weltkonvent 17, 105
Lutherjahr 1983 54
Lutherrat 27, 32, 35, 118 f.
Lutherrenaissance 17
Luthertum 4, 17–19, 21, 25, 27, 32 f., 42, 50, 60, 64, 67, 82, 84, 92 f., 94, 96, 100, 104 f., 118
Luxemburg, Rosa 55

Maastricht II 125
Machtblöcke 38
Männerarbeit, kirchl. 122
Männlichkeitskult 65
Magdeburg 46, 53, 57, 79
MAIER, HANS 99, 117, 121
Manchester Guardian 108
Mannheim 77
Marahrens, August 26, 28–30, 33 f.
Marburg 39
Maria Laach 11
Marienverehrung 41
MARON, GOTTFRIED 60
Marx, Wilhelm 9 f.
Marxismus 35, 40, 51, 57
MASER, PETER 70
Massenmedien 107, 116
Materialismus, dialekt.-histor. 59, 70
Materialismus, ökon. 35
MAU, RUDOLF 73
Mauerbau 50, 57
Mecklenburg 30, 46
MEHLHAUSEN, JOACHIM 68, 81, 85 f.
MEIER, ANDREAS 95
MEIER, KURT 63–69, 73, 81 f., 85, 87, 90
Meiser, Hans 28, 30, 64, 96
Meißen 98
Meister Eckhart 117

MELIS, DAMIAN VAN 72
MELZER, KARL-HEINRICH 69
Menn, Wilhelm Gustav 61
Menschenrechte 46, 53, 55
Menschenrechtsbewegung 124
MENSING, BJÖRN 106
Mentalitätsgeschichte 6, 72, 77, 107
Merz, Georg 96
MERZYN, FRIEDRICH 71
Messe 10 f.
Messianismus 112
Methode, wissenschaftl. 16
Methodisten 104, 124
Metz, Johann Baptist 42
Michael, Horst 28
MIKOS, HANS 110, 121
Milgram, Stanley 80
Milieu, kath. 72
Milieubildung, protestant. 5 f., 13
Milieustudien 62, 95
Militarisierung 54
Militärseelsorge 60, 72, 123
Militärseelsorgevertrag 39, 48 f., 71
Minderheitskirche XII
Ministerium für Staatssicherheit 46 f., 54, 56 f., 68, 74–76, 78–80, 104
Missio Canonica 44
Missionskonferenzen 104
Mitte, kirchliche 26, 32, 64 f.
Mittelstand 62
Mitzenheim, Moritz 47, 49–51
Moderne 44, 91
Modernisierung 107
Modernisierungskritik 60
Modernismus 41, 72
Modrow, Hans 57
Moeller, Reinhard 7
Moltmann, Jürgen 42
MOMMSEN, HANS 121
MOMMSEN, WOLFGANG J. 86
Monarchie 9
Moral 15
Moralisierungsvorwurf 87 f.
Moraltheologie 43
MORITZ, HANS 87
MORSEY, RUDOLF 72
Muckermann, Friedrich 13
MÜLLER, CHRISTINE-RUTH 93, 100
MÜLLER, EBERHARD 38
MÜLLER, HANFRIED 51, 80 f., 87
MÜLLER, KLAUS-JÜRGEN 68
Müller, Ludolf 46
Müller, Ludwig 23, 97

Müller-Czerny, Roderich 112
MÜLLER-ENBERGS, HELMUT 79
MÜLLER-KENT, JENS 71, 100
Münch, Franz Xaver 14
München 8, 25, 44, 57, 99
Münster 14, 62, 98–100
Mumm, Reinhard 61
Muth, Karl 13
Mystik 11, 112, 115–117
Mythus 15
Mythus des 20. Jahrhunderts 25, 28, 117–119

Nachfolge 66
Nachrüstungsdebatte 44, 83
NANKO, ULRICH 113 f., 117
Nationales Christentum 17–19, 60
Nationalismus 5, 17, 35, 97, 124
Nationalkirche 96
Nationalkirchler/Nationalkirchliche Einigung 65, 121
Nationalprotestantismus 84, 116
Nationalsozialismus 6, 20, 36, 66 f., 70, 89, 96, 107, 113, 120 f., 124
– und Christentum XI, 22 f., 29, 98 f.
Nationalversammlung 1919 3, 10
– Wahlen zu 3, 9
Nationalsozialistische Deutsche Arbeiterpartei (NSDAP) 6, 22 f., 29, 62, 114–118
– vgl. auch NS
– Parteiprogramm 117
– – Art. 24 22
Nationalsozialistische Volkswohlfahrt (NSV) 101
Natürliche Theologie 87
Naturwissenschaften 43
Naumann, Friedrich 2
NEHRING, JUTTA 105
Nell-Breuning, Oswald von 37
NELLESSEN, BERND 67
NELSON, CLIFFORD 105
Neuapostolische Kirche 112, 124
NEUBERT, EHRHART 76–78
Neues Testament 24, 39
Neuheidentum 119
19. Jahrhundert 5, 10, 119
Neuordnung, kirchl. nach 1945 32–36, 71
Neuprotestantismus 21, 120
Neureligionen 124
Neutralismus 38
New York 20

Nicaragua 83
NICOLAISEN, CARSTEN 63 f., 68, 71, 81, 100
Nieder, Ludwig 12
Niedersachsen 38
Niemöller, Martin 24, 31 f., 38, 40, 95
NIEMÖLLER, WILHELM 62 f., 69, 82
NIESEL, WILHELM 70
Nietzsche, Friedrich 14
NOLTE, ERNST 86
Nonkonformität 30
NORDEN, GÜNTHER VAN 66, 69, 95
Nordische Glaubensbewegung 114
Nordisch-religiöse Arbeitsgemeinschaft 114
Nordrhein-Westfalen 77
Not, materielle 32
Notrecht, kirchliches 26 f.
Novemberrevolution 1918 XI, 1 f., 8, 18, 64, 67, 72, 108
NOWAK, KURT 59, 63, 66 f., 81 f., 85 f., 90 f., 101 f., 122
NS-Außenpolitik 119
NS-Diktatur XI, 36
NS-Ideologie XI, 22, 25–28, 68 f., 116–118, 121
NS-Kirchenpolitik 23
NS-Machtübertragung/-Machtergreifung 17, 20, 23, 62
NS-Politik 27
NS-Rassenlehre/-politik 6, 22, 27 f., 30, 102 f., 114, 116, 119
NS-Regierung 26 f.
NS-Staat/-Diktatur/-Zeit 23–25, 27, 29, 31 f., 35, 46, 57, 59, 62–70, 73, 75, 80 f., 87, 92, 97 f., 99, 101–104, 106–108, 114–116, 118, 121
Nürnberg 118
Nürnberger Kriegsverbrecherprozesse 37
Nürnberger Reichsparteitage 115 f.
Nuschke, Otto 47, 49

Oberfranken 96
Oberheid, Heinrich Josef 88, 96 f.
Obrigkeitsverständnis, luth. 97
ODEN, THOMAS C. 91
Öffentlichkeit, Verdrängung aus 75
Ökologiebewegung 55, 83, 124
Ökumene 17, 21 f., 33, 98 f., 104 f., 119
Ökumene, ev.-kath. 43, 62, 71
Ökumenische Centrale (ÖC) 35

Ökumenische Versammlungen (DDR) 55
Ökumenischer Rat der Kirchen 22, 33–35, 104 f.
Östliche Religionen 124
Offenbarung Gottes 16, 19, 21, 44
OKHOLM, DAVID L. 89, 91
Okkultismus 112
Opferbereitschaft 115 f.
Oral History 95, 99 f.
Orden, kath. 26
Ordination 103
Orthodoxe Kirchen/Orthodoxie 35, 104 f.
Orthodoxie, theol. 89
Osnabrück 98
Ostblock 58
Ostdenkschrift (EKD) 40 f., 71
Ostdeutschland (neue Bundesländer) 45
Ostergeschehen 15
Osterloh, Edo 37
Osteuropa 70
Ostgebiete, ehemals deutsche 70
Ostkirchenkonferenz 46
Ostpolitik 75
– vgl. auch Kalter Krieg, Entspannungspolitik
Otto, Rudolf 2
Overbeck, Franz 15

Pacelli, Eugenio 12 f. – vgl. auch Pius XII.
Papstbullen
– „Sollicitudo ecclesiarum" (1831) 8
Papstenzykliken
– „Humanae vitae" 43
– „Humani generis" 41
– „Mit brennender Sorge" („Ardenti cura") 28
Papsttum 8, 43, 60
Paradigmenwechsel/-perspektiven 80, 88, 96
Parlamentarismus, kirchl. – vgl. Synoden
Parsch, Pius 41
Parteien, polit. 44
Parusie Christi 15, 20
Pastoralpsychologie 42
Pastoraltheologie 96
Paul VI. 43, 57 f.
Paulus (Apostel) 16
PAULY, DIETER 95

Pazifismus 4 f., 19, 38, 97 f.
Perels, Friedrich Justus 95
Personengeschichte 73
Personenkult 124
PETER, ULRICH 61
Pfalz 34, 69
– Landessynode 4
Pfarrernotbund 24
Pfarrerschaft, protestantisch 5, 24 f., 69, 100, 106 f., 122 f.
– Wahlverhalten 2
PFEIFER, HANS 92
Phänomenologie 43
PHILIPPS, WERNER 96
PHILLIPS, TIMOTHY R. 89, 91
Philosophie 13
Piechowski, Paul 111
Pieper, August 12
Pietismus 39
PILVOUSEK, JOSEF 75
Pius X. 11
Pius XI. 28 f., 99
Pius XII. 29, 32, 36, 41, 63
PLANER-FRIEDRICH, GÖTZ 88
PLATO, ALEXANDER VON 99 f.
Pluralismus 6, 38, 45, 87
PÖHLMANN, MATTHIAS 110, 112, 117–119
Polen 40 f., 62
Politikgeschichte 74
Politikwissenschaft 81
Politische Religion 89, 115 f., 124
Politische Theologie 42, 64, 82, 116
POLLACK, DETLEF 73, 87
Pommern 47, 50, 70
POPPE, ULRIKE 75
Positive 4
Positives Christentum 22, 117
Posser, Diether 40
Postliberale Kirchengeschichte 89
Postmoderne 89
Potsdam 114
POTTER, PHILIP 105
PRADERVAND, MARCEL 105
Präsidialkabinette 6
Prag 50, 94
Praktische Theologie 106
Predigt 15 f., 25, 29, 107
Presse, kirchl. 56, 107
PRESTON, RONALD H. 105
PREUL, REINER 92
Preuß, Hugo 3

Preußen 1, 9f., 23f., 60, 98, 108f., 118
– Ministerium für Wissenschaft, Kunst und Volksbildung 1f., 120
– Regierung 2
– Schulwesen 2
– Verfassunggebende Landesversammlung: Wahlen 3
Preysing, Konrad Graf von 36, 57, 98
Progressivismus 89
Proletariat 4, 111
– Diktatur des 2
PROLINGHEUER, HANS 67f., 70, 84, 93
Propheten 112
Prophetie 14, 17
Protestantenverein 4
Protestantismus XI, 1f., 4–7, 9, 21, 23, 25, 30f., 35, 37–39, 41f., 45, 64, 69–71, 74, 83, 111, 119
Protestantismus, polit. 5
Prozessionen 72
Prozeßtheologie 91
PRZYWARA, ERICH 13
„Psycho-Organisationen" 125f.
Publizistik, ev. 119
PÜTTMANN, ANDREAS 71f.
PYTA, WOLFRAM 62

Quäker 124
Quantitative Historiographie 106f.
Quickborn 11

RAABE, THOMAS 75
Rade, Martin, 2, 45, 94
RADEMACHER, ARNOLD 13
Rahner, Karl 43, 91
Rassismus 28, 67
Rationalismus 60
Rau, Johannes 77
RAUH-KÜHNE, CORNELIA 62
RAUSCHER, ANTON 80
Rechristianisierung 58
Recht 27
Rechte, kirchl. 110
Rechtfertigungslehre 17, 31
Rechtsethik 71
Rechtskampf 95
Rechtspositivismus 36
RECKER, KLEMENS-AUGUST 98, 116
REESE, HANS-JÖRG 100
Reformation/Reformatorisch 41, 64, 74, 119
Reformierte 42

Reformierter Weltbund 105
Regensburg 8
Regionalgeschichte 62, 64, 69f., 101f.
Reich Gottes 18
Reichsbekenntnissynoden
– Barmen 1934 25, 27, 64
– Berlin-Dahlem 1934 25f., 27, 62, 64, 90f., 107
– Bad Oeynhausen 1936 27
Reichsbischof 23
Reichsbruderrat 27
Reichsinnenministerium 7
Reichskirche 23, 25
Reichskirchenausschuß 26–28, 96, 118
Reichskirchenministerium 26, 114, 118
Reichskirchenregierung 118
Reichskirchenverfassung 11. 7. 1933 23–25
Reichskonkordat 7, 24f., 28, 39, 44, 82f., 99
Reichspogromnacht 28f., 67
Reichspräsidentenwahlen 1925 9
Reichsregierung 112
Reichsring der gottgläubigen Deutschen 115
Reichssicherheitshauptamt 26
Reichstag 61
Reichstagswahlen 1912 9
REIHER, DIETER 79
Religiöse Sozialisten/Religiöser Sozialismus 4, 14, 19–21, 61, 82–84
Religion 13, 19, 65, 72, 111, 113, 116f., 119, 121f., 124f.
– völkische 113f.
Religionsfreiheit 125
Religionsgeschichte 122
Religionspolitik 121
Religionssoziologie 73, 90, 106
Religionsunterricht 4, 49, 79, 109–111
Religionswissenschaft/-geschichte 73, 81, 91, 113
Religiosität 122
RELLER, HORST 112, 125
RENDTORFF, ROLF 71
RENDTORFF, TRUTZ 44f., 59f., 77, 87
Rentenmark 6
Reparationen 61
REPGEN, KONRAD 72, 83, 99
Resistenz 30, 62, 65f., 68, 74, 90

Restauration (nach 1945) 72
REUMANN, KLAUSPETER 70
Reventlow, Ernst von 114f.
Revolution 8, 67f., 80
Revolutionsfurcht 8, 113
Rheinland/Rheinprovinz 5, 24, 61, 102f., 111, 123
– Bruderrat 36
Rhein-Mainische Volkszeitung 9
RICHTER, WOLFGANG 80
Riefenstahl, Leni 116
RINGSHAUSEN, GERHARD 58f., 68, 80f., 86, 91, 100
RINK, SIGURD 99
RINNEN, ANJA 88
Rippicha 53
Risse, Heinz Theo 38
Ritschl, Albrecht 45
Ritschl-Schule 17
Rittelmeyer, Friedrich 112
RITTER, GERHARD A. 74f.
RITTNER, REINHARD 100
Ritus 65
ROBBERS, GERHARD 125
ROBERTSON, EDWIN H. 93
RÖHM, EBERHARD 97, 103
Römerbrief 14, 19, 94
ROHKRÄMER, MARTIN 94
Rom 43
Rosenberg, Alfred 25, 28f., 117–121
ROSOWSKI, MARTIN 66
ROSSBERG, KLAUS 80
Ruhreisenstreit 5, 61
Rundfunk 107,114
RUPPERT, KARL 61
Russisch-Orthodoxe Kirche 105

Sachsen 1f., 10, 30, 46, 50, 100, 111
Säkularisierung XI, 41, 45, 108, 122, 126
Säkularismus 13
Säkularreligion 115
SÄNGER, PETER 95
Sakramentsverständnis 22, 95
SAMERSKI, STEFAN 62
Sanctum Officium 43
SASS, RAHEL VON 76
SAUTER, GERHARD 86–88
SCHÄBERLE-KÖNIGS, GERHARD 119
SCHÄFER, BERND 75
SCHÄFER, GERHARD 64
SCHÄFER, MICHAEL 117, 121
SCHARF, KURT 40, 50, 96, 99f.

Scharzfeld 114
SCHATZ, KLAUS 61
Scheel, Walter 40
Scheler, Max 13
SCHERFFIG, WOLFGANG 69
SCHEWICK, BURKHARD VAN 72
SCHIEDER, ROLF 107, 122
Schirach, Baldur von 115
SCHJØRRING, JENS HOLGER 105
Schlesien 50, 115
Schleswig-Holstein 70
SCHLÖSSER-KOST, KORDULA 61, 108, 111
SCHMÄDEKE, JÜRGEN 68
SCHMIDT, DIETMAR 95
SCHMIDT, JÜRGEN 95
SCHMIDT, KURT DIETRICH 63
SCHMIDT-CLAUSEN, KURT 105
Schmitt, Carl 116
SCHMOLL, HEIKE 79
Schmude, Jürgen 40f.
SCHMUHL, HANS-WALTER 102
SCHMUTZLER, GEORG-SIEGFRIED 99
Schneider, Paul 97
SCHNEIDER, THOMAS MARTIN 97
SCHNEIDER, ULRICH 70
SCHÖLLGEN, GREGOR 86
SCHÖNHERR, ALBRECHT 50, 52f., 68, 99
Schöpfung 19
SCHOEPS, JULIUS H. 121
Scholastik 14
SCHOLDER, KLAUS 59, 64, 68, 74, 81–84, 92, 97, 113
Schott, Anselm 10f.
SCHREIBER, MATTHIAS 95
SCHREINER, HELMUT 118
Schrifttum, protest. 110
SCHRÖDER, WOLFGANG 61f.
Schrörs, Heinrich 8
SCHRÖTER, ULRICH 78f.
Schütz, Klaus 57
Schuldfrage 34, 36, 71, 88
Schule/Schulpolitik XI, 2, 4, 9f., 28, 109
Schulen, theol. 87
SCHULER, ULRIKE 104
SCHULTZE, HARALD 79
SCHULZE, NORA ANDREA 71
Schuman, Robert 11
Schutzstaffel (SS) 30, 115f.
SCHWARTZ, MICHAEL 102
Schwarzhaupt, Elisabeth 37

Register

Schweitzer, Carl 110
SCHWEITZER, WOLFGANG 84
Schweiz 14, 93, 98
Schwerin 57
Schwerter zu Pflugscharen 54
SCHWÖBEL, CHRISTOPH 60, 94
Scientology 125
SD-Hauptamt 26
Seeberg, Reinhold 17
Seelsorge 42, 76
Seigewasser, Hans 53
SEIM, JÜRGEN 95
„Sekten" 112f., 122, 124, 126
Sektenbeauftragte, kirchl. 125
Selbstreinigung, kirchl. 36, 87
SENGENSPEICK-ROOS, CHRISTA 76
Sexualethik 72
Shoah 29f., 34, 40, 66, 102
Sieben Sätze von der Freiheit der Kirche zum Dienen 51
Siebenten-Tags-Adventisten 124
SIEGELE-WENSCHKEWITZ, LEONORE 59, 64f., 68, 91
Siegermächte, westl. 40
Siegmund-Schultze, Friedrich 98
Sigtuna 119
SILOMON, ANKE 78
Sittlichkeit 6, 23, 110, 113
Sittlichkeitsprozesse 26, 28, 106
Skandinavien 33
SMITH-VON OSTEN, ANNEMARIE 71
Soden, Hans von 4
Söderblom, Nathan 21
SÖHNGEN, OSKAR 109
Sölle, Dorothee 42
Solesmes, Prosper Guéranger 10
Sondergemeinschaften 124
Sonderkonten Kirchenfragen 77f.
SONNE, HANS-JOACHIM 64
Sonntagsruhe 108
Souček, Josef B. 94
Sowjetunion 34, 55, 61, 109, 121
Sozialdemokratische Partei Deutschlands (SPD) 1–5, 8–10, 38, 40f., 46, 62, 77, 98
– Eisenacher Programm 2
– Godesberger Programm 40
Soziale Arbeitsgemeinschaft Berlin-Ost 111
Soziale Frage 35, 61, 110
Sozialer Friedensdienst 54
Sozialer Katholizismus 62
Sozialethik 18, 21, 61

Sozialgeschichte 68, 72, 81, 86, 88
Sozialismus XI, 1, 4–6, 44, 52, 67f., 71f., 82, 107, 111, 124
– demokratischer 38
– „real existierender" XII, 47, 49–51, 64, 70, 74, 77, 80, 85
Sozialistische Einheitspartei Deutschlands (SED) 46–48, 51–54, 56f., 65, 73f., 77f., 80
– Abteilung Kirchenfragen 48
– Bündnispolitik 77, 85
– Regime XII, 47f., 50, 55, 57
Sozialliberale Koalition 40, 84
Sozialphilosophie 60
Sozialpolitik 9, 12, 22
Sozialstaat 116
Sozialwissenschaften 77
Soziologie 41
Spahn, Peter 9
SPARN, WALTER 92
Spengler, Oswald 117
Spitzelsystem 27
Sportpalastkundgebung 1933 24
Sportvereine, kath. 11
St. Raphaelsverein 30
Staat, christlicher 18
Staat-Kirche
– Gespräche DDR 47–50, 52–56, 78
– Trennung XI, 1, 84, 123
– Verhältnis 2–4, 50, 53f., 59–61, 69, 72–75, 78, 80, 98, 122–126
STAATS, REINHART 99
Staatskirche 1, 4, 35
Staatskirchenrecht 4, 7, 26, 47, 79, 125f.
Staatslehre, kath. 8
Staatsrecht 60
Staatssekretariat für Kirchenfragen 49, 74f., 77f.
Staatszuschüsse/-leistungen 1, 3–5, 48f.
STÄHLIN, WILHELM 99
Stalin, Josef W. 48, 124
Stalingrad 32
Stalinismus 48, 89
Stange, Carl 17, 110
Stange, Erich 110
STAPEL, WILHELM 18–20
STAPPENBECK, CHRISTIAN 68, 80
Staritz, Katharina 30
STARK, RODNEY 124
STASIEWSKI, BERNHARD 98
Statistiken 111

Stegerwald, Adam 9
STEHLIN, STEWART A. 61
Stein, Edith 43
STEINBACH, PETER 68, 74
Steiner, Rudolf 112, 124
STEINLEIN, REINHARD 99
STEMMLER, GUNTER 104
STENGEL, FRIEDEMANN 79 f.
STERNBERG, JOHANNES-GEORG 108–110, 112 f.
Stetten 102
STEUBER, KLAUS 72
Stichter, Hans Otto 34
STOCK, WOLFGANG 79
Stockholm 21 f.
– Weltkirchenkonferenz 1925 21 f.
Stoecker, Adolf 30
Stöhr, Hermann 97 f.
STÖHR, MARTIN 44, 100
Störfaktorbegriff 65 f., 73
Stolpe, Manfred 50, 52–54, 76
STRAHM, HERBERT 104
Strauß, Franz-Josef 39
Strehler, Bernhard 11
STROHM, CHRISTOPH 93
STROHM, THEODOR 101 f.
STRÜBIND, ANDREA 104
Strukturgeschichte 77
Studentenarbeit 18
Studentenbewegung 1968 41
Studentengemeinden 38, 48
STÜRMER, MICHAEL 86
STUPPERICH, ROBERT 96
Sturm, Marcel 34
Sturmabteilung (SA) 116
Stuttgart 49
Stuttgarter Schulderklärung 34, 87
STUTZ, ULRICH 123
Sudetenkrise 30
Sünde 27
Suizid 53
Symbolbegriff 20
Synkretismus 74, 112, 121
Synoden 4, 39, 54 f.
Synoptische Evangelien 15
Systematische Theologie 14–21, 40

Tag zu Potsdam 23
Tagebuch 95
Tannenbergbund 114 f.
TANNER, KLAUS 68
Taufe 39, 103, 110
Technik 116

Teilung, deutsche XII, 38
TENT, JAMES F. 71
Thadden, Rudolf von 81
THAIDIGSMANN, EDGAR 96
The Times 108
Theologen, kath. 8
Theologie XII, 15 f., 24, 42, 88, 92, 123
– kath. 72
– liberal 20 f.
– neo-orthodox 20
– protestant. 4, 31, 59, 110
Theologie der Befreiung 42, 91
Theologie der Hoffnung 42
Theologiegeschichte 73 f., 81
Theologiepolitik 87
Theologische Existenz heute! 24
Theorie des neuzeitlichen Christentums 44 f.
THIELICKE, HELMUT 37, 99
THIERFELDER, JÖRG 69, 71, 92, 101, 103, 113
THOMAE, HANS 92
Thüringen 30, 46 f., 49, 51, 54, 57, 65
– Landessynode 4
Thüringer Weg 47
Thule-Gesellschaft 113
THUMSER, WOLFGANG 79
Tillich, Ernst 28
TILLICH, PAUL 19 f., 91, 95
Totalitarismus/Totalitätsanspruch XI, 25, 45, 67, 69, 73, 121
Traditionalismus 89
Transzendentale Meditation 125
Trauung, kirchl. 110
Treysa: Kirchenführerkonferenz 1945 33, 35
TRILLHAAS, WOLFGANG 99
Trimborn, Carl 9
Troeltsch, Ernst 2, 15, 17, 45, 85 f., 123
Tübingen 17, 43 f., 64, 113 f.

Überwachung der Kirchen 26
Ulbricht, Walter 47, 51
ULRICH, HANS G. 86
Ultramontanismus 8
Umerziehungsprogramme 33
Umweltzerstörung 55
Una-Sancta-Bewegung 41
Unabhängige Sozialdemokratische Partei Deutschlands (USPD) 1, 3, 5, 108

Register

Unierte 42
Universitäten 39
Uranbergbau 55
Urbanisierung 62
Urgemeinde 15
Urteilsbildung, historisch-theologisch XII, 87–89, 91, 100, 106 f.
„Vaterländische Verbände" 62
Vatikan 24 f., 29, 38, 43, 57, 61, 75, 82, 98
Veranstaltungsverordnung (DDR) 53
Verantwortung 88
Verbände, polit. 5
Verbesserlicher Sozialismus 53
Verchristlichung 45
Vereinigte Evangelisch-Lutherische Kirche Deutschlands (VELKD) 35 f., 39, 41 f., 71
Vereinigte Evangelisch-Lutherische Kirche in der DDR 52, 73
Vereinigte Staaten von Amerika (USA) 34, 83, 89, 104, 124
„Vereinigungskrise", deutsche 123
Vereins-/Verbandskatholizismus 11–13, 24, 28, 38
Vereins-/Verbandsprotestantismus XI, 5, 66, 101 f., 107
Verkündigung, kirchl. 86, 88, 90
Vermittlungspartei 4
Vermittlungstheologie 20
Vermögen, kirchl. 3
Vernunft 21, 83
Vernunftrepublikaner 5, 9
Versailler Vertrag 62
Vibrans, Gerhard 93
VISCHER, LUKAS 105
VISSER'T HOOFT, WILLEM A. 99, 105
VÖGELE, WOLFGANG 122
Völkerbund 21, 105
Völkische Bewegung(en) 65, 115–117
Völkische Glaubensbewegung 117 f.
Völkische Ideologie 19, 22, 115
Völkischer Beobachter 117
Vogel, Heinrich 31
VOGEL, JOHANNA 71
VOGEL, WIELAND 62
VOGES, WOLFGANG 92
Vohwinkel 112
Voigts, Bodo 3
Volk, deutsches 32
Volk, Heinrich 41

VOLK, LUDWIG 13
Volksgedanke 19, 103, 115
Volksgemeinschaft 18 f., 115 f.
Volkskammerwahlen 1990 57 f.
Volkskirche XII, 26 f., 45 f., 48, 60 f., 64–67, 87, 90, 108, 121–124
Volkskirchliche Evangelische Vereinigung 4
Volksmission 109 f., 118, 120
Volksnomos 21
Volkspartei(en) 40, 45, 123
Volkspolizei 76, 79
Volkssouveränität 8
Volkstum 60
Volksverein für das katholische Deutschland 12, 61
VOLLNHALS, CLEMENS 71, 74 f., 79, 81
VOLZ, RAINER 122
VORLÄNDER, HERWART 99 f.

Wachstumsdenken 53
Wagner, Richard 116
Wahlbetrug DDR 1989 56
Wahlen/Wahlrecht, kirchl. 4
Wahlfälschung 27 f., 56
Wahlrecht 9
Wahlverhalten, ev. 5 f., 22, 40, 62
Wahlverhalten, kath. 9, 22, 40
Wahrheit, christliche XII
Warthegau 29, 32
Washington 38
WECHT, MARTIN 98
Wedemeyer, Maria von 93
WEHLER, HANS-ULRICH 80, 86, 103
Wehrkundeunterricht 54
Wehrpflicht 50
Wehrung, Georg 17
Weimarer Koalition 10
Weimarer Reichsverfassung 3 f., 7 f., 10, 37, 47, 60, 112 f.
Weimarer Republik XI, 6, 9 f., 13, 22, 59–63, 70 f., 96, 103 f., 107–113
– Feindschaft 2, 6, 18
– Distanz 4
– Krise 6, 16
– Phasen 6
WEINGÄRTNER, ERICH 44
WEIS, ROLAND 98
WEISSE, WOLFRAM 105
Weißenberg, Joseph 112
Weißenseer Arbeitskreis 50 f., 80
Weißler, Friedrich 28

WELKER, MICHAEL 87
„Weltanschauungskampf" 117
Weltuntergangsbefürchtungen 112
WENDELBORN, GERT 61, 80, 84 f.
WENTORF, RUDOLF 97
Werner, Friedrich 118
Wertekrise 5
Wertewandel 72
Weskamm, Wilhelm 57
Westbindung, deutsche 38, 40, 71
Westfalen 24, 111
– Bruderrat 36
Wettrüsten 55
Widerstand (NS) XI, 30, 65–67, 70, 82, 84, 90, 98
Widerstandsforschung 63, 68
Wiedenhöft, Bernhard 115
Wiederaufbau (nach 1945) XI
Wiederbewaffnung 38 f., 71 f.
„Wiedergutmachung" 36, 40
Wiedervereinigung, deutsche 38, 56, 68
Wienken, Heinrich 98
WIESER, THOMAS 105
Wilhelm II. 1, 8
Wilke, Hans 53
WINTER, FRIEDRICH 79
Wirth, Joseph 9 f., 12
Wirtschaftsethik 56
WISCHNATH, JOHANNES MICHAEL 101
Wissenschaft 116
Wissenschaftspolitik 84, 102
Wissenschaftstheorie 86
Wittenberg 7
WITTMÜTZ, VOLKER 69
Wohlfahrtspflege, öffentliche 101
Wolf, Ernst 83
WOLF, STEPHAN 74
World Alliance of Reformed Churches 105
Wort Christi 15 f.
Wort Gottes 14 f., 21, 24

Wort-Gottes-Theologie XI, 14–17, 19 f., 33, 44, 82, 86, 94, 96
WRIGHT, JONATHAN R. C. 59
Württemberg 25, 32, 39, 41 f., 64, 92, 102, 113
Würzburg 42 f., 57
WURM, THEOPHIL 28–30, 32 f., 99
Wust, Peter 13

ZACHHUBER, WALTRAUD 79
Zaisser, Wilhelm 47
Zeddies, Helmut 78 f.
Zehn Artikel über Freiheit und Dienst der Kirche 51
ZEHRER, KARL 104
Zeit 16, 20, 31
Zeitgeist 65, 86, 88 f.
Zeitschrift für Systematische Theologie 17
Zeitz 53
Zeltmission 110
Zensur 79
Zentralkomitee der deutschen Katholiken 72
Zentrum XI, 3, 5, 8–10, 13, 24 f., 37, 61 f., 82 f.
Zerstörte Kirchen 46, 70
Zeugen Jehovas 26, 112 f., 124
ZIEGERT, RICHARD 60, 120 f.
ZIEGLER, PAUL 115
ZIMMERMANN, WOLF-DIETER 96
Zivilreligion 119, 121 f., 124
Zoellner, Wilhelm 26, 96, 120
ZULEHNER, PAUL M. 122
Zwangssterilisierung (NS-Staat) 101 f.
Zwei-Reiche-Lehre 18
Zweite Vorläufige Kirchenleitung (2. VKL) 27 f., 30
– Denkschrift 1936 27 f., 67
Zweiter Weltkrieg 13, 29, 32, 46, 69
Zweites Vatikanisches Konzil 42 f.
Zwischen den Zeiten XI, 15, 20, 96

Enzyklopädie deutscher Geschichte
Themen und Autoren

Mittelalter

Demographie des Mittelalters (N.N.)
Agrarwirtschaft, Agrarverfassung und ländliche Gesellschaft im Mittelalter (Werner Rösener) 1992. EdG 13
Adel, Rittertum und Ministerialität im Mittelalter (Werner Hechberger)
Die Stadt im Mittelalter (Michael Matheus)
Armut im Mittelalter (Otto Gerhard Oexle)
Die Juden im mittelalterlichen Reich (Michael Toch) 1998. EdG 44

Gesellschaft

Wirtschaftlicher Wandel und Wirtschaftspolitik im Mittelalter (Ludolf Kuchenbuch)

Wirtschaft

Wissen als soziales System im Frühen und Hochmittelalter (Johannes Fried)
Die geistige Kultur im späteren Mittelalter (Johannes Helmrath)
Die ritterlich-höfische Kultur des Mittelalters (Werner Paravicini) 1994. EdG 32
Die materielle Kultur des Mittelalters (N.N.)

Kultur, Alltag, Mentalitäten

Die mittelalterliche Kirche (Michael Borgolte) 1992. EdG 17
Religiöse Bewegungen im Mittelalter (Matthias Werner)
Formen der Frömmigkeit im Mittelalter (Arnold Angenendt)

Religion und Kirche

Die Germanen (Walter Pohl) 2000. EDG 57
Die Slawen in der deutschen Geschichte des Mittelalters (N.N.)
Das römische Erbe und das Merowingerreich (Reinhold Kaiser) 2. Aufl. 1997. EdG 26
Das Karolingerreich (Bernd Schneidmüller)
Die Entstehung des Deutschen Reiches (Joachim Ehlers) 2. Aufl. 1998. EdG 31
Königtum und Königsherrschaft im 10. und 11. Jahrhundert (Egon Boshof) 2. Aufl. 1997. EdG 27
Der Investiturstreit (Wilfried Hartmann) 2. Aufl. 1996. EdG 21
König und Fürsten, Kaiser und Papst nach dem Wormser Konkordat (Bernhard Schimmelpfennig) 1996. EdG 37
Deutschland und seine Nachbarn 1200–1500 (Dieter Berg) 1996. EdG 40
Die kirchliche Krise des Spätmittelalters (Heribert Müller)
König, Reich und Reichsreform im Spätmittelalter (Karl-Friedrich Krieger) 1992. EdG 14
Fürstliche Herrschaft und Territorien im späten Mittelalter (Ernst Schubert) 1996. EdG 35

Politik, Staat, Verfassung

Frühe Neuzeit

Bevölkerungsgeschichte und historische Demographie 1500–1800 (Christian Pfister) 1994. EdG 28
Bauern zwischen Bauernkrieg und Dreißigjährigem Krieg (André Holenstein) 1996. EdG 38

Gesellschaft

Bauern 1648–1806 (Werner Troßbach) 1992. EdG 19
Adel in der Frühen Neuzeit (Rudolf Endres) 1993. EdG 18
Der Fürstenhof in der Frühen Neuzeit (Rainer A. Müller) 1995. EdG 33
Die Stadt in der Frühen Neuzeit (Heinz Schilling) 1993. EdG 24
Armut, Unterschichten, Randgruppen in der Frühen Neuzeit
(Wolfgang von Hippel) 1995. EdG 34
Unruhen in der ständischen Gesellschaft 1300–1800 (Peter Blickle)
1988. EdG 1
Frauen- und Geschlechtergeschichte 1500–1800 (Heide Wunder)
Geschichte des Judentums vom 16. bis zum Ende des 18. Jahrhunderts
(Friedrich Battenberg)
Militärgeschichte des späten Mittelalters und der Frühen Neuzeit
(Bernhard Kroener)

Wirtschaft
Die deutsche Wirtschaft im 16. Jahrhundert (Franz Mathis) 1992. EdG 11
Die Entwicklung der Wirtschaft im Zeitalter des Merkantilismus 1620–1800
(Rainer Gömmel) 1998. EdG 46
Landwirtschaft in der Frühen Neuzeit (Walter Achilles) 1991. EdG 10
Gewerbe in der Frühen Neuzeit (Wilfried Reininghaus) 1990. EdG 3
Kommunikation, Handel, Geld und Banken in der Frühen Neuzeit (Michael
North) 2000. EdG 59

Kultur, Alltag, Mentalitäten
Medien in der Frühen Neuzeit (Stephan Füssel)
Bildung und Wissenschaft im 15. und 16. Jahrhundert (Notker Hammerstein)
Bildung und Wissenschaft in der Frühen Neuzeit 1650–1800
(Anton Schindling) 2. Aufl. 1999. EdG 30
Die Aufklärung (Winfried Müller)
Lebenswelt und Kultur des Bürgertums in der Frühen Neuzeit (Bernd Roeck)
1991. EdG 9
Kultur und Mentalitäten der unterbürgerlichen Schichten in der Frühen Neuzeit
(Robert von Friedeburg)
Umweltgeschichte Frühe Neuzeit (N.N.)

Religion und Kirche
Die Reformation. Voraussetzungen und Durchsetzung (Olaf Mörke)
Konfessionalisierung im 16. Jahrhundert (Heinrich Richard Schmidt)
1992. EdG 12
Kirche, Staat und Gesellschaft im 17. und 18. Jahrhundert (Michael Maurer)
1999. EdG 51
Religiöse Bewegungen in der Frühen Neuzeit (Hans-Jürgen Goertz)
1993. EdG 20

Politik, Staat und Verfassung
Das Reich in der Frühen Neuzeit (Helmut Neuhaus) 1997. EdG 42
Landesherrschaft, Territorien und Staat in der Frühen Neuzeit (Joachim Bahlcke)
Die Entwicklung der landständischen Verfassung (Kersten Krüger)
Vom aufgeklärten Reformstaat zum bürokratischen Staatsabsolutismus
(Walter Demel) 1993. EdG 23

Staatensystem, internationale Beziehungen
Das Reich im Kampf um die Hegemonie in Europa 1521–1648 (Alfred Kohler)
1990. EdG 6
Altes Reich und europäische Staatenwelt 1648–1806 (Heinz Duchhardt)
1990. EdG 4

Themen und Autoren 183

19. und 20. Jahrhundert

Demographie des 19. und 20. Jahrhunderts (Josef Ehmer) Gesellschaft
Umweltgeschichte des 19. und 20. Jahrhunderts (Arne Andersen)
Adel im 19. und 20. Jahrhundert (Heinz Reif) 1999. EdG 55
Geschichte der Familie im 19. und 20. Jahrhundert (Andreas Gestrich) 1998. EdG 50
Urbanisierung im 19. und 20. Jahrhundert (Klaus Tenfelde)
Soziale Schichtung, soziale Mobilität und sozialer Protest im 19. und 20. Jahrhundert (N.N.)
Von der ständischen zur bürgerlichen Gesellschaft (Lothar Gall) 1993. EdG 25
Die Angestellten seit dem 19. Jahrhundert (Günter Schulz) 2000. EdG 54
Die Arbeiterschaft im 19. und 20. Jahrhundert (Gerhard Schildt) 1996. EdG 36
Die Juden in Deutschland 1780–1918 (Shulamit Volkov) 2. Aufl. 2000. EdG 16
Die Juden in Deutschland 1914–1945 (Moshe Zimmermann) 1997. EdG 43
Militärgeschichte des 19. und 20. Jahrhunderts (Ralf Pröve)

Die Industrielle Revolution in Deutschland (Hans-Werner Hahn) 1998. EdG 49 Wirtschaft
Die deutsche Wirtschaft im 20. Jahrhundert (Wilfried Feldenkirchen) 1998. EdG 47
Agrarwirtschaft und ländliche Gesellschaft im 19. Jahrhundert (Stefan Brakensiek)
Agrarwirtschaft und ländliche Gesellschaft im 20. Jahrhundert (Ulrich Kluge)
Gewerbe und Industrie im 19. und 20. Jahrhundert (Toni Pierenkemper) 1994. EdG 29
Handel und Verkehr im 19. Jahrhundert (Karl Heinrich Kaufhold)
Handel und Verkehr im 20. Jahrhundert (Christopher Kopper)
Banken und Versicherungen im 19. und 20. Jahrhundert (Eckhard Wandel) 1998. EdG 45
Staat und Wirtschaft im 19. Jahrhundert (bis 1914) (Rudolf Boch)
Staat und Wirtschaft im 20. Jahrhundert (Gerold Ambrosius) 1990. EdG 7

Kultur, Bildung und Wissenschaft im 19. Jahrhundert (N.N.) Kultur, Alltag und
Kultur, Bildung und Wissenschaft im 20. Jahrhundert (Frank-Lothar Kroll) Mentalitäten
Lebenswelt und Kultur des Bürgertums im 19. und 20. Jahrhundert (Andreas Schulz)
Lebenswelt und Kultur der unterbürgerlichen Schichten im 19. und 20. Jahrhundert (Wolfgang Kaschuba) 1990. EdG 5

Formen der Frömmigkeit in einer säkularisierten Gesellschaft (Karl Egon Lönne) Religion und
Kirche, Politik und Gesellschaft im 19. Jahrhundert (Gerhard Besier) 1998. EdG 48 Kirche
Kirche, Politik und Gesellschaft im 20. Jahrhundert (Gerhard Besier) 2000. EdG 56

Der Deutsche Bund und das politische System der Restauration 1815–1866 (N.N.) Politik, Staat,
Verfassungsstaat und Nationsbildung 1815–1871 (Elisabeth Fehrenbach) 1992. EdG 22 Verfassung
Politik im deutschen Kaiserreich (Hans-Peter Ullmann) 1999. EdG 52
Die innere Entwicklung der Weimarer Republik (Andreas Wirsching) 2000. EdG 58

Nationalsozialistische Herrschaft (Ulrich von Hehl) 1996. EdG 39
**Die Bundesrepublik Deutschland. Verfassung, Parlament und Parteien
(Adolf M. Birke) 1996. EdG 41**
Die Sozialgeschichte der Bundesrepublik Deutschland (Arnold Sywottek)
Die Innenpolitik der Deutschen Demokratischen Republik (Günther Heydemann)

Staatensystem, internationale Beziehungen

**Die deutsche Frage und das europäische Staatensystem 1815–1871
(Anselm Doering-Manteuffel) 1993. EdG 15**
Deutsche Außenpolitik 1871–1918 (Klaus Hildebrand) 2. Aufl. 1994. EdG 2
Die Außenpolitik der Weimarer Republik (Gottfried Niedhart) 1999. EdG 53
Die Außenpolitik des Dritten Reiches (Marie-Luise Recker) 1990. EdG 8
Die Außenpolitik der Bundesrepublik Deutschland (Hermann Graml)
Die Außenpolitik der Deutschen Demokratischen Republik (Joachim Scholtyseck)

Hervorgehobene Titel sind bereits erschienen.

Stand: (Oktober 1999)